OS GRANDES CASOS DO
DISQUE DENÚNCIA

OS GRANDES CASOS DO DISQUE DENÚNCIA

Mauro Ventura

© 2023 Mauro Ventura
Com o apoio do Instituto Mov Rio

PREPARAÇÃO
Manoela Sawitzki

REVISÃO
Kathia Ferreira
Juliana Souza

DIAGRAMAÇÃO
Equatorium Design

DESIGN DE CAPA
Alles Blau

CIP-BRASIL. CATALOGAÇÃO NA PUBLICAÇÃO
SINDICADO NACIONAL DOS EDITORES DE LIVROS, RJ

V578g

    Ventura, Mauro, 1963-
        Os grandes casos do Disque Denúncia / Mauro Ventura. - 1. ed. - Rio de Janeiro : História Real, 2023.

        368 p. ; 21 cm.
        Apêndice
        Inclui bibliografia e índice
        ISBN 978-65-87518-49-7

        1. Disque Denúncia (Programa de televisão). 2. Reportagens e repórteres - Brasil. 3. Violência urbana - Rio de Janeiro (RJ). 4. Segurança pública - Rio de Janeiro (RJ). 5. Denúncia - Participação do cidadão. I. Título.

23-85663   CDD: 070.1950981
                              CDU: 070:654.197(81)

Gabriela Faray Ferreira Lopes - Bibliotecária - CRB-7/6643
17/08/2023   21/08/2023

[2023]
Todos os direitos desta edição reservados a
História Real, um selo da Editora Intrínseca Ltda.
Av. das Américas, 500, bloco 12, sala 303
22640-904 – Barra da Tijuca
Rio de Janeiro – RJ
Tel./Fax: (21) 3206-7400
www.historiareal.intrinseca.com.br

A Zeca Borges
(in memoriam)

Sumário

Prólogo 9
Introdução 19

1. Um dia, três sequestros – 1995 33
2. O fugitivo número um do Rio – 1997 81
3. A chacina da Baixada – 2005 113
4. O dia em que o Rio chorou – 2007 167
5. Conexão paraguaia – 2018 213
6. Rota Brasil-Moçambique – 2021 239

Apêndice 1: O Disque Denúncia hoje 271
Apêndice 2: O embrião do Disque Denúncia 278
Apêndice 3: O programa de recompensas 290
Apêndice 4: O sucesso que quase virou fracasso 294
Apêndice 5: As campanhas televisivas 305
Apêndice 6: "Nossos mortos têm voz" 308

Apêndice 7: Uma central de inteligência............................317
Apêndice 8: A porta de entrada do Disque Denúncia.........321
Apêndice 9: WhatsApp, o *sniper* do Disque Denúncia........324

AGRADECIMENTOS 331
NOTAS 339
FONTES DE CONSULTA...361

Prólogo

O dia 1º de agosto de 1995 marcaria o Rio de Janeiro para sempre. Naquela data, estreava oficialmente o Disque Denúncia, que desde então acumula números superlativos e se transformou na mais eficiente ferramenta de combate ao crime que o estado já viu. Mas eu só saberia daquela estreia tempos depois. Na ocasião, estava mais preocupado com minha saúde. Eu havia sido hospitalizado uma semana antes, vítima de um derrame cerebral. Naquele dia 1º, minha atenção estava voltada para a visita que recebi do neurocirurgião Paulo Niemeyer, que operaria minha cabeça. A cirurgia acabou sendo cancelada, e aos poucos fui me recuperando do AVC hemorrágico. À época, eu trabalhava na área cultural do *Jornal do Brasil*, acumulando os cargos de editor da revista *Programa*, da *Revista da TV*, do caderno *Viagem* e do *Guia do Assinante*. De quebra, ainda assinava uma coluna de basquete na seção de Esportes chamada "De bandeja".

Quando deixei o hospital, fiquei de repouso na casa de meus pais, me recuperando da doença. Até que, um ano depois, fui liberado para retornar ao trabalho. Sem saber direito onde me encaixar, já que meus antigos cargos estavam ocupados, a chefia do jornal acabou me escalando como repórter especial. Foi uma boa saída. Pelo lado da empresa, eu não atrapalharia muito o andamento do jornal, caso não tivesse voltado à antiga forma. De minha parte, eu teria menos atribuições e poderia me dedicar a uma área que desde sempre me fascinou: o crime. Ou, se você quiser ser mais sofisticado, a segurança pública.

A certa altura dessa minha experiência no setor policial, fui designado para cobrir a onda de sequestros que assolava o Rio. Durante um ano, eu e minha colega Denise Ribeiro entrevistamos vítimas, sequestradores, policiais, negociadores, advogados e especialistas no tema para traçar um amplo panorama do drama que mais atormentava o estado. Um dos casos que acompanhei foi o do capitão da Polícia Militar Thadeu Fraga, que em 1997 sequestrou e matou Jefferson Tricano, de 19 anos, filho do prefeito de Teresópolis, Mário Tricano.

Deve ter sido aí que tomei conhecimento do Disque Denúncia, responsável pela localização do assassino. De lá para cá, embora eu tenha retornado às origens na editoria de Cultura, minha carreira e a do Disque, como é carinhosamente chamado pelos funcionários, volta e meia se cruzaram. Ao longo dos anos, perdi a conta das reportagens, entrevistas e colunas que fiz mostrando os resultados e os personagens por trás dessa iniciativa fundamental para o estado.

"Ventura!", eu escutava do outro lado da linha. Era Zeca Borges, coordenador do serviço que, mais do que fonte, virara amigo. Espirituoso, ele não se levava a sério e era um mestre em frases de efeito. Como quando dizia que o Disque Denúncia operava sobre trocas que eram vantajosas para todos os envolvidos — a população, a polícia, a mídia e o próprio DD. Tudo em função do objetivo maior de combater o crime. Zeca gostava de chamar essa ciranda do bem de "nosso circo". No papel de mestre de cerimônias desse espetáculo, ele trocava com o cidadão a segurança dele por informações fornecidas de maneira anônima.

Com relação à polícia, Zeca passava informações únicas que contribuíam para operações e investigações bem-sucedidas. Em contrapartida, esperava que as autoridades policiais creditassem o Disque Denúncia, bem como dessem retorno sobre cada denúncia enviada.

Já no trato com a mídia, o "circo" de Zeca era diferente. Publicitário de formação, o coordenador entendia como poucos a importância das boas relações com a imprensa, a ponto de definir o DD como "um instrumento de marketing" — outra de suas frases de efeito. Estava sempre sugerindo pautas aos repórteres. Era uma troca justa: nós recebíamos informações privilegiadas, que serviam de base para matérias que interessavam aos leitores, e ele comemorava o destaque que o Disque Denúncia ganhava na mídia. Na divulgação dos resultados à imprensa, valia recorrer ao humor, como quando uma informação levou o Batalhão Florestal da PM a libertar 28 pássaros silvestres na Ilha do Governador — entre papagaio, curiós, trinca-ferros, coleiros, bicos-de-lacre, tizius, pintagóis, sabiás, canários-da-terra e sanhaços-azuis. O release distribuído aos jornais encerrava dizendo: "O papagaio, em nome de todos, agradeceu a quem ligou para o Disque Denúncia."

Esse trabalho de comunicação sempre foi estratégico para criar um círculo virtuoso. Com a exposição na mídia, o DD ganha visibilidade, conquista a confiança da população e estimula as autoridades a investigar. Mais pessoas ligam para denunciar bandidos, mais prisões são feitas, mais notícias são publicadas e mais patrocinadores aparecem para bancar o serviço. Ou nem tanto. Sobre isso, voltaremos mais tarde, já que a falta de verbas é um problema crônico que sempre assombrou Zeca.

A professora da Universidade Federal Fluminense (UFF) Luciane Patrício detalha a relação do Disque com esses três polos:

— A população contribui anonimamente com informações que auxiliam na elucidação de práticas ilegais ou criminosas. A polícia realiza investigações a partir dessas informações recebidas pela Central. E a mídia divulga os resultados alcançados pela polícia, emprestando credibilidade e motivando a população a continuar utilizando o serviço, gerando mais denúncias e alimentando novamente esse sistema dinâmico e circular.

Na prática, a polícia nem sempre investiga e muitas vezes não dá retorno sobre as denúncias recebidas. Aos poucos o coordenador teve que descobrir em que profissionais podia confiar.

— Zeca percebia muito bem de quem devíamos nos afastar e de quem devíamos nos aproximar — me disse Edson Calil de Almeida, que trabalhou no DD entre 2002 e 2017 e voltou em 2022 para cuidar do relacionamento com os patrocinadores.[1]

E os escolhidos por Zeca mereciam atenção especial. O coordenador recorria à regra de Pareto: "Tenho que apostar nesses 20% que vão fazer a diferença." Ou seja, ele dizia que esses policiais-clientes (os tais 20%) é que iriam garantir os resultados de que precisava.

Olhando em retrospecto, quero crer que, no que diz respeito à imprensa, eu devo ter sido uma espécie de jornalista-cliente, ou seja, estava entre os 20% que recebiam informações exclusivas. Volta e meia eu incluía nas minhas reportagens sobre segurança pública entrevistas com especialistas no tema. Sociólogos, antropólogos, cientistas sociais, pesquisadores, intelectuais. Zeca, pragmático como ele só, ironizava:

— Hoje, enquanto os especialistas discursavam, o DD ajudou a polícia a prender dois matadores de policiais.

Ele também dizia:

— Estou muito longe de encarar o crime como uma questão sociológica. Eu não posso esperar que os policiais, os políticos e os juízes sejam de primeiro mundo para começar a trabalhar, senão vai haver uma paralisia decisória. Eu tenho que fazer alguma coisa considerando isso como um dado do meu problema. Tenho que convencer um cidadão descrente, amedrontado e desconfiado a me trazer informações relevantes para encaminhar a uma polícia que também é duvidosa na sua maneira de trabalhar. E tenho que convencer essa polícia de que aquela informação é importante e de que ela tem que me trazer resultados.

Dito assim, parece que havia uma separação entre o Disque Denúncia e o ambiente acadêmico. Muito pelo contrário. A maior interlocutora que Zeca teve em todos esses anos foi a antropóloga Jacqueline Muniz, professora do Departamento de Segurança Pública da UFF. Eram muito diferentes — ela, uma acadêmica respeitada, uma das pioneiras no país na produção de trabalhos de peso sobre polícia; ele, autodidata no assunto —, mas afinavam-se na irreverência, no pensamento fora da caixa e na percepção de que o DD fornece o melhor sensor sobre a gestão cotidiana da criminalidade, da ordem pública, do risco e do perigo de uma região. Jacqueline fez em 1996, a pedido de Zeca, o primeiro diagnóstico sobre o "Disque D", como ela chama o serviço. Desse encontro entre os dois surgiu uma amizade profunda, uma admiração mútua e uma parceria profissional que se desdobrou em artigos escritos em conjunto e em mudanças radicais na estrutura do DD.

— Eu era a *policióloga* de estimação dele — diverte-se Jacqueline. — Ele brincava dizendo que era o único que roubava minhas ideias e assumia.

Ao longo dos anos, o Disque Denúncia deu origem a muitas monografias, dissertações e teses.[2] Mas, apesar do interesse universitário pelo tema, eu sentia falta de um mergulho jornalístico mais profundo nos bastidores do serviço. Uma investigação que mostrasse o *modus operandi* de um trabalho marcado pelo sigilo, já que o anonimato não envolve somente os denunciantes — os próprios funcionários, por questões de segurança, escondem-se atrás de codinomes. Algo que resultasse num livro, e não apenas em matérias esparsas de jornal, como as que eu fazia.

Essa ideia nasceu faz tempo. Eu e Zeca tínhamos longas conversas sobre o assunto. Ele simpatizava com o projeto. Afinal, dizia, "o DD faz parte da cultura do Rio". O meu interesse era mostrar o que estava por baixo da lona desse "circo" porque percebia que as pessoas viam os resultados, mas não tinham noção de todo o esforço despendido para se chegar àquelas prisões e apreensões. Eu também queria que o leitor entendesse o que é o DD. Afinal, uma questão que sempre rondou o serviço é a dificuldade que o público tem de saber o que ele é, já que faz parte da estrutura da segurança pública do estado, porém não se confunde com ela. Zeca reconhecia isso, mas não se preocupava tanto.

— As pessoas realmente não sabem o que é o DD. Se é governo, se é polícia, se é iniciativa privada. Eu respondo: "Isso não tem importância, porque sabem que funciona, recomendam e até decoram o nosso telefone" — costumava argumentar.

Ele gostava de contar sobre a vez que visitou uma grande estatal sediada no Rio para pedir recursos. A diretoria acabara de tomar posse, num novo governo, e eram todos de São Paulo e da Bahia. A certa altura da conversa, o presidente disse que não sabia o que era o Disque Denúncia nem nunca tinha ouvido falar dele. Enquanto escutava, Zeca ficou observando uma senhora que servia o cafezinho aos executivos. Assim que o CEO terminou de falar, Zeca voltou-se para a funcionária e perguntou se conhecia o número do Disque Denúncia. Ela baixou os olhos em direção à bandeja e murmurou: "dois, dois, cinco, três, onze, sete, sete." Triunfante, Zeca falou aos diretores:

— Vocês não sabem, mas as pessoas aqui sabem. E até sabem de cor o nosso telefone, que não é fácil.

Mas não era tão simples como ele queria acreditar. Tanto que não conseguiu nenhuma ajuda financeira da empresa e sempre penou para botar o DD sob os holofotes da iniciativa privada e dos governos. A socióloga Maria Isabel Couto observa:

— É natural para quem está operando a segurança pública pensar: "O DD vai estar sempre ali, me ajudando." Mas com isso existe o risco de que ele vire paisagem. E o risco de virar paisagem é que as pessoas deixem de se importar com ela. Tomam como um dado da realidade.

Era necessário então, achava eu, que o leitor olhasse essa paisagem com olhos frescos de turista, entusiasmando-se e encantando-se com ela. Eu e Zeca havíamos pensado inclusive numa data para lançar o livro: os vinte anos do programa, em 2015. Mas a iniciativa acabou sucumbindo às agendas atarefadas dos dois. Até que, em outubro de 2020, numa conversa casual com o editor Roberto Feith, o Bob, ele sugeriu:

— Por que não fazer um livro sobre os grandes casos do Disque Denúncia?

Era o empurrão que faltava — e que empurrão. Eu, Zeca e Bob passamos a nos reunir, e o livro enfim começou a tomar forma. Orientado por Zeca, eu estava tranquilo. Ele não só conhecia as histórias de cabeça e tinha todos os contatos necessários como era um grande contador de casos. Lidava com os assuntos mais fúnebres e com o que havia de pior no ser humano, mas nunca se deixava contaminar. Como estava sempre por perto, deixei para fazer as entrevistas com ele mais para a frente, depois que já tivesse ouvido os demais personagens.

Só que, no dia 3 de dezembro de 2021, veio a notícia inesperada: a morte de Zeca por enfarte, aos 78 anos. Uma perda irreparável. Meu primeiro impulso foi desistir. O segundo também. Mas, estimulado por Bob e pressionado pelo contrato já assinado, segui adiante. Até para fazer justiça ao legado dele — "um personagem romântico que acreditou até o último minuto na reforma da segurança pública e da justiça", nas palavras de Jacqueline.

No velório de Zeca, seu filho, o promotor de Justiça e professor universitário Pedro Borges, foi procurado por algumas pessoas da equipe que lhe pediram que se aproximasse mais do Disque Denúncia, já que Zeca não havia preparado um sucessor. Outro que veio falar com ele foi o braço direito de José Isaac Peres, dono da Multiplan e até hoje o principal patrocinador do serviço — Peres chama esse apoio financeiro de "parte do legado" dele. O assessor do empresário do ramo de shopping centers disse a Pedro que eles tinham que continuar e que ajudaria no que precisasse. Pedro assustou-se com a responsabilidade:

— Nunca fez parte dos meus planos, nem dos planos de meu pai, que eu assumisse esse papel. Esse trabalho exige uma dedicação enorme e eu já tenho minhas atividades no Ministério Público e na universidade.

Pedro, porém, aceitou a tarefa, diante do risco real de que houvesse um colapso no DD. Seus objetivos eram prorrogar algumas parcerias, equilibrar as finanças e dar tranquilidade aos patrocinadores, à sociedade e à equipe.

— Se meu pai voltasse e visse, ia tomar um susto — brinca Pedro. — Mas, naquele momento, eu sabia que não era uma coisa para tocar pelo resto da vida, como meu pai fez. Ele entrou para ficar três meses e permaneceu até a morte.

Como previra, Pedro passou pouco tempo — quatro meses —, de forma voluntária, "arrumando a casa". Nesse período, ele e alguns empresários avaliaram nomes para ficar à frente do serviço. O escolhido foi o capitão de Mar e Guerra Renato Almeida, que recebeu a aprovação da equipe. Renato assumiu como coordenador-geral no dia 7 de março de 2022.[*]

Na Introdução e nas seis histórias deste livro, veremos como funciona, na prática, o que a professora Luciane Patrício classifica como "a política de segurança mais longeva que o estado do Rio já viu".

---

[*] Para saber como está o DD sob o comando de Renato Almeida, leia o Apêndice 1 — "O Disque Denúncia hoje".

Introdução

Logo após tomar posse como governador, no dia 1º de janeiro de 1995, Marcello Alencar começou a ter reuniões mensais no Palácio Guanabara com alguns dos principais empresários do Rio. Entre eles estavam representantes de bancos, seguradoras, empresas de ônibus, indústrias, shopping centers. O que mais preocupava o grupo era a alta dos casos de sequestro. Alguns cogitavam fechar empresas e se mudar do estado ou até do país. O fundador do banco Pactual, Luiz Cezar Fernandes, um dos participantes, recorda que vários empresários iam aos encontros acompanhados por seguranças "armados até os dentes". Era assustador.

Havia sérias divergências internas entre os integrantes do grupo. Parte deles defendia ações truculentas e extremas, enquanto outra parcela preferia apostar na inteligência e na informação. Fernandes fazia parte do segundo time. Um dos que frequentavam esses encontros era o engenheiro Sergio Quintella, cujo filho caçula, Marcelo, fora sequestrado no dia 13 de outubro de 1992 em Paraíba do Sul, no Vale do Café. Durante 49 dias, até a libertação com pagamento de resgate, Quintella viveu "um tormento infernal", sem nenhuma garantia de que o filho estava vivo. O "sofrimento indescritível" levou-o a procurar uma forma de contribuir para o combate ao crime que atingira sua família e a de tantos outros moradores do Rio.

Durante sua pesquisa, ele conheceu uma iniciativa criada em 1976 na cidade de Albuquerque, no Novo México. Na época, o detetive Greg MacAleese investigava o assassinato a tiros de um rapaz no posto de gasolina onde trabalhava. Greg pediu ao gerente-geral de uma TV local que exibisse uma reconstituição do crime no noticiário, de forma a conseguir alguma testemunha. O programa foi ao ar às dez da manhã do dia 9 de setembro. No fim, Greg anunciou um número de telefone e prometeu uma recompensa a quem ajudasse a solucionar o caso. Na manhã seguinte, ele recebeu um telefonema: um rapaz reconheceu o dono do carro usado pelos bandidos na hora da morte. Em 72 horas, os dois assassinos estavam presos.

A partir daí, Greg convenceu o departamento de polícia e a mídia a continuar nessa linha. E batizou seu projeto de Crime Stoppers (Bloqueadores de Crimes ou Agentes Contra o Crime, em tradução livre). Ele definiu algumas regras básicas. Os informantes deveriam permanecer anônimos, para combater o medo de denunciar. Haveria o pagamento de recompensas, para reduzir a apatia da população. Deveria ser fundada uma empresa sem fins lucrativos para gerenciar o programa, com uma diretoria formada por integrantes da sociedade civil. Os voluntários não poderiam ser autoridades eleitas nem candidatos a cargos públicos, para evitar uma "coloração política". Da mesma forma, não seriam admitidos policiais. Isso para mostrar que era uma entidade autônoma e independente e não um "disfarce" ou uma "fachada" para os órgãos policiais. A precaução também protegeria o sigilo das informações recebidas.

Para Greg, o programa precisava ter o apoio de jornais e emissoras de rádio e TV. Afinal, ele dizia, a mídia dá credibilidade e conscientiza o público, o que, por sua vez, estimula a participação popular. Com isso, há mais resultados, que são divulgados pela imprensa, gerando mais denúncias. Ele conseguiu emplacar dois programas, *Crime da Semana* e *Mais Procurados*, que iam ao ar em forma de noticiários e de anúncios gratuitos na programação. Greg imaginava que o Crime Stoppers duraria de seis meses a um ano, mas o sucesso foi imediato. A partir de setembro, Albuquerque viveu um período de 36 meses consecutivos de declínio da criminalidade. E a iniciativa foi reproduzida mundo afora.

Quintella convidou um representante da organização para vir ao Brasil assessorá-lo na formatação de um modelo semelhante. Ao fim de dez dias, o americano entregou um relatório com uma série de sugestões. Como lembra o empresário no livro *Sergio F. Quintella: um depoimento*: "A principal era que o Disque Denúncia, como adaptei a expressão original, não deveria pertencer à polícia. O melhor modelo era constituir uma entidade privada, capaz de receber a delação sob a garantia do anonimato (e, às vezes, a contrapartida de uma recompensa em dinheiro) e reencaminhá-la a duas ou três áreas do governo." Nos dias de hoje, ele observa que o americano recomendou com muita ênfase este ponto: a denúncia não poderia ficar concentrada num único setor policial. Assim, ninguém se tornaria dono exclusivo da informação, evitando-se o seu "uso inadequado" e o "desvio de suas verdadeiras finalidades".

À época, o assunto foi discutido com o então governador Brizola e seu vice-governador e secretário de Polícia Civil, Nilo Batista. Os dois manifestaram apoio à ideia, mas a proposta não vingou. Poucos anos depois, com a posse de Marcello Alencar, Quintella viu a chance de retomar a sugestão e fez uma apresentação ao novo governador e aos demais empresários. Após escutar Quintella falar, Luiz Cezar Fernandes ponderou:

— Eu acho que dá pra gente fazer aqui.

— Funciona, é espetacular — entusiasmou-se Quintella.

Na reunião, Fernandes disse a dois colegas — José Isaac Peres, fundador da Multiplan, empresa de shoppings como o BarraShopping, e Júlio Bozano, do Banco Bozano, Simonsen — que havia gostado da ideia e perguntou se eles topavam participar da empreitada. Os dois deram seu apoio. Faltava alguém para tocar a iniciativa.

Nessa época, o publicitário Zeca Borges trabalhava com Fernandes. O banqueiro havia convidado o amigo para ajudá-lo a montar um fundo de investimentos. Fernandes morava em Petrópolis e vinha todo dia ao Rio de helicóptero para a sede do Pactual. Num desses deslocamentos aéreos, ligou para Zeca e disse:

— A cidade está acabando, vai fechar. Mas temos um projeto para o Rio e preciso de você. Vamos esperar um pouco a história da nossa empresa e vamos resolver esse outro assunto, que é mais urgente.

Zeca disse ok e começou a ajudar Quintella e Fernandes a desenhar o projeto de uma central telefônica que poderia receber ligações anônimas, acrescida de um programa de TV que desse publicidade ao serviço, divulgando os casos e seus resultados. Depois de terem estabelecido as bases do projeto, Fernandes pediu a Zeca que fizesse contato com o governador, o secretário de Segurança, o procurador-geral de Justiça e demais autoridades para pôr em prática a ideia.

— Depois a gente procura alguém para ficar à frente do serviço — tranquilizou-o.

Zeca se recordava com bom humor e gaiatice dessa época, como contou numa palestra para alunos na UFF em 2021:

— Quando disseram que era preciso criar um sistema para ajudar a polícia a combater sequestros no Rio, eu era especulador do mercado financeiro. Naquele tempo, eu fugia da polícia.

Mas ele tinha o perfil executivo necessário para fazer esse trabalho inicial de contactar todo mundo que importava. E assim fez. Encerrada essa fase, era hora de buscar um nome para comandar a Central. Fernandes explica o principal critério de escolha:

— Queríamos uma pessoa sem nenhuma ligação com governo e sem ambições políticas, para não fazer a gente de trampolim.

Mas quem seria essa pessoa? Mais uma vez o banqueiro recorreu ao amigo:

— Zeca, vai tocando esse troço até a gente arrumar alguém.

Nessa época, Quintella já se afastara, como conta em seu livro: "Nunca quis integrar a diretoria do Disque Denúncia, pois, do contrário, não faria outra coisa a não ser lembrar o tempo todo do sequestro do meu filho."

Zeca tinha razões de sobra para recusar o apelo de Fernandes. Além do bom momento que vivia no mercado financeiro, ouviu também alertas de amigos: "Você está arriscando sua vida, vão te matar. Você não conhece polícia." De fato, o novo instrumento enfrentou oposição de setores das corporações. Para começar, ele rompia com o monopólio sobre as informações criminais.

— Tiramos a reserva de mercado do policial da rua. Ele era dono da informação e podia usá-la como quisesse. Perdeu essa vantagem — dizia Zeca.

Havia outras explicações para a desconfiança: o serviço acabaria pressionando a polícia a fazer seu trabalho e poderia servir para monitorar a atuação dos agentes da lei.

— No princípio, eles acharam que nossa atribuição era dedurá-los, dizer que estavam errados, entrar na vida deles.

Para Zeca, a aposta era arriscada por mais dois motivos. O primeiro era a discordância citada por Fernandes entre os grupos de empresários, já que a maioria preferia ações drásticas e radicais e achava que isso devia ser tratado diretamente com a polícia. O segundo era a dificuldade de superar a indiferença, o medo, a apatia e a desconfiança da população em relação à ação policial.

Por tudo isso, Zeca calculava que aquela aventura não teria futuro. Mas nada disso o desencorajou. Apesar dos obstáculos, resolveu pagar para ver.

— Aceitei porque era muito amigo do governador Marcello Alencar — justificava.

Uma das primeiras visitas que o publicitário fez foi à Secretaria de Segurança. Lá, deparou-se com uma estrutura que havia sido montada no ano anterior pelo coronel do Exército Romeu Ferreira para receber denúncias feitas pela população durante a Operação Rio.*

— Descobri que no 16º andar tinha um negócio chamado Disque Denúncia, um negócio bem antipático, uns *telefoninhos* pretos com bina,[1] uns policiais atendendo e anotando num livro.

O próprio nome Disque Denúncia incomodava. Dez anos após o fim da ditadura militar, a palavra denúncia ainda carregava um forte ranço de delação. Zeca chegou a pensar em usar a palavra "dica", como é comum nos Estados Unidos. Lá é adotado o *make a tip*, ou seja, "dê uma dica". E os denunciantes são chamados de *tipsters*. Mas o temor de que o nome provocasse resistências mostrou-se infundado — foi feita uma pesquisa que revelou que a maioria das pessoas o aprovava. Para os entrevistados, denúncia não era sinônimo de deduragem e sim um jeito de extrava-

---

* Para conhecer o trabalho pioneiro do coronel Romeu, leia o Apêndice 2 — "O embrião do Disque Denúncia".

sar a revolta, canalizar a indignação, combater a impunidade e fazer justiça.[2]

Na primeira reunião da qual Zeca participou, em que estavam presentes "99% do PIB do Rio", como ele calculava, ficou acertado que o sucesso do programa dependia de alguns pontos. O primeiro era a garantia do anonimato — importava a informação e não quem a fornecia. As ligações não seriam gravadas nem rastreadas. Esse princípio é sagrado até hoje.

— A credibilidade é o nosso maior tesouro — diz *Milani*,* gerente de um dos programas, o Procurados.

Durante o papo, os atendentes fazem alertas do tipo "não fale para ninguém que ligou para o Disque Denúncia". Ainda assim, caso alguém diga algo que possa identificá-lo, a equipe toma suas precauções, como contava Zeca:

— Se a pessoa sem querer fala algo como "meu primo trabalha aqui perto" ou "sou casada com um detento do presídio tal", a gente pede que ela pare e tira isso da denúncia, mesmo que seja importante para o esclarecimento do crime.

O tenente-coronel da PM José Ramos da Silva Júnior, que analisava as denúncias recebidas quando era da Subsecretaria de Inteligência da Secretaria de Segurança Pública (Ssinte), comprova isso:

— O principal troféu do DD é nunca ter perdido um denunciante anônimo. A gente nunca soube quem estava do outro lado.

---

* Por razões de segurança, alguns funcionários do Disque Denúncia serão identificados com codinomes grafados em *itálico* neste livro. O mesmo ocorre com alguns agentes de forças policiais que optaram por não revelar seus verdadeiros nomes.

O segundo fator-chave era que o serviço seria mantido principalmente por recursos privados. O terceiro era a independência das autoridades — o projeto deveria ser um instrumento da sociedade civil e não poderia sofrer qualquer interferência política. Teria que ser criada uma organização não governamental para gerir o DD. A decisão se mostrou um acerto, como Zeca gostava de ressaltar:

— Sempre que acordar, todo ativista, como eu, deve lavar as mãos e o rosto, escovar os dentes, se olhar no espelho e dizer: "Eu não sou governo, eu não quero ser governo, eu não devo ser governo." E deve repetir isso três vezes, todos os dias. O fato de ser independente e privado permite credibilidade e continuidade. Se fosse estadual, o Disque Denúncia já teria mudado de nome umas três vezes.

Fora o risco de que fosse usado para fins eleitorais. O que sempre se conseguiu evitar.

— O Disque D é a única política de segurança pública que passou por todos os governos — observa a antropóloga Jacqueline Muniz.

O quarto ponto acordado era a recompensa. O denunciante receberia um número de protocolo para pleitear seu prêmio — e também para acompanhar o andamento da denúncia, acrescentar ou corrigir informações já fornecidas e reclamar da atuação das autoridades sobre o desfecho da operação. A vantagem não seria nem o pagamento em si, porque a maioria dos denunciantes age pela vontade de ajudar, mas a divulgação da recompensa pela imprensa. A publicidade do retrato do criminoso faria com que ele tivesse que mudar de endereço, tornando-se mais vulnerável.

E havia uma quinta condição importante: a ligação deveria ser paga. Como já existia a linha 253-1177, usada pelo coronel Romeu Ferreira durante a Operação Rio e que tinha se tornado conhecida por conta das reportagens e da distribuição de folhetos nas favelas, o natural seria mantê-la. Muita gente preferia que ela fosse gratuita e que o número tivesse apenas três dígitos, a exemplo do 190 da Polícia e do 193 dos Bombeiros, fáceis de lembrar. Mas Zeca dizia que isso poderia inviabilizar o serviço. Haveria dificuldade de evitar trotes e brincadeiras e de filtrar informações relevantes.[3]

Dos cinco quesitos, somente a recompensa demorou um pouco mais para ser implantada — os demais estão no DNA do serviço.

Estabelecidas as regras, faltava buscar fontes de financiamento. Zeca levou muitos "nãos" ao procurar empresários para bancar o orçamento inicial de 60 mil reais. De fato, houve resistência, como lembra Fernandes:

— Todo mundo estava cético. Ninguém acreditava que ia dar certo. Me diziam: "Vocês acham que alguém vai ligar?" Os únicos que apostavam que ia funcionar éramos eu, Peres, Quintella, Júlio e Jacob Barata. Só ficamos nós cinco falando: "Nós vamos." E fomos.

Para resolver a questão financeira, eles conseguiram com a Federação das Indústrias do Estado do Rio de Janeiro (Firjan), e com a Associação Comercial do Rio de Janeiro (ACRJ) que os empresários contribuíssem para as duas entidades, e elas repassariam o dinheiro para a organização sem fins lucrativos criada para gerenciar o novo serviço — a Associação

Rio Contra o Crime (ARCC), fundada em 9 de outubro de 1995 e presidida pelo advogado Hélio Saboya.[4]

Jacob Barata tinha razões de sobra para contribuir com o DD. Empresário do setor de ônibus, ele havia sofrido um duro golpe quando seu filho Daniel foi sequestrado em novembro de 1994 e foi encontrado morto em janeiro de 1995, mesmo após pagamento de resgate. Além de ajudar financeiramente, Barata disse:

— Vou obrigar todos os ônibus a botar uma placa do Disque Denúncia com o número do telefone.[5]

A estreia

O Disque Denúncia, como é conhecido hoje, começou a operar de forma piloto entre os meses de março e abril de 1995, com apenas dois setores. O primeiro era a Central de Atendimento Telefônico, que recebia as denúncias. Os atendentes, quase todos civis, trabalhavam em turnos de 24 por 72 horas (mais tarde, em agosto, os turnos passaram a ser de doze horas). O segundo setor era o de Difusão, para onde eram encaminhadas as denúncias recolhidas pelos operadores. A equipe de Difusão, subordinada ao Centro de Inteligência de Segurança Pública (Cisp), era formada por policiais civis e militares, e bombeiros. Eles é que decidiam para que órgãos policiais enviar as denúncias.

Durante essa fase inicial, foi elaborado um projeto de marketing que incluía uma campanha televisiva. E assim, em 1º de agosto, era lançado oficialmente no estado do Rio o Disque Denúncia, "a arma do cidadão", como anunciava a propaganda.

— Ele surge com a mesma filosofia do Crime Stoppers, de que a resolução da criminalidade está à distância de um dedo da sua mão — disse Edson Calil de Almeida, que cuidava do relacionamento com os patrocinadores.

A essa altura, Zeca já se apaixonara pelo Disque Denúncia, como conta Luiz Cezar Fernandes:

— Ele me disse: "Cezar, vou ficar, gostei, não saio mais daqui." E não saiu mesmo. Zeca ficou no Disque Denúncia até morrer.

Já aquele fundo de investimento que os dois iam criar nunca saiu do papel.

Telemarketing

No dia da estreia oficial, havia dezesseis operadores e seis operadoras em ação. A maior parte deles tinha trabalhado na campanha de telemarketing político do então candidato a governador Marcello Alencar, pilotada pelo empresário Marcelo Cirillo.

O sucesso na corrida eleitoral fez com que, com a criação do DD, Cirillo fosse convidado para um cargo estratégico no novo serviço, o de coordenador operacional. Foi dele a ideia de chamar para compor o atendimento os operadores que mais haviam se destacado na campanha. Como *Lucas*, que começou no próprio dia 1º de agosto. Eram tempos duros, em que o sistema funcionava 24 horas por dia, incluindo sábados, domingos e feriados. Os atendentes trabalhavam em dois turnos de doze horas.[6]

— Quando Zeca me chamou, disse: "O que eu tenho aqui é isso: doze horas por dia num projeto que a gente não sabe se vai dar certo. Se você quiser, é essa loucura." Falei: "Estou dentro." — diz *Lucas*.

Zeca não era o único a achar que a empreitada não teria futuro. *Lucas* conta que o Disque Denúncia foi feito "sem a menor pretensão de dar certo".

— Arrumaram uma sala qualquer para a gente e compraram as mesas e cadeiras mais simples, que nós mesmos montamos. Luxo zero.

Nesse início, era tudo novidade. Os operadores não chegaram a passar por maiores treinamentos.

— Fomos aprendendo uns com os outros, na tentativa e no erro. Começamos do zero. Éramos poucos e cada um de nós atendia muitas ligações.

Isaías, outro dos desbravadores, confirma e lembra que sequer havia um manual. Ele tinha sido convidado por Cirillo para ser o gerente do Disque Denúncia. Era para ficar apenas seis meses, já que não havia grandes expectativas de que o projeto teria vida longa. Tanto que avisou à noiva que teriam que adiar apenas por algum tempo os planos de se mudar para os Estados Unidos, onde ela tinha parentes.

Zeca também não estava otimista: previa que o serviço não ia durar nem três meses. Mas foi logo nesse período, em fins de outubro de 1995, que enfrentou seu primeiro grande desafio: os sequestros de três estudantes no mesmo dia. E, ao contrário do prognóstico sombrio do coordenador, o DD passou no teste com louvor.

— A gente não sabia que aquilo ia explodir — diz Isaías, que precisou avisar à noiva que os planos de se mudar para os Estados Unidos iam ser deixados de lado.

O triplo sequestro se tornaria um divisor de águas na história do serviço. Como se verá a seguir, o papel crucial na libertação de reféns fez com que o DD ganhasse amplo espaço na mídia e virasse, como definiu um jornal, o *"must da temporada"*. Um *must* que teve novas temporadas e superou de longe o modelo americano que o inspirou, segundo Jacqueline:

— Não há nenhuma experiência de mobilização no mundo que tenha chegado perto do Disque D. Do ponto de vista de produção do conhecimento a partir da sociedade civil não há nada equivalente. Nem em tamanho, escala, capilaridade e tempo de duração. Em comparação, as experiências do Crime Stoppers são minúsculas, nanicas.

1. Um dia, três sequestros
1995

Naquele dia 26 de outubro de 1995, o Rio amanheceu sob o impacto do que acontecera na véspera, quando três estudantes, filhos de empresários, foram levados por bandidos à luz do dia. Mesmo para uma cidade habituada à ousadia dos criminosos, o sequestro de Marcos Chiesa, Eduardo Eugênio Gouvêa Vieira Filho e Carolina Dias Leite no intervalo de algumas horas foi uma ação inédita e ultrajante.

Ao acordar, o publicitário Zeca Borges folheou o jornal *O Globo* e leu o editorial, que sintetizava o sentimento generalizado de impotência e assombro que dominava a sociedade. O texto alertava que as quadrilhas estavam "agindo à vontade, com tanta arrogância quanto violência", numa cidade "indefesa ante a audácia dos bandidos". Não era exagero. Zeca saiu cedo de casa, em Copacabana, e se dirigiu ao Centro da cidade. Passou primeiro pela Associação Comercial, na rua da Candelária, 9, para resolver questões orçamentárias do serviço que chefiava. De lá, seguiu a pé até o prédio do Departamento Estadual de Trânsito (Detran), a cerca de setecentos metros dali, no número 817 da avenida Presidente Vargas, onde o Disque Denúncia ocupava uma sala na Secretaria de Segurança Pública, no 12º andar. No caminho, lhe vieram à mente as palavras de seu tio, que estava em Nova York em 1957 quando chegou a informação de que os soviéticos haviam lançado o satélite *Sputnik* e tomado a dianteira na corrida espacial. "Dava para ouvir o arrastar dos pés das pessoas", disse ele ao sobrinho, referindo-se ao baque sofrido pelos americanos. Zeca percebia agora o mesmo clima de desolação:

— A população estava chocada, o governo, tonto, e a polícia, afrontada.

Ao chegar ao trabalho, porém, o coordenador do Disque Denúncia tratou de estimular a equipe. Não era hora de fraquejar, ao contrário. Ele começou citando o caso do empresário Sergio Quintella, que tivera o filho caçula, Marcelo, de 19 anos, sequestrado em outubro de 1992. Zeca narrou o desespero do amigo com a falta de informações. Ao longo de 49 dias de sofrimento, Quintella olhava a multidão e pensava, aflito: "Será que nenhuma dessas pessoas sabe do meu filho?" Ele mesmo respondia: "Alguém aí fora sabe." Essa pessoa provavelmente viveria perto de onde o rapaz estava. Marcelo havia ficado trancafiado numa pequena casa de dois quartos, em Cabuçu, distrito do município fluminense de Nova Iguaçu. Após o pagamento do resgate e a libertação do filho, Quintella pediu que a população colaborasse com a polícia. Sua mensagem, expressando toda sua indignação, saiu na edição de 1º de dezembro de 1992 de *O Globo*: "Não é possível que não se note uma movimentação estranha numa casa ao lado. Como não desconfiar de um lugar fechado, onde aparecem automóveis diferentes, onde não se faz comida ou não existe movimentação normal de uma casa? Por isso, eu tenho certeza de que as pessoas sabem que algo está acontecendo de errado, mas não comunicam à polícia."

A declaração de Quintella ia ao cerne do problema. Mesmo que alguém percebesse que uma casa vizinha abrigava um cativeiro, ainda não existia à época do sumiço de Marcelo um canal sigiloso e confiável que permitisse ao denunciante contar o que via. O Disque Denúncia mudava esse cenário. Zeca encerrou seu relato à equipe afirmando, premonitório:

— Temos que ter foco total. É da natureza das coisas que a gente receba alguma informação. Vejam todas as denúncias, leiam e releiam cada uma, que certamente algo virá para nós.

Zeca sabia da importância das primeiras denúncias, aquelas que chegam até dois ou três dias após o caso. "Depois, é gente que leu no jornal e acha que sabe." Os atendentes — dezesseis homens e seis mulheres — ouviram com atenção as palavras do chefe. Um deles, *Lucas*, que fazia parte do DD desde o primeiro dia de funcionamento, três meses antes, recorda que não havia uma pressão grande em cima da equipe porque ninguém de fora "levava fé no serviço". Ainda assim, todos ali dentro estavam em alerta máximo em relação aos três sequestros.

Como era comum acontecer, os trotes, os casos curiosos, os desabafos, as vinganças entre vizinhos, as queixas de barulho e as reclamações sobre a cidade representavam 70% das ligações ao número 253-1177. Nada relativo aos sequestros havia chegado até que, por volta das 8h50, o telefone tocou mais uma vez, sendo rapidamente atendido por um operador. De modo geral, o atendente precisa colher algumas informações básicas durante a conversa: "o quê" ("qual é o crime ou a infração que supostamente foi, está sendo ou será cometido?"), "onde" ("em que local esse ato ocorreu?"), "quem" ("quem é o autor do crime ou da infração?"), "como" ("quais meios estão sendo utilizados para a realização do crime/da infração?") e "quando" ("o crime ocorreu no passado, está ocorrendo no momento ou está sendo planejado? Ele é recorrente ou é algo pontual? Detalhar dia e horário do fato se possível").[1]

Nem sempre isso é possível, como era o caso da ligação de agora. A moça do outro lado da linha tinha pressa. Talvez receasse estar sendo observada. Seja como for, estava tão assustada que disse apenas umas poucas palavras antes de desligar.

Zeca costumava dizer que existem dois tipos de denúncias importantes no DD: as completas, "que dão informações detalhadas do caso, têm mais de cinco linhas e trazem todo o endereço e outros dados", e as que ele chamava de "suficientes" — que, em geral, "têm uma ou duas frases no máximo, mas são precisas". A denúncia de agora era desse último tipo, "precisa". Afinal, a mulher ao telefone havia passado ao operador dois dados essenciais. O primeiro era um endereço: Travessa Quebeque, casa 05, Conjunto Santa Maria, em Campo Grande. O outro era um nome, como está cadastrado na denúncia que recebeu o número 2314.10.95:

A DENUNCIANTE INFORMOU QUE NO LOCAL CITADO ESTÁ EM CATIVEIRO A JOVEM CAROLINA DIAS LEITE. A DENUNCIANTE NÃO DEU MAIORES DETALHES E DESLIGOU.

O número indicava que se tratava da 2.314ª denúncia feita até aquela hora, naquele mês de outubro de 1995.

Zeca logo repassou a informação para o Cisp, responsável por difundir o material para os órgãos policiais.[2] Se a porta de entrada do DD é o Atendimento, o setor de Difusão é a saída. Os difusores recebem as denúncias que chegam ao Atendimento, avaliam, fazem a triagem e encaminham para as autoridades. E o destino natural dessa denúncia era a Delegacia Antissequestro (DAS).

— As denúncias sobre sequestro iam sempre para a DAS. Não faria sentido enviar para outros lugares e não para lá. Caso contrário, não se justificaria ter uma delegacia desse porte. A gente só encaminhava para a Polícia Militar quando havia certeza de que o local abrigava um cativeiro e seria necessária uma intervenção ostensiva. Mas, quando era apenas uma suspeita, ia para a DAS — afirma hoje o coronel do Exército Sérgio Ferreira Krau, à época diretor do Cisp.

Só que, na ocasião, o diretor da DAS, o delegado Alexandre Neto, alegou aos jornais que não recebera a informação. E mais: se queixou de que o setor de Difusão — formado por policiais militares — estava privilegiando a Polícia Militar, enviando as denúncias para os batalhões locais.

Passado tanto tempo, não é possível descobrir ao certo o que aconteceu. O que se sabe é que nada de concreto foi feito a partir do telefonema para o DD. Talvez a denúncia tenha de fato ido para a DAS e não tenha sido levada a sério. Ou então os agentes da delegacia foram ao local e não encontraram o cativeiro, apesar da riqueza de detalhes. Talvez a reclamação de Neto fosse verdadeira e não uma simples desculpa. Seja como for, Carolina continuou sequestrada, quando poderia ter sido libertada.

A sorte é que, na parte da tarde, surgiu outra pista sobre o paradeiro da adolescente. Um homem desceu de um ônibus, aproximou-se de uma radiopatrulha da PM posicionada junto à estação de trem de Campo Grande e disse:

— Está acontecendo uma coisa muito estranha no meu bairro. Está um alvoroço. Apareceu um carro lá, ontem, com dois homens, que empurraram uma menina pra dentro de uma casa.

Depois de escutar o relato, o policial do Regimento de Polícia Montada Enyr Cony dos Santos (RPMont) tratou de acionar por rádio o supervisor do dia, o subtenente Siqueira. O oficial pediu que o policial levasse o homem até a sede do batalhão para ser ouvido pelo então capitão Weber Guttemberg Collyer.

— Numa rápida entrevista, eu vi muita firmeza na fala

dele, que trazia detalhes importantes, significativos — conta o hoje coronel Weber.

Ao final do depoimento, a testemunha implorou que seu nome fosse preservado, e assim foi feito. A identidade desse personagem permanece desconhecida. Teria alguma conexão com a mulher que ligara mais cedo para o Disque Denúncia? Estaria ele insatisfeito com a falta de resultados da denúncia feita pela manhã? Não se sabe, e convém não saber.

Weber acionou o subcomandante do batalhão, o major Adílson, que o autorizou a seguir até o local com uma equipe de dezesseis homens. Ao chegar à região, o capitão não teve dúvidas de que estava no lugar certo. Mesmo que tivesse tido alguma dificuldade, ela teria sido sanada graças a um morador — seria o próprio denunciante? —, que arriscou a própria vida ao se aproximar de uma das três viaturas.

— A menina está naquela casa ali — disse, apontando o local e fugindo em seguida.

Era um imóvel simples, sem muro, como todos os outros da região, o que permitia que os vizinhos vissem tudo o que acontecia ao redor. O Conjunto Habitacional Santa Maria havia sido construído para abrigar funcionários da prefeitura, mas as obras foram interrompidas e as 1.270 casas acabaram invadidas. A Travessa Q^3 era das mais seguras, e nada ali indicava que abrigaria um cativeiro.

Mas não era bom arriscar. Os policiais notaram que a porta de ferro da entrada estava fechada. De fora, era possível perceber que o movimento no interior era mínimo, o que reduzia os riscos de tiroteio. A residência foi cercada, para que não houvesse fuga por trás. O soldado Jorge Luiz

Baptista de Oliveira viu que havia uma janela de correr semiaberta. Ele se posicionou no vão e, ao ver um homem de costas preparando a comida, apontou a arma em sua direção e aguardou. Ao mesmo tempo, Weber pediu que um dos PMs arrombasse a porta, enquanto gritava que era a polícia e que o local estava cercado.

Carolina Dias Leite, que havia completado 18 anos dois dias antes, estava na sala vendo TV, sentada num colchonete. O cativeiro ficava na casa 5 da Travessa Q do conjunto Santa Maria, em Campo Grande — o mesmo endereço fornecido de manhã ao Disque Denúncia e que não foi investigado. Da cozinha, Hildebrando José da Silva Santos, de 32 anos, escutou os gritos, virou-se e, sob a mira da arma do soldado Jorge, rendeu-se. A chegada abrupta da polícia impediu qualquer tentativa de reação. O carcereiro estava tão despreocupado que mantinha a menina desamarrada e deixara o revólver calibre .38 com as seis cápsulas intactas em cima da geladeira. Carolina, ainda trêmula, confirmou que era ela mesma a jovem sequestrada no dia anterior, quando lhe foi perguntado. Terminava assim, em apenas 24 horas, o sequestro da filha de Antônio Dias Leite, empresário do ramo de TV a cabo, e neta de Antônio Dias Leite Júnior, ministro dos governos dos generais Costa e Silva e Médici.

O sequestro

Carolina chegara à Sociedade Hípica Brasileira, na Lagoa, na tarde do dia 25 de outubro. Aluna da última série do Segundo Grau da Escola Britânica, ela seguia uma rotina de treinos desde os 10 anos. Tinha aulas na Hípica das 15h30 às 16h45 e saía do clube em seguida. Naquele dia, antes de montar, alimentou seu cavalo tordilho Jamber com cenoura e açúcar. Após o treino, sentou-se, como de costume, no banco de carona do Gol azul-marinho dirigido pelo motorista da família, José Nascimento Silva. Era por volta das 17h10 quando o carro deixou a Hípica e, logo depois, foi cercado por dois homens armados. Um deles, com uma pistola preta calibre .38, abordou o motorista e disse: "É um assalto, nós queremos o carro, passem para o banco de trás!" O outro criminoso rendeu Carolina. O automóvel seguiu em direção ao Túnel Rebouças, com os dois bandidos na frente e os reféns atrás. Outro veículo, um Marajó bege, com dois ou três comparsas, tinha dado cobertura, após levar todo o bando até o local. Quase em frente ao clube há uma cabine de polícia, que havia sido desativada meses antes. A facilidade com que os bandidos agiram revoltou o pai de Carolina, que veio a público reclamar:

— A passividade foi total. Ninguém correu, telefonou ou bloqueou o trânsito. Faltou interesse. As pessoas não levam em conta que podem ser as próximas vítimas.

A bem da verdade, um homem de 21 anos testemunhou o ataque e se esforçou para ajudar. Ele anotou as marcas e as placas dos dois carros e ligou para a Emergência da Polícia Militar, o 190. A atendente informou que nada poderia fazer e que ele deveria procurar a DAS. Passou dois números da Delegacia Antissequestro, mas a testemunha não conseguiu fazer contato. Apesar disso, não desistiu. Parou junto a uma viatura estacionada na avenida Visconde de Albuquerque, no Leblon, e narrou o que vira, mas os policiais alegaram que não poderiam auxiliá-lo porque cuidavam do trânsito em frente a um colégio. Persistente, ele seguiu em frente até uma cabine no começo da avenida Niemeyer e pediu ajuda a um PM. O agente avisou que estava sem rádio, mas garantiu que ia ligar de um orelhão para o seu batalhão.

A essa altura, porém, o carro com José e Carolina já estava longe. O aviso de que era um assalto e não um sequestro dera de início um pouco de tranquilidade ao motorista. Ao sair do Túnel Rebouças, o veículo seguiu em direção à avenida Brasil. Ao longo do trajeto, os bandidos passaram por vários policiais. Nessas horas, pediam aos reféns que conversassem normalmente, para disfarçar. Funcionou. Sem serem importunados, os criminosos iriam percorrer no total 64 quilômetros, em meio ao trânsito engarrafado do início da noite daquela quarta-feira.

Num determinado momento, José perguntou se poderiam ser liberados, mas a resposta deu a Carolina a certeza de que não se tratava apenas de um roubo.

— Você vai descer logo, mas ela fica com a gente.

Carolina protestou, insistiu para que não o tirassem de perto dela, contudo os criminosos ignoraram seu pedido. O motorista tentou convencer a dupla a soltá-los, recorrendo inclusive a apelos religiosos, mas não conseguiu. Durante o percurso, eles revelaram a ela que tinham pesquisado sobre suas atividades cotidianas, sabendo inclusive que montava um cavalo de cor branca. Apesar de terem levantado seus hábitos, perguntaram qual a profissão de seu pai, que bens possuía e se ele era rico. De José quiseram saber se trabalhava havia muito tempo para o patrão.

Num certo ponto, cumpriram o que haviam dito e mandaram que ele saltasse. Deram um real para que pegasse um ônibus e exigiram que não contasse nada a ninguém enquanto não chegasse à casa da jovem. Para tranquilizar Carolina, disseram que não devia se preocupar, pois nada aconteceria a ela. Depois que José saiu, ela foi obrigada a se deitar no banco de trás e, em cerca de dez minutos, o carro parou. Antes de saltar, Carolina foi orientada a andar calmamente ao lado dos dois bandidos. Caso alguém fizesse perguntas, deveria dizer que era prima deles. Ao entrar na casa, foi entregue ao carcereiro, com quem passaria as 24 horas seguintes.

Carolina foi encontrada pela polícia em boas condições físicas. Mais tarde, confirmaria que não sofreu agressões. O vigia foi instruído a acorrentá-la, porém se negou. Ela ficou o tempo todo livre para circular dentro da casa, mas sempre com Hildebrando por perto, armado, impedindo que fugisse. A estudante afirmaria em depoimento que ele "sempre a tratou bem e nunca faltou com o respeito". Contudo, o tratamento até certo ponto cordial não afastava uma "paranoia", ou seja, uma preocupação recorrente, que volta e meia a atormentava. É que em momento algum os sequestradores se preocuparam em esconder o rosto, o que fazia com que pensasse que poderia ser morta para que não pudesse reconhecê-los. Em uma entrevista, Carolina daria mais detalhes sobre seu drama: "Não chego a sentir raiva dos sequestradores. Podia ter sido muito pior. Pensava na minha família o tempo todo. E fiquei muito preocupada porque

imaginei que aquela situação poderia durar muito tempo."
Ela lembrou ainda que, na noite do sequestro, estava exausta, mas tentou não dormir. Cochilava e acordava por causa do barulho. Na manhã seguinte, sentiu como se tivesse uma "nuvem escura pairando" perto dela. Rezara para se acalmar. Chegou a cogitar a fuga, mas faltou-lhe coragem. O estouro rápido do cativeiro acabou mostrando que foi melhor não ter reagido.

Os bandidos haviam feito contato com a família na mesma noite em que ela foi levada. Tinham exigido 5 milhões de reais de resgate. No telefonema, avisaram que se o dinheiro não fosse pago a família passaria um Natal muito triste. E disseram que voltariam a ligar. O RPMont foi mais rápido. Carolina contou o que sentiu quando foi libertada: "Foi o máximo, como uma sequência de filme. Os policiais arrombaram a porta e o meu coração veio parar na boca. Eu tremia, sem acreditar no que estava vendo."

A ação jogou os holofotes sobre o capitão Weber, que tomou uma decisão revelada agora publicamente pela primeira vez. Ele preferiu poupar seu informante, como havia prometido, e atribuiu o sucesso ao Disque Denúncia. O anonimato, pilar básico sobre o qual o Disque Denúncia fora construído, deu a Weber a garantia de que poderia mencionar o serviço como sua fonte e preservar seu denunciante.[4]

A estratégia se revelaria um achado. Graças às declarações do capitão à mídia, o Disque Denúncia entrou no radar da imprensa e passou a ganhar um amplo destaque, com os jornais divulgando todo dia o número 253-1177, detalhando seu funcionamento, noticiando outros casos de sucesso e reforçando a questão do sigilo. Numa reportagem do dia 28 de outubro intitulada "Disque Denúncia é aprovado", *O Globo* dizia que a "nova arma da sociedade não tem aquele jeito de polícia rançosa, do detetive de plantão que, por ser de madrugada ou fim de semana, recebe de má vontade a queixa". O jornal contava ainda que quem entrava na sala reservada onde ficavam os atendentes tinha a impressão de assistir a um filme de TV, onde se usa "computador, informação e inteligência". Em outra reportagem, o jornal convocava a sociedade a usar a nova ferramenta: "A comunidade, igualmente vítima, não pode ser uma simples espectadora. O Disque Denúncia é a arma de que o cidadão dispõe para agir em sua legítima defesa." Nem em suas previsões mais otimistas Zeca imaginaria que tamanho prestígio chegasse, muito menos tão cedo.

— Fomos atropelados pelo sucesso — lembrava Zeca. — Explodiu o tal do Disque Denúncia de que as pessoas nunca tinham ouvido falar. O número de denúncias dobrou. Foi ótimo, mas virou um caos.

Até o arcebispo do Rio se tornou garoto-propaganda do serviço. Dom Eugênio Sales disse que ligar para o Disque Denúncia era "um ato de caridade" com aqueles que estão sequestrados. A própria Carolina contribuiu para dar visibilidade ao serviço. No dia seguinte à sua libertação, divulgou na imprensa uma nota em que fazia questão de dar o crédito a quem ajudou a salvá-la: "Eu gostaria de agradecer a todo mundo envolvido nesse evento todo, especialmente à pessoa desconhecida que entrou em contato com o Disque Denúncia." Da mesma forma, seu pai tratou de fazer o que chamou de "agradecimento especialíssimo":

O mais provável é que eu nunca venha a conhecer a pessoa, que não estava preocupada com uma compensação material, mas unicamente com justiça, em dizer não à violência. O Disque Denúncia mostra que a população quer dar um basta a essa onda de violência. Afinal, quem mantém um cativeiro no meio de um conjunto habitacional também está incomodando esses moradores. É banditismo que atinge quem é trabalhador e vive lá. Quando não chega a simplesmente aterrorizar as pessoas da área. A polícia não tem como administrar uma cidade desse tamanho. São os cidadãos que têm que tomar a dianteira e denunciar.

E os cidadãos estavam fazendo sua parte: ao fim daquele dia 26 em que Carolina foi libertada, o número de chamadas ao serviço bateu o recorde: 325 contra a média de 250 ligações. O problema é que nenhuma delas trazia qualquer novidade sobre as outras nove pessoas que ainda permaneciam em cativeiro naquele momento no Rio.

Duas delas haviam sido levadas no mesmo dia em que Carolina fora sequestrada. O dia mal se iniciara quando a cidade sofreria o primeiro golpe. Às 6h55, Celso Canci parou a Fiat Fiorino branca em frente à calçada da agência Via Ilha, na esquina da rua Copenhague com a Estrada do Galeão, na Ilha do Governador. Ele trabalhava para o comerciante José Chiesa, sócio da rede de churrascarias

Oásis, e dava uma carona para o filho caçula do patrão, o estudante Marcos, que havia completado 16 anos três dias antes. Marcos desembarcou do carro e, antes de se dirigir ao Colégio São Sebastião, perguntou as horas a Celso. Nesse instante, viu-se cercado por três homens, que o agarraram aos gritos de "vamos, vamos!" e o enfiaram em um Monza cinza estacionado mais à frente. Ao mesmo tempo, um quarto bandido apontou uma pistola para a cabeça de Celso, retirou a chave do veículo e ordenou a ele que só saísse depois que o bando tivesse partido.

O segundo baque viria às 8h45, menos de duas horas depois da captura de Marcos. O aluno de Economia da Candido Mendes Eduardo Eugênio Gouvêa Vieira Filho, o Duda, de 21 anos, seguia de carro com a irmã, Maria da Glória, de 17, em meio ao trânsito arrastado de Botafogo. Deixaria a jovem na escola antes de seguir para o Banco Icatu, no Centro, onde estagiava. Em frente ao Shopping Rio Off Price, na rua General Severiano, teve sua picape Mitsubishi abordada por um Tempra vinho, de onde saíram dois homens aos gritos de "perdeu, perdeu!", enquanto outros bandidos rendiam o Gol onde estavam os dois seguranças da família.

Duda levou um susto. Mas, como é otimista, achou que se tratava de um assalto no shopping ou a outra pessoa. Percebeu que era um sequestro na hora em que viu os criminosos aproximarem-se olhando diretamente em sua direção. Saiu da picape o mais rapidamente possível para evitar que levassem também sua irmã. Pediu a um dos criminosos que não fizessem nada com ela. Mas eles não estavam interessados na adolescente. Duda foi posto no banco de trás, agachado, com a cabeça coberta pelo paletó que vestia. Um terceiro bandido manteve uma arma encostada na sua cabeça o tempo todo. Foi uma ação rápida e precisa, que durou cerca de cinco minutos e envolveu treze sequestradores, armados com fuzis AR-15, metralhadoras e pistolas automáticas.

Mais tarde, Duda diria que eles davam gargalhadas e comentavam, felizes, o sucesso da ação. Cinco dias antes, o pai de Duda, Eduardo Eugênio Gouvêa Vieira, diretor do grupo Ipiranga, tinha assumido a presidência da poderosa Firjan.

Oito horas e meia depois, seria a vez de Carolina. Ironicamente, no dia anterior aos três sequestros o secretário estadual de Segurança, general Nilton Cerqueira, havia festejado a queda do número de novos casos, que chegaram a doze em agosto e tinham caído para quatro em setembro.

Marcello Alencar, governador do estado desde janeiro, lamentou o que classificou de "evento insólito", ocorrido justamente quando "estávamos nos regozijando de termos acabado com as ações de sequestro". O tal "evento insólito" ofuscou outra boa notícia, numa época em que elas eram escassas: no mesmo dia 25 de outubro, a Delegacia Antissequestro havia libertado o empresário Manoel Agostinho dos Santos, de 77 anos, dono do Motel Oklahoma. Levado no dia 9 daquele mês, ele estava confinado numa casa em Sepetiba, na Zona Oeste, onde foram presos três homens e uma mulher, que estava acompanhada de duas crianças.

Marcello Alencar chegou às 21h45 à casa do presidente da Firjan para prestar solidariedade e informar que a polícia estava mobilizada para descobrir o cativeiro de Duda.

"Foi um soco no estômago", reconheceu o governador. Mas ele reagiu como costumam reagir os políticos: com teorias conspiratórias. Disse não ter dúvidas de que os crimes faziam parte de um plano para desmoralizar a polícia e desestabilizar seu governo. O presidente Fernando Henrique Cardoso fez coro ao seu colega de partido, o PSDB. Para ele, os responsáveis estavam reagindo "ao sucesso da polícia no combate ao crime organizado". Dois coronéis da cúpula da Segurança trabalhavam com a hipótese de que os sequestros eram parte de uma estratégia arquitetada por policiais corruptos para pressionar o governador a substituir o coronel Cerqueira, considerado linha-dura. O tempo se encarregaria de mostrar que não era nada disso.

Com Carolina, Marcos e Duda, o estado alcançava a marca nada lisonjeira de dez pessoas em cativeiro ao mesmo tempo, e um total de 81 casos entre janeiro e outubro de 1995. Até o fim do ano, o número passaria de cem.[5]

E esses dados oficiais eram subestimados, porque muitas quadrilhas exigiam que as famílias afastassem a polícia das negociações. Descrentes das forças policiais e temerosas de represálias, elas obedeciam, a ponto de Fernando Moraes, delegado da Delegacia Antissequestro, estimar o número real de casos em mais de 150. Naquela mesma edição do dia 26 em que criticava a "audácia dos bandidos", *O Globo* lamentava a "humilhante facilidade com que, hoje, as pessoas são arrancadas das ruas do Rio". De fato, o desembaraço era tal que o ataque a Marcos fora presenciado por dez alunos do Colégio São Sebastião e acontecera a duzentos metros da delegacia da Ilha do Governador. Já as investidas contra

Duda e Carolina ocorreram em bairros da Zona Sul, os mais bem policiados da cidade, e na hora do *rush* — no caso dele, na parte da manhã, e no dela, no fim da tarde.

Derrota de 2 a 1

A soltura de Carolina trouxe um pouco de alívio às autoridades. O secretário de Polícia Civil, Hélio Luz, recorreu à metáfora do futebol: "Ainda estamos perdendo de 2 a 1, mas reagimos." De fato, o sucesso da ação do RPMont reanimou a sociedade, ávida por boas notícias, mas estava longe de indicar uma virada no jogo. Bastava olhar em retrospecto para ver que havia motivos para pânico. Um levantamento feito pelo *Jornal do Brasil* revelava que a polícia só havia solucionado doze dos setenta sequestros de maior repercussão ocorridos nos seis anos anteriores, o que dava um total de 17%. Na maioria dos casos, a família pagara resgate. Em algumas ocasiões, o refém conseguira fugir por conta própria ou fora morto pelos bandidos. E houve até uma operação desastrada que resultou na morte de uma das vítimas pelas mãos de agentes da lei. Naqueles anos, a Delegacia Antissequestro vivia um mau momento. Antes de assumir a Secretaria de Polícia Civil, Luz passara algumas semanas como diretor da DAS e conhecera de perto a complexidade do problema. Tanto que disse uma frase que ficou para a história: "A partir de agora a Antissequestro não sequestra mais", referindo-se à participação de policiais nesse tipo de crime.

Se Laura sentia alívio com a soltura da filha Carolina, Lourdes, mãe de Marcos, vivia à base de calmantes. Não era a única. Os parentes dos sequestrados sofriam com a escassez de notícias. Viviam às voltas com noites maldormidas, apavoravam-se com as ameaças à integridade dos familiares e ouviam dos bandidos a ordem para não botarem a polícia no meio. Os Chiesa obedeceram. Um dos irmãos de Marcos anunciou publicamente que eles preferiam resolver sozinhos o caso por acreditarem que a atuação oficial atrapalhava o andamento das negociações. Na ausência das autoridades, quem atendia as ligações dos bandidos era o próprio pai do rapaz, José. Para driblar os repórteres que faziam plantão em frente à sua casa, ele saía abaixado no banco traseiro do carro de uma amiga e ia negociar no escritório particular de um amigo. Cristina, mãe de Duda, também fez um pronunciamento emocionado pedindo à polícia que ficasse de fora.

Apesar dos pedidos, as polícias Civil e Militar faziam incursões diárias a morros da cidade em busca do paradeiro de Marcos e de Duda. Seguiam pistas levantadas por eles mesmos ou repassadas pelo DD. Mais de quinhentos policiais estavam envolvidos nos dois casos, mas os esforços mostravam-se infrutíferos. No sábado, dia 28 de outubro, parecia que a sorte iria mudar. Às quatro e meia da tarde, armados com fuzis e metralhadoras e seguindo uma pista anônima, trinta policiais da DAS ocuparam a favela de Vigário Geral, onde, segundo informações, estaria localizado o cárcere de Duda. Houve uma troca de tiros e surgiu o boato de que o estudante fora resgatado. O governador foi avisado e, eufórico, telefonou às cinco e meia para a casa dos Gouvêa Vieira para comunicar a libertação do rapaz. Mas fora um engano. Ninguém da polícia se responsabilizou pelo erro.

O general Nilton Cerqueira pôs a culpa em Hélio Luz. Cerqueira disse que só telefonara para Marcello após confirmar a libertação com o chefe da Polícia Civil. Luz, por sua vez, disse ter informado apenas ao general que era provável que o estudante tivesse sido resgatado. O delegado Alexandre Neto, diretor da DAS, também se eximiu. As informações desencontradas provocaram um grande embaraço: à noite, o governador ligou novamente para a família pedindo desculpas e desmentindo o que dissera horas antes. Dois dias depois, Marcello Alencar se reuniu em sua residência oficial no Alto da Boa Vista com Cerqueira, Luz e o comandante da PM, tenente-coronel Dorasil Castilho Corval, para impor a lei do silêncio e evitar novas divergências.

Diante da falta de respostas governamentais, a sociedade tratou de se movimentar. Além de ligar para o Disque Denúncia, a população decidiu ir às ruas. A reação começara no dia seguinte aos três sequestros. O publicitário Roberto Medina, da Artplan, sugeriu que se fizesse uma grande manifestação, a exemplo das campanhas pelas Diretas Já, em 1984, e pelo impeachment do presidente Fernando Collor, em 1992. Medina conhecia o problema de perto. Levado por bandidos em 1990, o criador do Rock in Rio só seria libertado dezesseis dias depois, após o pagamento de 2,5 milhões de dólares.[6]

A passeata pela paz idealizada por Medina seria organizada pelo movimento Viva Rio e marcada para o dia 28 de novembro. Até lá, aconteceriam vários atos, que funcionariam como um esquenta para a grande manifestação. O primeiro deles foi no dia 29 de outubro, um domingo, quando amigos e parentes de Duda caminharam a partir das 11h50 pela avenida Delfim Moreira, no Leblon. Debaixo de chuva forte, carregando cartazes, eles rezaram de mãos dadas e pediram a libertação de Duda e de Marcos. No dia seguinte, ao meio-dia e meia, foi a vez de cerca de vinte colegas da turma de Marcos se reunirem em sua casa na Ilha para prestar solidariedade à família e rezar por sua volta.

No dia 1º de novembro, véspera de Finados, aconteceu a primeira reunião no Instituto de Estudos da Religião (Iser) para se definir a estratégia da manifestação, que vinha sendo chamada de "Reage Rio — Um milhão nas ruas pela paz", após ser batizada inicialmente como "Marcha da Generosidade". A grande inspiração viria das escolas de samba. O coordenador do Viva Rio, Rubem César Fernandes, lançou a ideia de que a marcha se dividisse em alas, de forma que cada segmento ou movimento social estivesse representado. Para Rubem, era importante que o desfile fosse "claro e bonito", que mostrasse uma mobilização contra a violência por parte de toda a cidade, e não de grupos específicos.

O capitão Weber entra em ação novamente

O acontecimento mais importante do dia 1º de novembro, porém, não teria como palco as ruas da cidade ou as reuniões das ONGs e sim o interior do Disque Denúncia, mais precisamente o coração do serviço, a Central de Atendimento. Era por volta das onze da manhã quando o operador *Lucas* atendeu uma ligação com seu cumprimento habitual: "Disque Denúncia, bom dia." Do outro lado da linha, uma voz feminina disse:

— Olha, vou falar rápido, tem uma movimentação muito estranha aqui.

Lucas quis saber o bairro ("Campo Grande", escutou) e o nome da rua ("aqui é conhecido como Caminho do Vai-Vem, e a casa tem um portão preto", ouviu). Fez mais algumas perguntas, mas a mulher cortou, nervosa:

— Não vou falar muito, não.

O medo tinha explicação: ela receava que a ligação estivesse sendo rastreada. *Lucas* a tranquilizou, negando que isso acontecesse. Na sequência, o operador insistiu em pedir mais informações, mas ela repetiu apenas o que tinha dito: que havia uma movimentação "muito estranha" na sua vizinhança.

— Mas o que você está vendo de estranho? — indagou ele.

— As janelas estão todas fechadas e tem uma entrada muito grande de quentinhas.

O tom de voz assustado e a citação às quentinhas deram a *Lucas* a certeza de que a denúncia tinha fundamento. Em seu depoimento para este livro, ele lembrou que a campanha do Disque Denúncia da época falava muito sobre entradas e saídas de quentinhas numa casa como indício de um possível cativeiro. Provavelmente, a denunciante atentou para isso.

Antes que ela desligasse, *Lucas* passou o número do protocolo da denúncia. Em seguida, se despediu:

— Obrigado, bom dia, pode ficar tranquila que seu sigilo é absoluto.

Nos dias atuais, ele conta:

— Eu sempre frisava essa parte do sigilo, ainda mais quando era uma denúncia importante, para deixar a pessoa tranquila e fazer com que telefonasse de novo caso tivesse mais informações. Outra característica era atender as ligações no máximo até o terceiro toque. Seria inaceitável demorarmos mais que isso. Afinal, do outro lado da linha havia pessoas em situação de emergência.

Na mesma hora, ele imprimiu a denúncia e a mostrou para Zeca, dizendo:

— Isso aqui é quente.

A denúncia foi encaminhada ao Cisp, que tratou de repassá-la às autoridades. *Lucas* ficou na expectativa, torcendo para que seu *feeling* estivesse correto. Mas a certeza de que tinha em mãos algo importante não parece ter sido compartilhada pela polícia. Agentes da DAS seguiram até lá e não encontraram o cativeiro. Uma moradora da área desabafaria ao *Jornal do Brasil*: "Os policiais civis estiveram aqui, rondaram tudo, olharam para o casarão e foram embora. Ninguém entendeu o que eles pretendiam." Alexandre Neto, da DAS, disse que sua equipe chegou até o local porque rastreou telefonemas dos sequestradores, e mais uma vez negou ter recebido informações do DD. Ele atribuiu o insucesso da ação ao acaso: "Estivemos a menos de cem metros da casa. Foi muito azar, puro azar." Já uma fonte da cúpula da Polícia Civil deu uma explicação menos condescendente: a DAS tinha demonstrado desleixo e má avaliação. "Viram a casa, a fachada, e não entraram. Achismo não combina com investigação policial."

Por sorte, havia alguém atento. Tudo leva a crer que a mulher que telefonara de manhã não desistia facilmente. Passava pouco de meio-dia e meia quando uma colega de *Lucas*, *Abigail*, atendeu a 89ª ligação que o Disque Denúncia recebeu naquele 1º de novembro. Ela começara a trabalhar às nove da manhã, e, até aquele momento, ouvira apenas reclamações rotineiras. Mas, ao escutar aquela mulher do outro lado da linha, percebeu na hora que a denúncia era "quente". E sua intuição se mostraria acertada. *Abigail* tinha uma sensibilidade fora do comum para filtrar o grave do banal, o sério do trivial. "Zeca, vai que essa é boa", dizia volta e meia ao chefe, que confiava nos palpites de sua "elétrica" operadora.

A voz anônima vinha se esforçando, e muito, para ajudar. Ela estava ligando enquanto os agentes da DAS ainda percorriam a região.

— Estou vendo a polícia daqui. Eles estão no local errado — alertou a moça.

Abigail pediu detalhes de como encontrar o endereço correto. À sua volta, juntaram-se outros funcionários do serviço, entre eles Zeca, e alguns policiais, que perceberam a importância da ligação, passaram a acompanhar com atenção a conversa e sugeriram perguntas. Ao mesmo tempo em que falava, ela preenchia o formulário no computador: "No Caminho do Vai-Vem, em Rio das Pedras, Campo Grande, sobe um morrinho. No início do morrinho existe um portão preto que dá para um sítio. Há muito movimento de carros estranhos no local e também existe uma pessoa sequestrada no sítio." A denunciante não tinha dúvidas de que a casa abrigava um cativeiro, só não sabia quem era a vítima. Enquanto a operadora conversava com a mulher, os policiais da DAS deixaram a região. Tanto que no fim da denúncia está anotado: "Obs: a polícia esteve no local, só que não entrou nesse sítio."

O diálogo durou pouco. Era natural, já que a denunciante falava diretamente do local do crime e podia ser descoberta pelos bandidos. Mas, antes de desligar, alertou:

— Venham logo, não demorem, não.

Abigail nem teve tempo de tranquilizá-la, como sempre fazia, com frases como "jamais vão descobrir que foi a senhora", "não tem como eu saber de onde a senhora está ligando", "tudo é sigiloso". No sistema do DD, havia um campo em que a operadora podia escrever o motivo da ligação. *Abigail* anotou: "Insatisfação."

— Você percebia que ela estava insatisfeita porque estava vendo a polícia no local e nada havia acontecido. E porque já tinha feito outra denúncia, sem resultado — recorda a atendente.

Ao ver que a colega havia recebido uma nova ligação, *Lucas* animou-se. Passaria o resto do dia com a adrenalina "lá no alto".

Assim que recebeu a denúncia, o coronel Sérgio Ferreira Krau, diretor do Cisp, disse a Zeca que iria enviá-la diretamente para o RPMont. Não apenas por causa do bairro citado pela denunciante — Campo Grande, o mesmo do Regimento — e por conta do sucesso da operação anterior, a que libertara Carolina. Era também uma questão de prudência. Afinal, na parte da manhã, a Delegacia Antissequestro não conseguira localizar o cativeiro. A partir desse momento, Zeca tomou uma decisão: se uma equipe não dá conta do problema, na segunda vez que o denunciante telefona a informação é repassada para outro órgão ou departamento.

Ao pegar o fax enviado pelo Cisp, o coronel Gilberto Pereira estranhou o endereço. À frente do RPMont, ele conhecia boa parte da Zona Oeste e percebeu que algo não batia. Afinal, a denunciante falara que o cativeiro ficava em Rio das Pedras, em Campo Grande. Só que a comunidade de Rio das Pedras está situada a mais de quarenta quilômetros do bairro, mais precisamente na divisa entre Jacarepaguá e Itanhangá. Em dúvida, Pereira abriu o Guia Rex, que trazia o mapa das ruas da cidade, e revirou o livro de cima a baixo, sem êxito. Intrigado, entrou na sala de operações e se queixou de que não conseguia encontrar o tal "Caminho do Vai-Vem, em Rio das Pedras, Campo Grande".

— Meu comandante, o Caminho do Vai-Vem não é em Rio das Pedras — interrompeu-o um soldado que descansava num canto da sala. — É em Rio da Prata. Eu conheço. Eu moro lá.

Rio da Prata, de fato, fica em Campo Grande. Não há como saber ao certo a origem da confusão. Se a denunciante se equivocou ou se *Abigail* entendeu errado, em meio à pressa e ao ruído do outro lado da linha. Seja como for, Pereira deu a ordem ao soldado:

— Veste paisano e vai lá com o Weber.

O coronel tinha razão em pedir que ele tirasse a farda e seguisse para o local em roupas civis. Ninguém em Rio da Prata sabia que o rapaz era PM. Por questões de segurança, ele saía e voltava para casa sem o uniforme, que só era vestido na corporação.

A denúncia provocou desdém entre os policiais do RPMont. O motivo era um só: a informação de que a Polícia Civil já estivera no local e não encontrara nada levou os soldados a desconfiarem de sua veracidade. As brincadeiras com o capitão que libertara Carolina foram inevitáveis: "Manda o Weber, ele estoura cativeiro." Ninguém queria ir, e o próprio capitão Weber Guttemberg Collyer estava reticente. Tanto que, ao reunir uma equipe de dez homens, alertou:

— Não acredito que tenha alguém sequestrado lá. Mas vamos com atenção para não sermos surpreendidos. Pode ser uma ocorrência relacionada a carro roubado ou a drogas.

Ele estava no RPMont naquele horário por obra do acaso. Pela manhã, o capitão Lima, um colega que acabara de voltar ao serviço depois de uma licença, havia desabafado com Weber que era aniversário de sua filha. "Queria estar lá, mas estou aqui, de serviço." Weber se ofereceu para ficar em seu lugar, pois sabia que Lima faria o mesmo por ele quando precisasse.

— Deixa comigo, eu falo com o comandante. O patrão está de bem comigo — disse Weber, que ainda colhia os louros do caso Carolina.

O coronel Gilberto Pereira, que também estava retornando, só que de férias, deu a permissão para a troca.

O Caminho do Vai-Vem era uma estrada com pouco mais de um quilômetro. Apesar de estar a apenas dez minutos de carro do Centro de Campo Grande, era uma localidade basicamente rural, cercada por uma mata densa e situada ao pé de um morro. A denúncia falava em "sítio de portão preto". O problema é que quase todas as casas tinham o portão pintado de preto. Mas a certa altura, num trecho ermo da estrada, em frente ao sítio de número 326, algo chamou a atenção de Weber. À sua direita, notou que, numa elevação, havia um homem olhando na direção das viaturas. Deu a ordem ao motorista:

— Não para, não, *vambora*!

A ideia era não chamar a atenção. Só que a guarnição que vinha atrás estancou ao ver o portão preto, o que pode ter levantado suspeitas do possível olheiro da quadrilha. Weber viu que não havia tempo a perder. Seu veículo fez a volta mais à frente e, ao retornar, não havia mais ninguém no alto do morro.

— Vamos entrar — ordenou.

Podia não ter cativeiro nenhum ali, mas era um risco que precisava correr. Os soldados desembarcaram, abriram o portão, desceram um pequeno caminho e, a cerca de cinquenta metros da rua, deram de cara com uma casa suja, com a aparência de abandonada. Arrombaram a porta e encontraram a sala às escuras. Os soldados percorreram o ambiente e não havia nada. Olharam cômodo por cômodo — havia ainda outra sala, uma cozinha, um banheiro, uma copa e um quarto. Estava tudo vazio, como que confirmando as suspeitas do capitão de que a denúncia era infundada. Até que chegaram a um segundo quarto, na parte dos fundos, e se depararam com a porta trancada. Weber disse a um dos soldados:

— Meu irmão, mete o pé na porta!

Homem de ação, 1,88 metro de altura, ele mesmo gostaria de ter tomado a dianteira. Mas voltara ao trabalho pouco antes do resgate de Carolina, depois de ficar quase uma semana de molho por conta de uma queda de cavalo durante um treinamento. O tombo causara um problema na coluna que o obrigara a usar um colete de gesso. Também tinha torcido o pé em setembro, durante uma perseguição policial. Pisara em falso num terreno irregular e tivera que tirar alguns dias de licença. O médico já o havia liberado, mas ainda sentia dor. O jeito era pedir a um de seus subordinados que abrisse a porta à força. O policial obedeceu.

— Tem alguém aqui! — gritou ele, ao entrar.

O quarto media cerca de nove metros quadrados. Era escuro, frio e úmido, e não tinha lâmpadas. Marcos Chiesa estava deitado de lado sobre um colchão de casal, algemado. Como medida extra de segurança, as algemas estavam presas por uma corrente à grade que protegia a janela. Pouco antes, Marcos ouvira um barulho estranho, diferente de tudo que escutara nos últimos oito dias. Em seguida, ao notar que a porta se abrira, pôde ver por uma fresta no pano que vendava seus olhos que era a polícia. Mas demorou um pouco para entender o que estava acontecendo. Perdera a noção dos dias e das horas.

— Quem é você? Você é o Eduardo? — perguntou um dos policiais, referindo-se a Eduardo Eugênio Gouvêa Vieira Filho, o Duda.

Marcos não conseguiu responder. Começou a chorar e ouviu:

— Então você é o Marcos?

Ele confirmou, emocionado, escutando palavras apaziguadoras:

— Calma, é a polícia, fica tranquilo, vamos tirar você daqui.

— Graças a Deus, finalmente estou livre!

Weber compadeceu-se do que viu. Marcos ainda vestia o uniforme do colégio. Estava sujo, faminto, e tinha o rosto e o pescoço tomado por placas vermelhas, resultado das picadas de insetos. Mais tarde, a polícia encontraria indícios de que o quarto maior servia de abrigo aos vigias, já que foram encontrados restos de comida, roupas, garrafas de refrigerante e de cerveja, e um despertador.

Ao ser avisado, o coronel Pereira pediu que o levassem até seu gabinete. Lá, Marcos tomou banho e vestiu a camisa do RPMont. Em seguida, jantou carne assada com macarrão. Antes de telefonar à família e seguir para depor na DAS, ouviu do comandante do regimento que os parentes deveriam manter a notícia em segredo, para que fosse montada uma operação destinada a prender o bando. Era uma medida pertinente. Na operação que libertou Carolina, o delegado Alexandre Neto lamentou que a denúncia não tivesse sido compartilhada com a Delegacia Antissequestro. Segundo ele, aquilo fora decisivo para a fuga do resto da quadrilha.

Na ocasião, Weber rebateu as críticas:

— No momento da denúncia, não dá para pensar nisso, temos que agir. O mais importante, nessas horas, é o refém.

E os reféns, nos dois casos, saíram ilesos.

Em busca dos sequestradores de Carolina

Apesar da queixa de Alexandre Neto, a prisão que Weber fez do carcereiro Hildebrando foi suficiente para chegar aos demais sequestradores de Carolina. O cativeiro onde ela ficara era uma casa simples, pequena, com quarto, sala, cozinha e banheiro. Pertencia à cabeleireira Ivanise, que não sabia de nada. Ela ia às terças de manhã para Copacabana, onde trabalhava num salão de beleza. Dormia com as duas filhas na casa de um irmão, só retornando aos sábados à noite para seu imóvel em Campo Grande.

Quem passava mais tempo por lá era seu namorado, o conferente de carga desempregado Severino Damião Ferreira, o Belo, morador da Vila Pinheiro, no Complexo da Maré, Zona Norte do Rio. Ele foi denunciado por Hildebrando, que desde o começo deu nomes, apelidos e endereços dos cúmplices.

Paraibano, conhecido também como Pará ou Totinha, Hildebrando saíra de seu estado um ano e dez meses antes para tentar a sorte no Rio. Como tanta gente antes dele, imaginara que na Cidade Maravilhosa teria mais oportunidades de emprego que na sua terra natal. Foi morar na casa da irmã e fez bicos como pintor de parede, servente e pedreiro. Durante três meses, também trabalhou como segurança na rua Viúva Lacerda, no Humaitá, onde morava Duda. Isso causaria desconfianças, mas depois a polícia descobriria que se tratava apenas de coincidência. Hildebrando contou que tomava cerveja numa birosca quando foi convidado a participar do sequestro da nutricionista Janete Meyerfreund, filha do dono da fábrica de chocolates Garoto. O fato de ser trabalhador e ter ficha limpa tornava-o um bom candidato a carcereiro. Recusou. Numa ocasião posterior, a quadrilha fez novo convite. Como da primeira vez, declinou da proposta.

Com relação à Carolina, alegou que fora convidado por Belo para pintar a casa, em troca de 300 reais. Seria um serviço rápido, de dois ou três dias. Instalou-se lá no domingo anterior ao sequestro e ficou aguardando a chegada do material. Na quarta-feira, Belo apareceu com três homens: Almeida, Daqué e um rapaz conhecido como Boquinha, todos armados. Segundo ele, só aí descobriu o real trabalho que teria que fazer: vigiar o cárcere de Carolina, em troca de um "dinheiro bom". Hildebrando recusou, mas foi ameaçado de morte. Como a jovem era considerada uma mercadoria valiosa, ele foi avisado de que seria morto caso ela fugisse. Disseram mais:

— Ela tem que ser muito bem tratada. Se encostar um dedo nela, você sabe que vai morrer.

De acordo com Hildebrando, ele se arrependera da decisão assim que viu a adolescente à sua frente. Imaginou que Carolina tivesse 12 ou 13 anos. Lembrou-se na hora de suas filhas, de 4 e 8 anos, que havia deixado com a mulher na cidadezinha de Guarabira. Era tarde para recuar. Mas garantiu a si mesmo que trataria de seguir à risca o que seus cúmplices determinaram. Cuidaria de minimizar o sofrimento da refém. Hildebrando contou que chegava a sair de casa para deixar Carolina mais à vontade nas horas em que ela trocou de roupa e tomou banho. O cativeiro havia sido abastecido com roupas, sabonete, desodorante, frutas e biscoito. Ainda com base nas suas palavras, na quinta de manhã, dia seguinte ao sequestro, um dos comparsas apareceu e não gostou de vê-la solta. Exigiu providências, mas Hildebrando reagiu:

— Pra que amarrar a menina? Ela está tão calminha.

A partir do depoimento do carcereiro, a polícia foi ao encalço de Belo. No dia 19 de novembro, o coronel Gilberto Pereira saiu de casa, no Méier, em direção ao RPMont, para participar da cerimônia do Dia da Bandeira. Na altura da avenida Brasil, mudou de planos, ao receber um telefonema de um denunciante anônimo indicando que o sequestrador de Carolina estava no imóvel que servira de cativeiro. O número de seu celular constava dos panfletos que o RPMont distribuía nas comunidades.

— Ele havia voltado ao local do crime. Seguimos para lá, cercamos a casa e o prendemos — relembra o coronel.

Belo se disse inocente. Contou à Delegacia Antissequestro e ao juiz que havia apenas emprestado a casa da namorada ao ex-policial militar José Almeida Baptista, que tinha sido expulso da corporação. De acordo com Belo, Almeida precisava do imóvel para guardar por uma ou duas semanas algumas mercadorias que iria receber do Paraguai. O ex-PM tranquilizara-o dizendo que os produtos eram legais e tinham notas fiscais. Em troca, Almeida prometera fazer reformas na casa e construir um muro.

Mas Belo afirmou que, dias após o empréstimo, na noite de 25 de outubro, resolveu voltar ao local para checar que tipo de mercadorias eram, já que a casa não era dele. Levou um susto ao encontrar no local, além de Hildebrando, Carolina, que dormia num colchonete. O carcereiro disse que não se preocupasse porque a menina era sua sobrinha. Mas, quando Belo deixou o imóvel, um vizinho lhe confidenciou que a jovem tinha chegado de tarde num Gol junto com dois desconhecidos. Belo percebeu na hora que se tratava de um sequestro. Voltou à casa e, segundo ele, discutiu com Hildebrando, alegando que não queria participar do esquema. Houve uma grande discussão, a ponto de ele ter sido ameaçado de morte pelo carcereiro. No dia seguinte, de manhã cedo, Belo contou que retornou ao local e encontrou, além de Carolina e Hildebrando, o ex-PM Almeida e um quarto homem, Vancler Araújo Costa, o Daqué, todos armados.

Belo teria cobrado de Almeida o descumprimento do acordo e ouviu do ex-PM que havia um "pessoal pesado" por trás da ação. Essa seria a razão para Belo não ter denunciado o sequestro: o medo de que policiais estivessem envolvidos no crime, o que poderia comprometer sua segurança e a de sua família.

Almeida também acabou detido e confirmou sua participação no sequestro. Agiu por ganância. E disse que ele e Daqué foram os homens que abordaram Carolina e o motorista, enquanto outro cúmplice, Boquinha, dava cobertura. E também acusou Belo de fazer parte da quadrilha. Disse que não fazia sentido a versão sobre o empréstimo da casa. Sua mulher de fato trabalhava com mercadorias vindas do Paraguai, mas não tinha por que guardá-las em Campo Grande já que eles moravam em Nova Iguaçu, na Baixada Fluminense.

Quando o caso chegou a julgamento, o juiz Roberto Guimarães não caiu na conversa de Hildebrando e de Belo. Em sua sentença, refutou a tese da defensora pública de que o carcereiro agira sob "coação moral irresistível" e rebateu a desculpa de Belo de que apenas emprestara a casa para guardar muambas. No fim das contas, todos os acusados foram condenados a penas entre oito e dezesseis anos. A punição mais leve foi para Hildebrando, que desde o começo colaborou com a polícia.

A agonia de Marcos Chiesa

As denúncias que levaram à libertação de Carolina e de Marcos ilustram à perfeição aquilo que Sergio Quintella havia observado sobre vizinhos que desconfiam da mudança da rotina de um lugar. Sobre a casa onde ficou Carolina, uma moradora relatou aos jornais que havia estranhado que estivesse aberta no meio da semana, quando se sabia que a proprietária só ficava lá de sábado à noite até terça de manhã.

Quanto a Marcos, o imóvel onde o estudante esteve preso pertencia a uma moça que se mudara um ano antes para o Centro de Campo Grande. Ela teria alugado o sítio para um casal, mas os dois saíram de lá depois que a residência fora invadida por homens armados. De acordo com um morador, os bandidos deixaram um bilhete avisando que ninguém poderia ficar ali, deram tiros para o alto e foram embora. A movimentação atípica naquela casa despertou suspeitas de vizinhos, que agora, com o Disque Denúncia, podiam extravasar de forma anônima suas inquietações, diferentemente do que acontecera na época do sequestro de Marcelo, filho de Quintella.

Nos dias que se seguiram à sua libertação, Marcos deu detalhes do crime. Como o Rio passava por uma onda de sequestros, já lhe ocorrera que ele ou algum parente poderia ser vítima de bandidos. Na hora em que foi pego, pensou: "Ok, agora é a minha vez. Não tem o que fazer, não adianta me desesperar, o jeito é não criar problemas e colaborar para que se tenha um resultado positivo." Ele ouviu dos bandidos que tudo terminaria bem e que o resgate seria pago.

Descrito por parentes e amigos como discreto, quieto, educado e reservado, Marcos levava uma vida simples. Ia e voltava de ônibus para o colégio — vez por outra aproveitava para pegar carona com Celso Canci, o funcionário da empresa do pai.

Ele não sabe precisar, mas calcula ter passado por uns cinco cativeiros. Assim que foi capturado, seguiu no Monza para o Morro do Dendê, na própria Ilha do Governador. Ficou lá até de noite, porque a polícia, seguindo uma pista, havia fechado as saídas do bairro. Quando a situação se acalmou, foi posto no porta-malas de um Passat cinza e levado para Campo Grande.

No cativeiro, permaneceu quase todo o tempo vendado. A porta do quarto ficava aberta, mas ele estava sempre acompanhado. Evitava conversar ou ter qualquer tipo de interação com seus captores. Não queria reconhecer ninguém. Fazia apenas uma refeição por dia, que consistia em arroz, feijão, ovo e, eventualmente, carne. Perdeu de seis a oito quilos dos 79 que vinha mantendo desde que atingira a adolescência. O nervosismo tirava-lhe a vontade de comer. Tentava se manter confiante, rezava muito, pensava na família e oscilava entre os dois extremos, ora imaginando que seria libertado, ora que seria morto.

— Eu estava com tempo livre e a mente ociosa. Nesse momento, você pensa em tudo. Mas a gente tem que trabalhar a mente para ficar otimista. Não podia me desesperar. Por isso consegui manter um certo equilíbrio — lembra-se Marcos, advogado de 43 anos que vive desde 2017 no Paraná.

Mesmo assim, aquele foi o pior momento de sua vida. Nas raras vezes que teve os olhos descobertos, pôde ler jornais. Duas notícias lhe provocaram sentimentos opostos. Numa das ocasiões, soube que Carolina havia sido encontrada, o que lhe devolveu um pouco de esperança. Em outra, soube do estado da própria mãe, que vinha passando os dias à base de remédios. Foi a única vez que chorou no cativeiro, imaginando o sofrimento dela, sem saber onde o filho estava e se ia voltar a vê-lo vivo.

Por precaução, volta e meia os bandidos o deslocavam da casa para grutas situadas no alto do morro que margeia o Caminho do Vai-Vem. Marcos presume que tenha passado por três delas. Num dos deslocamentos, cortou o pé esquerdo. As grutas ofereciam pouco conforto. Numa delas, um fio de água pingava ininterruptamente em cima de seu corpo. A umidade e o frio eram atenuados por um cobertor. Chegou a pensar que não conseguiria sobreviver. O pior dia foi quando ficou abraçado ao ar livre a uma árvore, algemado, vendado, sem poder afastar os mosquitos, as pulgas e os carrapatos que o picavam.

O mau tempo daqueles dias de primavera atrapalhava o trabalho da polícia. "Há três dias o Rio não sabe o que é um dia de sol, e uma chuva insistente vem inviabilizando todas as operações que necessariamente deveriam contar com o apoio de helicópteros", registrou *O Globo*. Mas as chuvas que castigavam a cidade tiveram um efeito benéfico: fizeram com que os bandidos decidissem levar Marcos de volta para a casa no dia anterior ao resgate. Foi a sorte. Caso ainda estivesse na gruta, a cem metros dali, talvez não tivesse sido encontrado por Weber.

A quadrilha já havia feito contato com a família e pedido 2 milhões de reais de resgate. Mas o valor foi baixando à medida que o tempo passava. No sábado, quatro dias antes de ser salvo, perguntaram ao pai do jovem quanto ele tinha para dar. Segundo Dirlei, irmão mais velho de Marcos, eles "estavam topando qualquer quantia".

No cativeiro, o estudante percebeu que os criminosos estavam ficando cada vez mais impacientes. Um deles chegou a dizer: "Vamos sair dessa furada." E acabaram saindo, mas não por vontade própria e sim pela ação do Disque Denúncia e dos PMs do RPMont. José Chiesa havia terminado de falar mais uma vez com os sequestradores quando soube, por um repórter do *Globo*, às seis e meia da tarde, da libertação do filho. Na saída da Delegacia Antissequestro, para onde foi logo após escutar a notícia, José fez questão de pedir que todos continuassem ligando para o Disque Denúncia: "Foi o que libertou meu filho."

O próprio Marcos elogiaria o serviço, por permitir que "alguém bondoso fizesse uma denúncia que salvou a vida de uma pessoa que estava sofrendo".

Abigail e os colegas souberam em primeira mão que o rapaz havia sido solto. A operadora ficou eufórica. Seu primeiro gesto foi agradecer a Deus. Em seguida, começou a gritar "Isso é muito bom!".

— Vibrei muito, fiquei radiante. Senti uma felicidade enorme. Foi lindo, maravilhoso — diz ela, descrevendo-se como "felizarda" por ter recebido a ligação que lhe proporcionou o "momento mais emocionante" de sua carreira no Disque Denúncia.[7]

Ela estava no DD desde o primeiro dia. Trabalhava no gabinete de um coronel da Secretaria de Segurança, na recepção, quando foi chamada para participar como atendente do novo serviço. Ficou lá até 2006, ano em que teve que sair por conta de uma cirurgia na coluna.

Assim como *Abigail*, o operador *Lucas* também tem boas lembranças sobre o desfecho do caso:

— Foi uma grande festa. Gritamos, batemos palmas. Chorei muito. Tínhamos apenas três meses de trabalho e já estávamos ajudando a elucidar coisas importantes, como a libertação da Carolina e do Marcos. Ninguém conhecia direito o serviço. E nós, operadores, não podíamos aparecer, por questões de segurança. Então, nosso combustível era esse. A gente era uma galera valente que trabalhava doze horas por dia. Tive vários resultados positivos nos cinco anos intensos que passei no Disque Denúncia, mas esse caso foi o mais expressivo e o que mais me marcou.

Ele guarda até hoje o relatório anual de 1998 da Associação Rio Contra o Crime, que traz o balanço do Disque Denúncia. Uma das páginas é dedicada à solução do sequestro de Marcos. É o que *Lucas* chama de "troféu particular", algo que guardou para um dia mostrar ao próprio filho e poder lhe dizer: "Papai ajudou na liberdade de um cara que estava preso num cativeiro e ninguém sabia o que ia acontecer com ele."

Lucas também faz questão de elogiar Weber — "um sujeito sensacional" —, que esteve à frente das duas ações e que já sabia do potencial do DD quando quase ninguém acreditava no serviço. À época, Weber também foi festejado como herói pela mídia e se tornou, aos olhos da população, símbolo do combate aos sequestros.

"Weber tem bola de cristal", brincavam os seus colegas. Já os jornais seguiram a metáfora futebolística de Hélio Luz e chamaram Weber de "artilheiro" que "marcou outro golaço". E, pelo menos no que dizia respeito aos três sequestros, a polícia tinha virado o jogo e alterado o placar para 2 a 1. Ou, como preferia dizer o coronel Pereira:

— Agora está 2 a 0 para o RPMont.[8]

No dia 24 de novembro, Weber e outros doze policiais do regimento seriam homenageados pela Polícia Militar numa solenidade no quartel-general da corporação presidida pelo secretário de Segurança Pública, general Nilton Cerqueira. Além deles, outros dezesseis policiais militares ganharam medalhas e diplomas pelo destaque no cumprimento de seus deveres. Na ocasião, o capitão Weber, fiel ao compromisso de resguardar seu informante do caso Carolina, reforçou o que já havia dito anteriormente: devia a liberdade dos estudantes ao Disque Denúncia.

Ele também ressaltou o fato de que os dois estouros de cativeiro ocorreram sem que se disparasse um tiro sequer. Esse era um dos maiores orgulhos de Zeca. Ele gostava de destacar a baixa letalidade promovida pelas denúncias, que evitam ações espalhafatosas e truculentas, causadoras de mortes de policiais, de bandidos e de inocentes.

Gostava de chamar o DD de "contrapartida da bala perdida dos criminosos":

— Ele é pego desprevenido, de surpresa. De repente, está em cana.

É atingido sem saber de onde veio o "tiro", ou seja, sem ter ideia de quem o delatou. Ao longo do tempo, foram muitos os exemplos, como o do miliciano procurado por três homicídios que foi preso deitado em sua cama ou o de traficantes detidos despreocupadamente na casa da namorada, numa churrascaria, num momento de lazer, no enterro da mãe e até no próprio casamento.

E o Duda?

A libertação de Carolina e Marcos aumentou a já tradicional rivalidade entre a Polícia Militar e a Polícia Civil e abriu uma crise, que acabou levando à exoneração do diretor da DAS. Segundo noticiou o *Jornal do Brasil*, Alexandre Neto caiu devido à "negligência" dos agentes na checagem da denúncia sobre o cativeiro de Marcos. Neto foi substituído pelo delegado Paulo Roberto Maiato Pereira, que não comemorou a nomeação:

— Não é convite, é abacaxi.

As mobilizações continuavam pela cidade, já que não havia notícias de Duda e das outras sete pessoas que seguiam em poder de sequestradores no Rio — o número de vítimas mudava o tempo todo. No domingo, dia 5 de novembro, às 11h45, começava no Leblon o terceiro ato pela libertação do estudante. Dessa vez, além do apoio de parentes e amigos do rapaz, participaram familiares de outras vítimas. Às quatro da tarde, foi a vez de cerca de seiscentas pessoas fazerem um protesto na Tijuca pela soltura de outros reféns, entre eles Ivany de Pinho e seu filho Carlos, sequestrados havia 21 dias.

No dia 7, também às quatro da tarde, uma nova passeata contra a violência na Ilha do Governador reuniu 150 pessoas, a maioria colegas da escola de Marcos Chiesa. Eles ocuparam a principal via do bairro, saindo da frente do colégio, e caminharam por 3,5 quilômetros, sob o sol forte da tarde. A novidade é que dessa vez o adolescente já estava livre. Ainda muito assustado, ele só se juntou aos manifestantes no estacionamento da churrascaria Oásis, ponto final da passeata, que fica a menos de cem metros de sua casa. Seu pai, que participou de toda a manifestação, justificou aos repórteres:

— Se ele está com medo de sair de casa? Bem, isso é natural. Todas essas pessoas que estão aqui também têm medo. Afinal, esse é o motivo da manifestação.

Como noticiaram os jornais, o ato reuniu gente como a dona de casa Dina Thereza Pinto, que levou nas mãos uma plaquinha de papelão, feita artesanalmente, com o número do Disque Denúncia. Dezenas de balões brancos foram soltos no momento em que Marcos reencontrou os amigos, simbolizando sua libertação. Emocionado, ele agradeceu o apoio e prometeu participar dos próximos eventos.

Ao longo dos dias seguintes, Marcos e seu pai colaborariam com outras iniciativas em favor das vítimas. O jovem participou de uma peça de propaganda do Disque Denúncia que foi ao ar nas TVs. Durante trinta segundos, alternavam-se cenas que reconstituíam no próprio local do cativeiro os momentos finais do sequestro com entrevistas do rapaz e do capitão Weber relembrando suas experiências. Idealizada pela produtora Telenews, a campanha utilizava pela primeira vez depoimentos em seus comerciais.

José Chiesa explicou que a presença do filho na campanha era uma forma de transmitir esperança às famílias que tinham parentes sequestrados e incentivar as pessoas a usar o DD. O pai de Marcos também publicou um anúncio em *O Globo* convocando os cariocas a irem à passeata Reage Rio "para que mais ninguém sinta na carne o que a gente sentiu".

A manifestação foi ganhando corpo ao longo dos dias. Como parte dos preparativos, foram distribuídos milhares de cartazes com o texto "Queremos ver a cara da solidariedade. Qualquer informação, Disque Denúncia (253-1177)", além de fotos das oito pessoas que estavam sequestradas no Rio e da silhueta de um rosto na qual estavam escritos os nomes de 162 pessoas desaparecidas, entre adultos e crianças.

Enquanto a polícia ia atrás do cativeiro de Duda, outras vítimas eram feitas na cidade, como o empresário José Correia Dias, de 64 anos, sócio da Socam, produtora do café Canaã, levado no dia 3 de novembro por nove bandidos no viaduto de Coelho Neto. Mas o sequestro não duraria muito. No dia seguinte, ao meio-dia, aproveitando-se de um descuido de seus carcereiros, ele escapou do cárcere na favela Beira-Mar, em Duque de Caxias, na Baixada Fluminense.

No dia 8, veio, enfim, uma nova vitória da polícia, com a libertação, pela DAS, de um dos oito sequestrados: o representante comercial Nelson Perez, após 75 dias refém. Com o estouro do cativeiro, em Nova Iguaçu, quatro envolvidos foram presos. Mas, no mesmo dia, mais um baque: a pedagoga Louise Azevedo Portela de Vasconcelos, à época com 21 anos, foi sequestrada no Jardim América por dez bandidos quando saía do colégio Ateneu do Rio de Janeiro, com o pai, Francisco, um dos donos da escola. Na verdade, o alvo da ação era Francisco. Mas ele, que é diabético e hipertenso, passou mal. Louise então implorou aos sequestradores que a levassem em seu lugar. Ela acabaria sendo libertada no dia 15, após a família pagar o resgate.

Um dia depois da soltura de Louise, a fonoaudióloga Elizabeth Lopes Campos, de 27 anos, foi levada em Botafogo por dez sequestradores. Por acaso, dois detetives da 71ª Delegacia de Polícia (DP), de Itaboraí, armados com revólveres .38 e a bordo de um velho Opala, frustraram a ação. A viatura fazia o retorno no trevo de Manilha para voltar à delegacia. O grupo avistou a patrulha, imaginou tratar-se de uma blitz e abandonou o carro com a moça no banco traseiro. Mas o erro dos bandidos não foi só confundir a manobra do carro de polícia com uma fiscalização. Eles pretendiam sequestrar outra vítima. A fonoaudióloga contou que mostrou documentos e insistiu que não era a mulher que procuravam, mas os homens não quiseram acreditar que haviam se enganado.

A escalada do crime se refletia dentro do Disque Denúncia. Em outubro, do total de 3.705 denúncias, apenas 6,9% se referiam a sequestros. Já do dia 1º a 9 de novembro, o percentual saltou para 13,4% das 1.923 ligações.[9]

Outra pessoa ainda em cativeiro era o empresário Sebastião Huguinin Leal, de 52 anos, dono da empresa de assistência médica Camod, em Vicente de Carvalho. Sebastião foi levado no dia 9 de outubro, quando ia para o trabalho. A mulher do empresário só rompeu o silêncio imposto pelos bandidos e anunciou o sequestro no começo de novembro após o sucesso do Disque Denúncia nos casos de Carolina e Marcos.[10]

Nesse meio-tempo, as polícias Civil e Militar faziam diligências em busca do cativeiro de Duda e do suspeito de ser o mentor do sequestro, Almir Araújo, o Mimi. Estiveram no Morro Azul, no Flamengo, em cidades como Cabo Frio e Araruama, e até em outros estados, como Minas Gerais e Espírito Santo. Sem sucesso.

Hora da reação

No dia 28 de novembro, pouco mais de um mês após o triplo sequestro, a passeata Reage Rio levou uma multidão ao Centro da cidade. Vestidos de branco, pedindo paz, cantando e protestando contra a violência, os manifestantes caminharam na chuva da Candelária à Cinelândia, no que *O Globo* do dia 29 classificou em manchete como "O Rio de alma lavada". A cidade aderiu, de crianças de uma creche na favela Pavão-Pavãozinho a artistas como Xuxa, Maria Zilda, Zezé Motta, Paulinho da Viola, Marina e Fernanda Abreu. Havia muitas vítimas da violência, como mães com filhos desaparecidos.

A pressão popular pareceu funcionar. Na madrugada do dia 30 de novembro, menos de dois dias depois da manifestação e mais de um mês após o sequestro, policiais da Delegacia de Proteção à Criança e ao Adolescente (DPCA), sob o comando da delegada Márcia Julião, localizaram às três da madrugada o cativeiro de Duda. Ele foi encontrado junto com o empresário José Zeno, de 50 anos, na avenida 31 de Março, no distrito de Santa Cruz da Serra, em Duque de Caxias. Os dois estavam numa casa em construção, sem emboço, sem portas e janelas, com uma laje sustentada por uma viga. Duda permaneceu 35 dias em poder dos sequestradores. Zeno sofreu ainda mais: ficou quatro meses. Ele havia sido sequestrado em frente ao condomínio Novo Leblon e passado por quatro cativeiros, os dois últimos ao lado de Duda.

O detetive Fernando Cézar Barbosa e seus colegas da DPCA chegaram até os dois a partir do rastreamento telefônico de traficantes do Morro da Mineira. Por meio de denúncias anônimas e de informantes, eles identificaram o *modus operandi* da quadrilha e descobriram os autores. No cativeiro, Duda havia se emocionado ao ver pela TV e pelos jornais a passeata, como contou numa entrevista coletiva: "Aquilo foi muito bonito, muito tocante e me ajudou a superar e suportar o pesadelo. Achei que o Reage Rio era um movimento desencadeado pela angústia da população para dar um basta, um basta esperançoso."

Ele vinha sendo bem tratado e bem alimentado, podia ler jornais e ver TV, e até tomava uma cerveja de vez em quando. No dia 28 de outubro, assistia ao jogo Palmeiras e Fluminense quando levou um susto ao ver a reportagem que anunciava sua soltura. "Que loucura", pensou, "esse não pode ser eu, porque eu estou aqui, que loucura, meu

Deus". Ele ficou sem entender, chegou a temer: "Tô morto agora, esses caras vão engrossar." Mas os bandidos ficaram tranquilos e não o ameaçaram.

Quando soube, também pela TV, da libertação de Carolina e Marcos, ele imaginou a população ligando para o Disque Denúncia. Por isso, agora que estava livre, fazia um apelo: "Eu peço, eu imploro: imagina alguém da sua família no cativeiro. Liguem, liguem, liguem para o Disque Denúncia."

A libertação de Duda e Zeno não teve a participação do DD. Mas, se fosse hoje, a situação teria sido diferente, segundo Zeca:

— A gente tinha condições de ter resolvido o caso. Faltou experiência. A quadrilha, liderada por traficantes do Morro da Mineira, era a melhor do Rio. Recebemos onze denúncias, algumas delas desesperadas, que citavam a Mineira. O problema é que nenhuma delas falava a palavrinha mágica: "sequestro".

As denúncias traziam informações como a de que havia uma casa ocupada por pessoas da Mineira que não deixavam a população circular por perto. Outra denúncia avisava que dois garotos haviam sido mortos por se aproximarem da casa.

— Dava para perceber que havia algo de errado ali, mas não imaginávamos que era cativeiro e sim algo como depósito de cargas roubadas. Encaminhávamos as denúncias como sendo um problema local de segurança pública. E os policiais da região não faziam nada.

O Disque Denúncia ainda estava em seus primórdios, e havia muito o que aprender. Mas já era um início promissor.

2. O FUGITIVO NÚMERO UM DO RIO

1997

Fazia quase seis meses que o capitão Thadeu Fraga estava foragido. Ele havia se tornado o fugitivo número um do Rio de Janeiro após sequestrar e matar Jefferson Tricano, de 19 anos, secretário de Esportes e Lazer de Teresópolis, na Região Serrana do estado, e filho do prefeito da cidade, Mário Tricano. Apesar dos esforços das autoridades, o policial militar seguia impune, escapando dos cercos policiais. Diante da falta de novidades e da certeza de que ele não estava mais no estado, veio a ideia de se lançar uma campanha audiovisual do Disque Denúncia em busca de Fraga, classificado pelo secretário estadual de Segurança, o general Nilton Cerqueira, como um "assassino frio", um "marginal de altíssima periculosidade" e um "sequestrador altamente comprometido com a criminalidade".

A campanha iria ao ar na noite do dia 8 de outubro de 1997, uma quarta-feira, nas principais redes de TV aberta do país. Dois vídeos de trinta segundos explicavam o que era o Disque Denúncia, abordavam o crime, apresentavam a imagem da vítima, mostravam fotos diferentes de Fraga — de rosto limpo, de bigode e de cavanhaque — e de sua namorada, Cristiane Lopes da Silva, e anunciavam uma recompensa de 5 mil reais por informações sobre o paradeiro do assassino.

Naquela quarta-feira, antes que os vídeos fossem veiculados, o apresentador Ratinho exibiu em primeira mão uma reportagem sobre a campanha em seu *190 Urgente*, que era transmitido a partir das cinco da tarde no canal CNT. Nessa hora, *Julieta**, que estava assistindo, levou um susto. Não com as cenas de violência que Ratinho exibia habitualmente em seu programa popularesco, mas sim ao ver as fotos de Fraga e Cristiane. Ela reconheceu nas imagens da televisão o sequestrador como sendo um homem que se apresentava como Roberto e que havia se instalado com a namorada, que dizia se chamar Sandra, numa pequena casa alugada no bairro de Levada, próximo ao Centro de Maceió, em Alagoas. O que também chamou sua atenção é que, na véspera, o casal comprara um aparelho de TV para assistir naquela noite, na Globo, a transmissão do jogo amistoso do Brasil contra o Marrocos.

* Codinome.

Julieta anotou o número do Disque Denúncia mostrado na tela e ligou, mas apenas perguntou à operadora o que era preciso fazer para denunciar "um tal de Fraga". Somente às 21h19 ela telefonou novamente. Talvez tenha demorado porque precisava reunir as informações necessárias. Pode ser também que tenha custado a conseguir completar a chamada interurbana. Ou quem sabe demorou a ser atendida. É possível ainda que tenha hesitado, por receio.

— Na época, as pessoas ficavam inseguras e desconfiadas — observa Jonas Machado, que em 1997 era atendente e trabalhava das oito da noite às oito da manhã. — Muita gente tinha medo de falar do aparelho de casa e preferia usar um telefone público. Dizia: "Agora eu posso falar, o orelhão está vazio. Antes não dava, tinha muita gente na fila."

Na nova ligação, *Julieta* relatou ao atendente *Batman* que Fraga e Cristiane estavam morando na rua José Bernardo de Lima, número 169, casa 18. A denunciante acrescentou: "Ele veio de Recife há dois meses, dizendo que estava fugindo do pai da esposa, e se apresenta no local como Roberto, dizendo que perdeu todos os documentos." Ela pediu que agissem com urgência. Afinal, a CNT já mostrara as peças televisivas com as fotos dos dois e, em breve, a Globo faria o mesmo. Caso vissem a campanha, poderiam fugir. A ligação foi encerrada cerca de dez minutos depois, às 21h28. Durante a conversa, a mulher acabou revelando sua profissão e como conhecera Fraga. Mas, por segurança, *Batman* omitiu esses dados pessoais da denúncia, que foi cadastrada com o número 1373.10.97.[1]

Era preciso agir rapidamente. Assim que foi alertado, Zeca Borges entrou em contato com os jornalistas Leonardo Dourado e Odilon Tetü, da produtora Telenews, responsável pela campanha que iria ao ar na TV. O coordenador do DD pediu que os dois solicitassem à Globo, que transmitiria a partida, a retirada dos vídeos de sua programação na TV Gazeta, afiliada da emissora em Alagoas. Eles conseguiram, evitando assim que Fraga descobrisse que seu rosto e seu nome estavam sendo projetados em horário nobre, assim como os de sua namorada. Despreocupados, os dois viram a vitória brasileira por 2 a 0, gols de Denílson, no estádio do Mangueirão, em Belém do Pará. E continuaram a manter sua rotina, sem desconfiar de nada.

Enquanto Zeca e a Telenews atuavam junto à mídia, outro setor do DD também tratava de agir. Assim que pôs os olhos nas informações, o major Roberto Siqueira Israel notou que eram quentes. Diretor da D6, a divisão responsável pela difusão das denúncias que chegavam, ele imediatamente enviou-as por fax para a P2, a seção de Inteligência e Contrainteligência da Polícia Militar. Diante da gravidade do caso, foram feitas reuniões de diversos níveis para definir como a Secretaria de Segurança deveria proceder. Ficou decidido que seria criada uma força-tarefa em 48 horas para comandar uma das poucas operações de Inteligência já feitas até então fora do estado do Rio.

Segundo o hoje coronel Israel, ações desse tipo só eram autorizadas pelo governador ou pelo comando-geral em casos "excepcionalíssimos". O DD recebia denúncias de todo o país, e quando eram referentes a outros estados a D6 as repassava para as respectivas secretarias estaduais de Segurança, para serem investigadas pelas corporações locais.

Não seria o caso de Fraga. Diante do clamor popular em torno daquele crime, a polícia do Rio tinha que dar uma resposta "cortando rapidamente na carne" para demonstrar que não havia corporativismo. Mas não foi uma operação fácil, lembra Israel:

— Nesses casos, há a necessidade de um conjunto de tarefas oficiais de estado que envolvem desde autorização para embarque e desembarque de avião até parceria entre os setores de Inteligência dos dois governos estaduais, além de permissão para prender e retirar o criminoso, levando-o de um estado a outro.

Outro problema eram os altos custos da operação. Mas as dificuldades financeiras, logísticas e burocráticas ficaram em segundo plano, já que a denúncia era boa o suficiente para fazer valer o investimento.

Quem ficou incumbido de comandar a força-tarefa foi o major Robson Batalha, um oficial gabaritado que ao longo dos anos participaria de várias operações de sucesso com o Disque Denúncia. No dia seguinte ao das reuniões da cúpula, ele começou a preparar a equipe que iria à capital alagoana para capturar o capitão bandido. Junto com Batalha, foram escalados dois outros oficiais da P2. O grupo embarcou na manhã do dia 10 de outubro para Maceió num avião fretado pela Associação Rio Contra o Crime, entidade que à época administrava o DD e recebia patrocínio de empresas privadas. A decisão de fretar um jato para trazer o capitão para o Rio se devia a motivos de segurança: ele estava ameaçado de morte por conta do crime que cometera. Assim que chegaram a Maceió, os agentes do Rio entraram em contato com o coronel da PM Ronaldo Santos, comandante do Departamento de Polícia, que designou doze homens do Batalhão de Choque alagoano para acompanhar os colegas fluminenses.

Segundo os jornais, o grupo chegou ao endereço indicado na denúncia por volta das quatro da tarde e deu voz de prisão a Fraga. Surpreso, o PM procurou convencer seus companheiros de farda de que se tratava de um equívoco. Insistiu que se chamava Roberto e disse que estava sem os documentos porque tinham sido confiscados pelo antigo patrão, com quem havia brigado. Ao perceber que a estratégia não funcionaria, tentou fugir, mas desistiu quando um dos policiais deu um tiro para o alto.

Em seu depoimento, porém, Fraga daria uma versão diferente. Disse que foi preso quando andava numa rua próxima ao mercado, junto à rodoviária. Contou ter sido surpreendido pelos policiais com tiros em sua direção. Afirmou que tinha "absoluta certeza" de que ia ser morto. Correu, cansou e acabou se entregando. O general Nilton Cerqueira negou excessos:

— O sequestrador e assassino recebeu tratamento necessário, possibilitando aos agentes da lei o uso de algemas, próprio para neutralizar os facínoras que ameaçam a vida e a dignidade humana. Não houve por parte de nenhum policial abuso de poder ou prática de maus-tratos ao delinquente em questão, que a sociedade anseia ver no Complexo Penitenciário de Bangu, local para criminosos de alta periculosidade.

Na casa onde Fraga e a namorada se escondiam, foram encontradas dezenas de documentos em nome de terceiros, entre eles 44 cédulas de identidade, do Distrito Federal e de estados como Alagoas, Pernambuco, São Paulo, Sergipe e Bahia, além de carteiras de habilitação, títulos de eleitor, CICs (Cartões de Identificação do Contribuinte), carteiras de trabalho e até um registro de arma. Fraga havia conseguido esse arsenal de uma forma que surpreende pela engenhosidade e pela simplicidade. Recolhera tudo na seção de Achados e Perdidos de uma rádio de Maceió, sob o argumento de que conhecia as pessoas e entregaria os documentos a elas. Assim, pôde adotar múltiplas identidades, como Antônio Guilhermino da Silva, Genesiano José Gomes e José Abraão da Silva. Em Maceió, ganhava a vida vendendo cerveja e refrigerante numa barraca na praia.

O sequestro

A prisão de Fraga encerrava uma busca iniciada meses antes. No dia 1º de abril, uma terça-feira, Jefferson Tricano havia saído da prefeitura de Teresópolis no fim da tarde e ido buscar a namorada, Kelly, de 16 anos, em seu trabalho, num shopping no Centro da cidade. Por volta das 18h30, deixou-a em sua residência, no bairro Vila Muqui, e seguiu para casa, onde jantaria com sua mãe, Beth, e a irmã caçula, um hábito da família. O pai de Jefferson, Mário, estava ausente porque participava de um congresso de prefeitos em Brasília. A família começou a estranhar a demora de

Jefferson. Enviaram mensagens para seu *pager*, mas ele não retornou o contato.

Aos poucos, o estranhamento deu lugar à inquietação, que se transformou em aflição. A família saiu à procura do rapaz, percorrendo hospital, delegacia, favela, motel. Inutilmente. As primeiras notícias objetivas chegariam ainda naquela madrugada. Beth foi avisada de que o carro novo de Jefferson, um Fiat Palio zero quilômetro da cor cinza steel, que ainda nem tinha sido emplacado, fora encontrado abandonado perto da favela do Lixão, em Duque de Caxias, e levado para um posto da Polícia Rodoviária Federal.

O desaparecimento de Jefferson começou a ser desvendado quando um homem testemunhou ter visto uma colisão. Um Escort XR-3 havia ultrapassado o carro de Jefferson numa curva e provocado uma pequena batida lateral. O rapaz saltara do Palio, assim como os três ocupantes do Escort — dois homens e uma mulher. Na hora em que se aproximou para conversar, Jefferson foi agarrado e colocado no outro automóvel. Tudo levava a crer que se tratava de um sequestro. A confirmação viria quando os parentes receberam um telefonema com a exigência de um resgate de 1,5 milhão de reais. Para provar que estavam em poder de Jefferson, os bandidos avisaram que deixariam uma prova de vida atrás de um orelhão no Largo da Carioca, no Centro do Rio.

Era verdade. Num envelope, havia uma foto de Jefferson. Ele exibia um olho roxo, estava algemado e segurava um cartaz com as iniciais CV — uma tentativa de atribuir o sequestro ao Comando Vermelho, a maior facção de tráfico de drogas do estado. Um bilhete instruía a família a aumentar ao máximo o limite de saque do cartão de crédito de Jefferson para o banco 24 horas. O resgate seria pago por meio de saques diários. "Vocês têm 48 horas, caso contrário o seu filhinho perderá os dedinhos", escreveram os sequestradores. Havia ali também um alerta final — "Sem imprensa, sem polícia, sem bicheiros" — e o desenho de uma caveira com o nome Jefferson dentro, com um X riscando o crânio, e a palavra "morto" — outra advertência em caso de descumprimento das ordens.

O pedido para que a imprensa e a polícia não se envolvessem era comum em sequestros. Mas nesse caso havia um componente a mais. A referência aos bicheiros no bilhete não era gratuita, diante das conhecidas ligações de Mário Tricano com o jogo do bicho.[2] Ex-sargento da PM, ele havia sido expulso da corporação e teria respondido a processos por contravenção, formação de quadrilha, enriquecimento ilícito e sonegação fiscal. O jornal *O Dia*, por exemplo, apontava-o como possível autor dos disparos que mataram um contraventor no dia 18 de junho de 1971, próximo da estação ferroviária de Coelho da Rocha, em São João de Meriti, na Baixada Fluminense. A imprensa ressaltava também sua ligação com Anísio Abraão David, presidente de honra da Beija-Flor e ex-presidente da Liga Independente das Escolas de Samba do Rio, que anos mais tarde seria preso por envolvimento no jogo do bicho.

Natural, portanto, que entre as hipóteses aventadas pela polícia para o sequestro tenha surgido a desconfiança de que se tratava de vingança ou acerto de contas entre bicheiros.

Uma versão indicava que tudo teria começado após Tricano ter matado Eliana Müller, ex-mulher de Anísio, que, em represália, teria capturado o filho do prefeito. A suposição da polícia deixou Tricano indignado. Ele, que era compadre de Anísio, classificou a suspeita como inaceitável:

— Eliana era minha amiga, e continuo sendo amigo de Anísio — afirmou Tricano à imprensa, contando que estava afastado do jogo do bicho desde 1983 e garantindo: — Não tenho inimigos.

A amizade entre os dois era explorada pelos jornais, que noticiavam ainda que Tricano teria participado com Anísio da morte da dupla Misaque José Marques e Luís Carlos Jatobá, em janeiro de 1981.[3] Mas as suspeitas da polícia não se confirmariam.

Ao longo dos dias seguintes, a família viveria um martírio. Beth, religiosa e seguidora da Igreja Batista, permanecia ao lado de uma Bíblia sem se alimentar, à base de calmantes. A quadrilha fazia contatos por telefone e por cartas deixadas em locais como debaixo de uma banca de jornal em frente ao Consulado de Angola, no Centro, ou atrás de um orelhão em frente à 18ª DP, na praça da Bandeira. Os bandidos criaram uma senha para as negociações. Sempre que um deles ligava, anunciava-se com o codinome *Bola da Vez*.

À medida que o tempo passava, as ameaças subiam de tom. Um dos bilhetes havia sido escrito pelo próprio Jefferson:

Mãe, pai, eu estou sequestrado pelo CV, já fizeram muitas maldades comigo, não quero mais sofrer, sinto muito a falta de vocês, não quero morrer, façam tudo o que eles pedirem, tudo mesmo, pois eu tentarei recompensá-los pelo amor que vocês me deram, confio em vocês. Não tentem chamar imprensa, P. Federal, Delegacia Antissequestro nem PM, pois eles do CV têm pessoas nestes locais. Esperem que eles vão negociar, embora pacientemente e demoradamente, só que perderei um dedo a cada dia de atraso caso vocês demorem no pagamento. Amo vocês.

A certa altura, os sequestradores passaram a se apresentar não mais como traficantes, e sim como supostos integrantes da máfia italiana, pertencentes a uma "Família". Uma das cartas, escrita num linguajar empolado, aumentou a angústia dos parentes: "Percebemos pelas vossas atitudes que não quereis contribuir com os propósitos da Família e que, em face de tão ignorante e irresponsável relutância da vossa parte, a Família decidiu aumentar o sofrimento de Jefferson, através de torturas, até que seu pai se torne mais flexível em negociar."

Em outra correspondência, os criminosos adotaram um palavreado mais vulgar: "Olha, ele já tomou um monte de porradinha nos cornos porque vocês cancelaram o cartão dele." Eles pediram então que o dinheiro fosse disponibilizado em cinco contas-correntes a serem abertas em nome de Tricano, vinculadas a um banco 30 horas.

Numa ligação, o sequestrador chegou a elogiar Jefferson: "Devo parabenizar vocês, vocês têm um filho muito educado." Era tudo jogo de cena. O que ninguém sabia é que Jefferson fora estrangulado pouco tempo após sua captura. Antes de matá-lo, os criminosos haviam tirado várias fotos do rapaz, mudando seu cabelo e a posição em que era retratado, para fingir que haviam sido feitas em dias diferentes. Também tinham obrigado Jefferson a escrever alguns bilhetes. Eram provas de vida falsas enviadas à família de um jovem que já estava morto.

Os policiais da Delegacia Antissequestro começaram a desvendar o caso após rastrearem as ligações da família com o principal negociador da quadrilha — o vendedor desempregado Victor Fraga, de 25 anos. Ele foi preso por volta das 21h30 do dia 24 de abril na praia de Botafogo, pouco depois de ter feito mais uma chamada de um orelhão. Dois agentes num carro descaracterizado receberam instruções pelo rádio para abordar Victor. Segundo um dos detetives, ao se identificarem ele "esboçou violenta reação" e agrediu os policiais, até ser dominado. Foi necessária a ajuda de outros agentes.

Levado à delegacia, Victor confessou o crime. Com a prisão, a polícia descobriu que o mentor do sequestro nada tinha a ver com a máfia italiana, com traficantes do Comando Vermelho ou com quadrilhas rivais do jogo do bicho. O autor era justamente um dos seus: o capitão Fraga, irmão de Victor, que agira motivado não por vingança nem disputa de poder, mas por dinheiro. Em seu depoimento, Victor disse que estava no Ceará quando Fraga ligou dizendo que iria lhe dar um "dinheirinho". Ele ganharia uma "graninha boa" — 100 mil reais — para ficar responsável pelas negociações com os parentes de Jefferson, enquanto Fraga ficaria com 700 mil reais do total que acreditava que receberia pelo sequestro. Victor topou. Ele tomava a precaução de ligar sempre de um telefone público diferente, em locais como Cinelândia, Catete, Botafogo e Glória.

Victor resolveu colaborar ainda mais e conduziu os investigadores, chefiados pelo delegado Márcio Franco, ao sítio do irmão, no limite entre Duque de Caxias e Belford Roxo, a 55 quilômetros de onde Jefferson fora sequestrado. Os agentes chegaram ao local às onze da noite. Era um lugar ermo, sem iluminação, com estrada de terra e duas pequenas casas. Numa delas, detiveram o caseiro, o lavrador baiano João Nascimento. João alegou que fora contratado no dia 5 de abril pelo capitão Fraga para tomar conta do sítio. Só que, nesse mesmo dia, por volta das quatro da tarde, o patrão pediu-lhe um "favor": que desenterrasse um corpo e o passasse para outra cova, mais funda. Para justificar o pedido inesperado, Fraga explicou que vinha de Tinguá quando vira um homem estuprando uma menina de 6 anos e decidira matá-lo. O que Fraga não contou é que o verdadeiro crime havia gerado tanta repercussão que ele achou mais prudente mudar o corpo de lugar, já que a cova era rasa e ficava muito perto da estrada.

João obedeceu. Cavou um buraco profundo na subida de um morro próximo, em meio a uma densa vegetação, num terreno pertencente ao sítio vizinho, distante cerca de 150 metros da primeira sepultura. Mas o caseiro ressaltou que sua participação terminou aí. Segundo ele, foi o próprio Fraga quem desenterrou o corpo e arrastou-o até lá, enquanto Victor ficou montando guarda na estrada. João reconheceu Cristiane como a mulher "branca, estatura média, cabelos castanhos-claros na altura dos ombros e corpo bem definido" que acompanhava os irmãos.

O lavrador, que trabalhava na região havia dezenove anos, disse aos policiais que não denunciara o patrão por temer pela vida. Disse que chegara a procurar outro emprego para escapar dali, mas fora impedido de sair. A polícia descobriu que Fraga comprara o sítio de 14 hectares dias antes do sequestro. O cadáver de Jefferson foi encontrado em adiantado estado de putrefação, com uma corda amarrada ao pescoço. Usava calça comprida branca e camisa com listras azuis e brancas, e tinha os pés presos por um cinto.

A morte de Jefferson foi um golpe a mais em Mário Tricano, que havia perdido o pai no dia 15 de fevereiro, num acidente de ônibus. O prefeito e sua mulher, Beth, tinham ainda outra filha, Carla, de 15 anos — Tricano era pai também de Valéria, de 23, de um primeiro casamento. Ele não se preocupara em ser acusado de nepotismo ao indicar o filho como secretário municipal de Esportes e Lazer. E, a bem da verdade, Jefferson vinha se esforçando para fazer jus ao cargo. Ele conciliava trabalho e estudo. De manhã, tinha aulas no Projeto Único, onde cursava o pré-vestibular de Educação Física. Em seguida, dava expediente na prefeitura. Havia promovido campanhas contra as drogas e de incentivo ao esporte. Além disso, lançara junto com o ministro extraordinário dos Esportes, Pelé, o projeto Grande Sacada, programa nacional de massificação esportiva que seria adotado em cem cidades brasileiras. A morte prematura interrompera os planos presentes e futuros do rapaz, que poderia seguir uma promissora carreira política. Segundo o jornal *O Dia*, ele estava sendo preparado pelo pai para ser candidato a deputado federal. O prefeito decretou luto oficial de oito dias na cidade. O enterro reuniu 4 mil pessoas, que caminharam da sede da prefeitura até o cemitério municipal do Caingá, a quatro quilômetros do Centro de Teresópolis.

Era esse rapaz, querido por tanta gente, que Fraga matara. O PM havia mexido num vespeiro. Assim que soube da prisão de seu irmão, ele tratou de fugir. Com isso, virou um desertor. A descoberta da autoria do crime fez com que sua captura se tornasse a prioridade número um das autoridades do Rio. Tinha sido uma afronta. Afinal, ele era integrante da elite da Polícia Militar do estado. Uma reportagem de *O Dia* intitulada "Vocação militar a serviço do crime" retratava-o como "um gênio fardado e perigoso". Nascido no dia 20 de julho de 1961, Fraga entrara na corporação em 1984 e, no mesmo ano, fora aprovado em concurso para a Escola de Formação de Oficiais (EFO), de onde saíra como aspirante em 1987. Com 1,94 metro de altura, especialista em informática, destacava-se no quartel pelas atividades esportivas: praticava boxe, judô, atletismo, triatlo militar, *tae kwon do* e jiu-jítsu. Em 1983, havia estabelecido um novo recorde da Escola Naval na prova de arremesso de martelo.

À época do sequestro, ocupava o cargo de chefe do setor de Justiça e Disciplina do Batalhão de Choque. Logo ele, que, apesar dos méritos esportivos, tinha uma ficha funcional manchada por algumas sindicâncias administrativas, como quando foram encontradas fotos de mulheres nuas em seu armário.

Na EFO, ele tinha sido aluno do coronel Milton Corrêa da Costa na disciplina que trata de temas relacionados ao controle de trânsito. Milton — ironicamente um dos principais assessores do secretário estadual de Segurança, o general Nilton Cerqueira — se disse surpreso com o envolvimento de seu ex-aluno no crime. Para ele, Fraga não havia demonstrado na época qualquer motivo para que se duvidasse de sua competência ou vocação.

Esse homem antes visto como "competente" e "vocacionado" havia desonrado a farda. Cerqueira agora se recusava até a classificá-lo como policial. Era, na verdade, um "infiltrado" na PM, que usava a instituição para acobertar os próprios crimes. Ou seja, "um bandido como qualquer outro". Cerqueira ressaltava que Fraga não podia ser confundido com toda a corporação e defendia a tese de que policial bandido devia pagar em dobro. Propunha também mudanças no Código Penal que contemplassem com prisão perpétua quem cometesse crimes hediondos, como era o caso de Fraga, acusado de sequestro, homicídio e ocultação de cadáver.

O general Cerqueira tratava o caso como exceção, mas a verdade é que a desconfiança em relação à polícia era grande, até mesmo dentro da própria corporação. O coronel Ivan Bastos, presidente do Clube Militar de Oficiais da PM e do Corpo de Bombeiros, e um dos principais críticos da política de segurança pública de Cerqueira, chegou a dizer à imprensa que o aumento dos casos de policiais militares de alta hierarquia envolvidos com a criminalidade era reflexo da "degradação" da instituição.

— Um capitão, antes de praticar um crime grave como assassinato, já se envolveu em delitos menores e não enfrentou qualquer tipo de punição.

De fato, Fraga já havia aparecido na mídia anos antes do sequestro, no dia 17 de novembro de 1990, quando uma reportagem no *Jornal do Brasil* intitulada "PMs derrubam barracos ao lado da via férrea" relatava que vinte agentes do 22º Batalhão de Polícia Militar (BMP), comandados pelo então primeiro-tenente Fraga, haviam botado abaixo dezesseis casas construídas ao lado da linha de trem, na rua Leopoldo Bulhões. Os policiais agiram com truculência, conforme denúncia feita à 21ª DP (Bonsucesso): agrediram moradores e ameaçaram pôr fogo em móveis e madeiras empilhados na calçada. Calcula-se que a violência só não foi maior porque a imprensa foi chamada. O caso não parece ter resultado em maiores problemas para Fraga, que continuou sua bem-sucedida trajetória na PM.

A convicção de Cerqueira de que o sequestro cometido por Fraga era um caso isolado não condizia com o aumento de crimes envolvendo a polícia. O *Jornal do Brasil* publicou no dia 21 de setembro de 1997 a reportagem "PMs sequestradores já não surpreendem", assinada por mim e pela jornalista Denise Ribeiro. Apontávamos ali o absurdo de que o "homem mais procurado pela polícia do Rio" não era traficante, não havia saído dos morros da cidade nem tinha um apelido "como Buzunga, Escadinha ou Branco". Era um policial militar. Também citávamos exemplos recentes de envolvimento de outros agentes de segurança com o crime, como o cabo Carlos Antônio, do 17º Batalhão (Ilha do Governador); o cabo da Aeronáutica Nazareno Weber Mattos; o guarda municipal Marcos José de Oliveira; e a dupla de bombeiros Sílvio de Souza Gomes e Marco Antônio Rodrigues. Entre janeiro e março, eles haviam sequestrado, respectivamente, o secretário de Esporte, Turismo e Lazer de São Gonçalo, Joaquim de Oliveira; o comerciante Benjamin Alves Pires; o dono de postos de gasolina Duarte de Almeida; e o estudante Márcio Escudeiro.

Já o sequestro de Jefferson era um passo além em termos de ousadia, visto que envolvia o filho de um prefeito. Como o caso era rumoroso e havia oferta de recompensa, foi natural que, nos meses que se seguiram ao assassinato, o Disque Denúncia recebesse várias ligações sobre o tema.

— Quando a gente lança uma recompensa, a pessoa que é procurada passa a ser vista em todo o canto — comenta nos dias de hoje, bem-humorada, Claudia, chefe do setor de Atendimento, que à época trabalhava como atendente.

São várias as razões para que isso aconteça. Pode ser que o denunciante veja a foto nos cartazes e confunda alguém com o bandido. Ou que esteja inventando, numa tentativa de receber o dinheiro. Pode ser ainda que esteja atrapalhando de propósito o trabalho policial, como uma forma de despistar as investigações. Ou talvez seja uma pessoa que esteja dando pistas falsas por falta do que fazer.

E de fato, tal como Claudia diz, Fraga parecia onipresente. Chegaram ao DD informações de que estaria em bairros variados, como Leme, Humaitá, Centro, Maracanã, Rio Comprido, Quintino, Olaria e Ilha de Governador. Houve quem garantisse que ele tinha ido para outras cidades, como Petrópolis, Niterói, Araruama, Itaboraí, Magé, São João de Meriti, Belford Roxo, Duque de Caxias, Campos. Ora ele estaria descendo de um fusca marrom em Cabo Frio, ora estaria indo para Minas Gerais escondido na mala de um carro. Num dia, estaria num sítio em Nova Guarapari, no Espírito Santo, com novo visual: careca e usando brincos. Em outro, teria sido flagrado em Copacabana frequentando o Bingo Arpoador ou comandando o pagode do Clube Olímpico. E teria até sido visto com uma mulher e dois homens dentro de um bote perto de Porto de Galinhas, em Pernambuco. A embarcação deles teria afundado e o grupo teria rendido pescadores e ficado numa praia de nudismo chamada Tambaba.

O número de crimes atribuídos a Fraga era quase tão grande quanto o de locais por onde teria circulado. Segundo os denunciantes, ele estava envolvido em homicídios, ocultação de cadáver, formação de quadrilha, contrabando, tráfico de drogas e procurações falsificadas. A julgar por quem telefonava, o policial não era fiel à namorada Cristiane: "Ele tem uma amante chamada Iracema"; "Ele tem uma amante chamada Isabel"; "Ele foi encontrado na praia da Coroa, em Mauá, na Baía de Guanabara, com duas mulheres novas e louras."

Assim que eram cadastradas pelos operadores e entravam no sistema, as denúncias eram lidas pelos policiais do setor de Difusão e encaminhadas para as autoridades competentes, a fim de serem investigadas. A própria Claudia atendeu uma ligação que parecia promissora, mas que se revelou infundada.

— O homem tinha tantas informações sobre Fraga que até passei do meu horário. Saí uma hora mais tarde. O diretor do setor de Difusão estranhou o tamanho da denúncia: "O que é isso, um testamento?" Deu para sentir só pelo olhar que ele estava duvidando. Essa desconfiança é comum em casos de desvio de conduta de policiais. Mas a gente tem que acreditar mesmo assim. Sempre penso: "Isso que a pessoa está dizendo aconteceu." Eu só deixava de acreditar quando vinha o retorno da polícia de que nada havia sido confirmado.

Era o que acontecia agora. Nenhuma dessas denúncias resultou em dados concretos. Muitas vezes não houve sequer retorno das autoridades.[4] Quando vieram respostas, foram: "Nada de positivo foi apurado"; "Nenhum dos frequentadores soube informar o paradeiro do acusado"; "Nenhum dos acusados foi reconhecido como frequentador daquele local"; "Comparecemos à referida casa, onde nada foi encontrado"; "Agentes entraram em contato com moradores da área, os quais disseram ser inverídicas as informações da denúncia"; "As placas dos veículos não batem com o que foi denunciado"; "O doutor (...) procedeu ao local e constatou que não se tratava do policial em questão."

A busca por Fraga estendeu-se por meses. Ele era duplamente caçado. Enquanto o Disque Denúncia oferecia 5 mil reais por sua captura, os jornais noticiavam que no mercado paralelo ele valia trinta vezes mais. Como informou *O Dia*: "Investigações da P2 dão conta de que o preço da cabeça de Fraga vale muito mais no câmbio negro: 150 mil reais é o valor oferecido por empresários e bicheiros de Teresópolis."

Mesmo com tamanho estímulo monetário, Fraga parecia estar sempre um passo à frente. E não foi por falta de esforço. A polícia quebrou o sigilo do aparelho de telemensagem do capitão e fez interceptação telefônica. Seguindo pistas, foi inicialmente em seu endereço, na rua Gustavo Sampaio, no Leme, na Zona Sul do Rio, mas ele não estava. Chegaram informações de que se mudara para o Bairro de Fátima, mas lá ele também não foi encontrado. As diligências levaram a DAS a Petrópolis, onde, segundo denúncias, ele teria comprado um sítio e poderia estar escondido, mas ninguém no comércio local o reconheceu. Uma dica levou os agentes a Realengo, na Zona Oeste do Rio, onde morava uma ex-namorada, mas a moça informou que não tinha mais contato com Fraga. Outras denúncias indicavam sua presença em Guarapari, no Espírito Santo, e no Guarujá, em São Paulo, mas nos dois casos ele já saíra de lá quando a polícia chegou.

As buscas seguiam infrutíferas. Havia até a suspeita de que em algum momento ele tivesse estado no Paraguai. Foi pedida sua extradição, mas ele não foi encontrado no país vizinho. Os agentes concentraram parte das ações em São Paulo. Era lá que moravam o pai de Cristiane, seus irmãos e sua filha — ela era mãe de uma menina de 5 anos, de um relacionamento anterior. Os policiais também estiveram, sem sucesso, em outros endereços na capital paulista de pessoas que possivelmente tinham contato com o casal. De fato, Fraga estivera em São Paulo tentando convencer Cristiane a ficar com o pai, mas ela preferiu continuar a fuga com o namorado. Assim, quando a polícia chegou lá, eles já tinham seguido de ônibus para Limoeiro, em Pernambuco, onde moravam a mãe e a tia da moça. Ficaram na cidade por cerca de três meses. Nesse período, ele usou o nome falso de Genesiano José Gomes e abriu um curso em que dava aulas a candidatos que queriam prestar concursos para ingressar em instituições como Tesouro Nacional, Academia Militar das Agulhas Negras, PM e Polícia Federal. Foi justamente em Limoeiro o mais perto que a polícia esteve de capturá-lo. Seguindo um rastro, uma equipe chegou à cidade pouco mais de meia hora depois que o casal escapara — dessa vez eles tinham seguido para Maceió.

Se a corrida oficial exibia um saldo frustrante, a caçada extraoficial igualmente não produzia maiores resultados. Mais tarde, já preso, Fraga diria numa entrevista ao jornal *O Globo* que conseguira se safar de cinco atentados cometidos por "jagunços" enviados pelo prefeito de Teresópolis. Segundo ele, haviam sido duas emboscadas em Limoeiro e três em Maceió. Em todas fora interceptado por assassinos de aluguel, que atiraram em sua direção. Mesmo desarmado, escapara ileso — o que pode ser explicado por seu histórico profissional ou por uma mente fantasiosa.

Os dias corriam sem novidades. A ausência de respostas e o acúmulo de cobranças motivou uma reunião em que estavam presentes Zeca e integrantes da P2, do setor de Inteligência da Polícia Civil e do Centro de Inteligência de Segurança Pública.

— Havia muita gente atrás de Fraga — lembrava Zeca, referindo-se às informações que davam conta de que pistoleiros estavam em seu encalço para matá-lo. — E nós tínhamos que ajudar a PM a chegar a Fraga antes deles.

Foi nesse encontro que surgiu a ideia de fazer a campanha nacional do DD em busca de Fraga, com veiculação dos vídeos nas emissoras de TV.

— Foi a primeira vez que isso aconteceu — lembra o coronel Israel.

Deu certo, como se viu. A polícia localizou Fraga em Maceió graças justamente à campanha televisiva, que foi antecipada por Ratinho em seu programa. Como a informação passada por *Julieta* havia levado à prisão de Fraga, a Associação Rio Contra o Crime mandou um representante a Alagoas para pagar a recompensa a ela. A denunciante recebeu os 5 mil reais, a mais alta quantia desembolsada pelo Disque Denúncia até então.*

Como era de esperar, a veiculação dos vídeos no dia 8 de outubro provocou um aumento do número de ligações sobre o caso. Mas, com exceção da chamada feita por *Julieta* de Maceió, todas as demais mostraram-se inconsistentes. Um dos telefonemas dava conta de que o capitão se encontrava num sobrado na favela Nova Holanda, em Bonsucesso, na Zona Norte do Rio, ao lado de nove homens armados com fuzis e metralhadoras, além de quatro mulheres. Eles teriam chegado ao local às quatro da tarde, em duas Kombis da Companhia Municipal de Limpeza Urbana (Comlurb) — sendo que nesse momento Fraga estava na capital alagoana, a cerca de 1.700 quilômetros dali.

No dia seguinte, quando a polícia do Rio já se preparava para embarcar para Maceió e prender Fraga, continuavam chegando denúncias improcedentes relativas ao paradeiro do capitão. Uma pessoa dizia que Fraga estava montando

---

* Para saber mais sobre o pagamento de recompensas, leia o Apêndice 3 — "O programa de recompensas".

uma facção criminosa entre os tráficos dos morros da Casa Branca, do Cruz, da Chácara e do Andaraí, com a ajuda dos traficantes Claudinho e Café, do sargento Lucio e de mais três oficiais do 6º BPM (Tijuca), além de alguns policiais civis. Fraga planejava, de acordo com o denunciante, tomar os morros Salgueiro, Borel e Formiga, na Tijuca, e para isso estaria dando aulas de tiro para os soldados do tráfico com o objetivo de treiná-los para o confronto.

Autoridades comemoram

A detenção de Thadeu Fraga foi uma das raras vitórias da polícia na área de sequestros naquela ocasião.* O general Nilton Cerqueira recebeu a notícia da prisão uma hora depois. Sua primeira providência foi ligar para o pai de Jefferson.

— Prefeito Tricano? Boa tarde. Dívida paga. Está preso em Maceió pela nossa PM — disse, satisfeito, acrescentando que eles estavam enfim "livres da praga".

— Muito obrigado. Agradeça a nosso governador — respondeu Tricano.

À imprensa, Cerqueira explicou que a ação era o "reparo mínimo" que o governo podia fazer aos pais da vítima. Já o governador Marcello Alencar se disse "eufórico" e aprovei-

---

* Para saber mais sobre como o Rio venceu a guerra contra os sequestros e como o Disque Denúncia se adaptou aos novos tempos, leia o Apêndice 4 — "O sucesso que quase virou fracasso".

tou para fazer propaganda da polícia e uma promessa que ficaria na retórica.

— A presteza com que o episódio foi resolvido não apenas serve para valorizar a atuação da polícia e o envolvimento popular como sugere a ampliação do Disque Denúncia. Pedi empenho à PM e ela foi fiel ao compromisso. Queria testar o corporativismo, e a polícia me deu a melhor resposta.

Logo após a prisão, o capitão Fraga e a namorada foram levados para o quartel da PM alagoana, no bairro Trapiche da Barra, no litoral sul de Maceió. De lá, voltaram para o Rio na aeronave fretada pela Associação Rio Contra o Crime. Junto foi uma pequena equipe de filmagem da produtora Telenews, que acompanhou a operação para preparar mais uma campanha do Disque Denúncia.* O avião aterrissou no Aeroporto Santos Dumont às três da manhã do dia 11. Mais tarde, os dois foram apresentados à imprensa no auditório da PM por Cerqueira e pelo comandante-geral da PM, Dorasil Castilho Corval. A apresentação durou somente cinco minutos. O capitão reclamou depois de ter sido proibido pelo secretário de Segurança de dar entrevistas:

— Não tem pergunta, não? Eu queria ser ouvido.

Em seguida, o casal tomou rumos diferentes. Fraga foi levado para o quartel do Batalhão de Choque da PM, onde era lotado, e Cristiane, para a Delegacia Antissequestro.

---

* Para saber mais sobre a produtora Telenews, responsável pelas bem-sucedidas campanhas publicitárias do Disque Denúncia, leia o Apêndice 5 — "As campanhas televisivas".

Se não conseguiu falar na apresentação à imprensa, Fraga teria depois a chance de dar sua versão. Em depoimentos e entrevistas, diria que fugira basicamente por três razões. A primeira era para poder preparar sua defesa contra as acusações. O segundo motivo era aguardar o prazo de prescrição da ação penal, que ele dizia calcular em cinco anos.[5] Ou seja, ficaria escondido até que o crime prescrevesse e não pudesse mais ser condenado. E a terceira razão para desaparecer seria o medo de ser morto. Fraga disse ter tido conhecimento de que Tricano e a "cúpula do jogo do bicho estavam oferecendo a importância de 150 mil" para quem o matasse.

Como costuma acontecer após as prisões, os integrantes da quadrilha passaram a dar versões conflitantes. Em seu depoimento, Fraga insistiu que era inocente. Segundo ele, Victor é que havia sido o mandante. O capitão chegou a confessar ter ajudado o irmão a enterrar a vítima, mas disse que ele lhe contara que o corpo era de um homem que estuprara uma menina — mesmo argumento que o próprio Fraga usara para convencer o caseiro a auxiliá-lo. O capitão admitiu também que levou Victor até o orelhão em Botafogo, de onde ele ligou para a família de Jefferson, pouco antes de ser preso. Mas afirmou que Victor dissera que iria telefonar para a namorada, que morava em Teresópolis. Ela é quem estaria na origem do crime. De acordo com Fraga, Victor e Jefferson brigaram dias antes do sequestro, por conta de promessas eleitorais que o último não teria cumprido com a moça, que trabalhara na campanha de Tricano para as eleições de 1996. Segundo Fraga, Victor matou Jefferson por vingança.

Ele ainda acusou o irmão de ter envolvimento com drogas no Ceará e de ser estelionatário no Rio.

O curioso é que Fraga ganhou um aliado inesperado: Victor, que tinha dado dois depoimentos acusando o irmão, voltou atrás e passou a dizer que mentira por ter sido coagido na Delegacia Antissequestro. Nenhum dos dois, ele afirmava, sequestrara nem matara ninguém. Já Cristiane também se eximiu de culpa e reforçou uma das suspeitas da polícia: a de que o sequestro de Jefferson seria um acerto de contas entre bicheiros. De acordo com ela, o motivo do crime seria uma rivalidade antiga entre Fraga e Tricano, que brigavam por causa de bancas do jogo do bicho.

A defesa de Fraga criticou a condenação antecipada do réu, reclamando que os "tabloides sensacionalistas" haviam criado o personagem de um "gênio do mal". A seu favor, o defensor público elencava os bons antecedentes e o fato de Fraga ser bacharel em Teologia pela Escola Preparatória de Obreiros Evangélicos e fazer parte do ministério da Igreja Assembleia de Deus, em Copacabana, como diácono. Também ressaltava que o capitão tinha se dedicado durante quatro anos como voluntário na educação de centenas de crianças numa escola municipal.

Nada disso convenceu as autoridades, que não tinham dúvidas sobre a participação do trio. Tanto que o delegado Aglausio Batista Novais Filho, que fez parte das investigações, disse que a palavra "hedionda" era fraca em seu sentido para qualificar "crime tão bárbaro e covarde". Ao requerer a prisão dos acusados, a promotora Maria Ignez Pimentel citou a "periculosidade e frieza" dos três. E o juiz Paulo Rodolfo

Maximiliano Gomes Tostes decretou a prisão preventiva deles argumentando que praticaram "o mais grave crime de que já se teve notícia na comarca de Teresópolis".

A sentença saiu em agosto de 1998. O caseiro João Nascimento foi absolvido. Já Fraga, Cristiane e Victor foram condenados a trinta anos de reclusão cada um.[6] A respeito do capitão — que seria demitido e perderia o posto e a patente em dezembro daquele ano —, o juiz classificou sua "conduta social" como "deletéria e prejudicial" e disse que sua personalidade era "deformada e plenamente voltada para a prática de crimes violentos".

Crime poderia ter sido evitado

Antes da denúncia que levou Fraga à prisão, os caminhos do bandido e do Disque Denúncia já haviam se cruzado uma primeira vez, mas sem o mesmo sucesso. No dia 20 de janeiro de 1997, às 14h52, uma mulher ligou para dizer que, na rua Gustavo Sampaio, 667, apartamento 912, no Leme, morava uma moça de nome Cristiane ("pernambucana, branca, de olhos castanhos, estatura mediana, cerca de 21 anos, cabelos cacheados abaixo dos ombros, pintados de louro"), empregada do setor contábil do dono de uma rede de açougues, Abilio. Segundo a denunciante, Cristiane estava planejando sequestrar o patrão junto com o amante dela, o "capitão PM Fraga do 1º Batalhão de Choque (Estácio)", de "mais ou menos 37 anos, pele branca, cabelos pretos, estatura alta, olhos castanhos". Ainda de acordo com a denúncia, "o senhor Abilio não tem tanto dinheiro quanto ela pensa". De fato, como se confirmaria depois, Cristiane havia trabalhado de julho de 1996 a abril de 1997 como auxiliar de escritório num mercado de carnes na Tijuca de propriedade do comerciante português Abilio Vieira Pereira.

Como se tratava de denúncia relativa a um oficial da PM, ela foi difundida no dia seguinte, 21, para o corregedor da Polícia Militar. Ele a enviou para o comandante da corporação com o aviso: "Para ciência e acompanhamento da 2ª seção [a *P2*] sobre a veracidade." Junto ao relato vinham algumas informações de praxe, que constavam de todas as denúncias: "O presente documento foi fornecido por informante do Disque Denúncia. Deve ser respondido no mais curto prazo para que o informante não perca o crédito no sistema. Seja qual for o resultado, o responsável deverá datar e assinar. Em caso de resultado positivo, responder de forma manuscrita no verso."

Fraga acabou não sendo investigado na ocasião. Corporativismo? O general Nilton Cerqueira dizia que não. Quando veio a público a notícia de que o capitão já havia sido citado anteriormente em outra denúncia, a imprensa cobrou do secretário de Segurança o motivo para a inação policial. Cerqueira alegou que apenas uma pequena parte das denúncias recebidas pelo DD era "verossímil" e que, por isso, nem todas eram averiguadas. Segundo ele, não seria "factível" fazer uma investigação sobre Fraga com o objetivo de impedir uma possível ação de sequestro. E perguntou aos repórteres:

— Denúncia anônima é prova contra uma pessoa?

Se estivesse presente à coletiva, Zeca Borges teria respondido: "Não, mas serve de base para uma apuração."

Uma subordinada de Cerqueira, a diretora da Delegacia Antissequestro, Tércia Amoedo, reforçou as palavras do chefe e considerou vagas as informações prestadas na época pela denunciante. Seja como for, o casal não seguiu adiante com seu plano de sequestrar Abilio. A mesma sorte não teve Jefferson, levado 71 dias depois.

Vingança?

Desde a prisão Fraga dizia temer ser alvo de vingança por parte de Tricano. Numa entrevista dada em 1997, logo após ser detido, ainda em Maceió, ele disse: "Esse homem já me fez várias ameaças dizendo, inclusive na TV, que iria me matar. Teresópolis sabe disso. Ele é um ex-bicheiro, um homem de muito poder. Espero não ser morto na prisão."

O Disque Denúncia reforçava os temores de Fraga de que sua vida corria risco. No dia 1º de agosto de 2004, um denunciante telefonou e disse que Fraga seria assassinado na cadeia "a mando do Tricano, por 80 mil reais". O crime seria cometido por dois presidiários que têm "armas em suas celas": o ex-bombeiro militar Robson, vulgo Gaguinho, e o ex-agente penitenciário Coimbra.

A denúncia foi enviada à polícia, que a repassou ao chefe de Segurança do presídio para que tomasse providências. O Disque Denúncia recebeu o retorno de que "todos foram alertados" sobre a denúncia. A uma distância temporal de quase vinte anos, não há como saber ao certo o que aconteceu em seguida. Se a segurança do complexo penitenciário não deu importância à ameaça, se houve omissão ou se a acusação foi investigada, mas não comprovada.

O que há de concreto é que no dia 28 de setembro de 2004, quase dois meses depois da denúncia e quase sete anos após dar a entrevista acusando Tricano de querer matá-lo, Fraga foi assassinado com três tiros de revólver calibre .38 quando fazia ginástica dentro da penitenciária Pedrolino Werling de Oliveira, no Complexo Frei Caneca. Tinha 40 anos.

Naquele mesmo dia, a quilômetros do presídio, uma figura muito mais ilustre do mundo do crime era também assassinada: Waldemir Paes Garcia, o Maninho, de 45 anos, foi atingido com três tiros de fuzil ao sair da academia de ginástica Body Planet, na Estrada do Gabinal, na Freguesia. Um dos maiores bicheiros do Rio, era dono de 1.400 bancas e 7 mil máquinas caça-níqueis espalhadas por Estácio, parte da Tijuca, do Centro e de Santa Cruz, e pela Zona Sul, incluindo as favelas da Rocinha e do Vidigal. Ele atuava ainda no Sul Fluminense e em vários outros estados.

A polícia chegou a investigar se as mortes ocorridas no mesmo dia tinham conexão. No fim das contas, não se estabeleceu nenhum vínculo entre os dois crimes. Segundo o delegado Ricardo Teixeira, da 6ª DP (Cidade Nova), que apurava a morte de Fraga, tratou-se de uma "coincidência".

No dia 29 de setembro, Maninho foi sepultado numa área nobre do cemitério Jardim da Saudade, em Jacarepaguá, numa cerimônia que reuniu cerca de trezentas pessoas, ao som de um surdo, em meio a sessenta coroas de flores. Meia hora antes, Fraga, o antigo criminoso mais procurado do estado do Rio, havia sido enterrado no mesmo cemitério, numa ala simples, diante de poucos parentes, já no ostracismo.

3. A chacina da Baixada
2005

31 de março de 2005 — quinta-feira

A maior chacina da história do Rio havia começado uma hora antes e o telefone já tocava no Disque Denúncia. Eram 21h37 do dia 31 de março de 2005. *Francine*, uma das oito operadoras do turno da noite,[1] atendeu a ligação. Uma voz apressada alertava que dois indivíduos não identificados, fortemente armados, tinham, naquele "exato momento", matado sete menores e cinco adultos num bar na rua Gama, próximo ao antigo clube Dallas, em Nova Iguaçu. Segundo o homem, "as vítimas estavam utilizando as máquinas de fliper" quando a dupla chegou atirando. Após o massacre, acrescentou, os dois fugiram num Kadett de cor branca. A placa não foi informada.

O relato era assustador. Mas, desde que começara no emprego, em novembro do ano anterior, *Francine* procurava se distanciar do que escutava, como um mecanismo de defesa. Atendentes como ela recebem denúncias diárias sobre assassinatos, tráfico de drogas, crianças espancadas pelos pais. Era preciso tentar não se envolver demais com as histórias — não fazia bem absorver toda aquela "gama de violência". O lado profissional, no entanto, levava *Francine* a buscar o máximo possível de informações, como naquele momento. Mas, apesar de sua insistência, o homem não tinha nada a acrescentar, além do quadro dramático que acabara de narrar.

Mais tarde, se descobriria que o carro era um Gol prata quatro portas e que a placa KND4208, de Nova Iguaçu, havia sido retirada de propósito pelos matadores para evitar o reconhecimento. Também se saberia que, em vez de doze, dez pessoas foram atingidas no local. E que o que estava acontecendo naquele momento era apenas parte de uma tragédia inédita até para um estado acostumado a cenas brutais de violência.

A série de crimes tinha se iniciado por volta das oito e meia da noite, quando quatro homens num carro viram dois rapazes andando de bicicleta no acostamento da Rodovia Presidente Dutra, sentido São Paulo, no quilômetro 178,8, logo depois do Sesc que fica no bairro Moquetá, em Nova Iguaçu. O estudante Raphael Silva Couto, de 17 anos, e o ajudante de pedreiro Willian Pereira dos Santos, de 20, moravam a menos de um quilômetro dali e em breve chegariam a suas casas. Foram executados a sangue-frio.

Os criminosos continuaram pela Dutra, entraram no acesso seguinte e, por volta das 20h40, chegaram à rua Gonçalves Dias, 9, perto do antigo kartódromo, onde mataram o cozinheiro José Gomes de Oliveira, de 39 anos, que morava a cerca de quinhentos metros dali.

Após alguns minutos, o grupo assassinou, na rua São Paulo, depois da retífica Rei dos Eixos, num ponto de prostituição, a travesti Luiz Henrique da Silva, de 23 anos. Logo adiante, de volta à Dutra, na altura do motel Medieval, foi a vez de Alessandro Moura Vieira, de 15. Alessandro, que foi atingido no crânio, no pescoço e na mão, chegou a ser levado para o Hospital Geral de Nova Iguaçu, mas não resistiu. O adolescente era rejeitado pelo pai. Segundo sua mãe, o marido não aceitava a homossexualidade do filho.[2]

De lá, os matadores seguiram em direção à rua Gama, no bairro Cerâmica. Fazia sentido a escolha desse trajeto, dentro da lógica impiedosa dos assassinos. Caso voltassem à Dutra, teriam encontrado poucos alvos pelo caminho. Já a Gama, ao contrário, era uma via movimentada: naquele horário, os moradores estavam voltando do trabalho para casa.

Os bandidos preferiram ir direto para o número 977, onde ficava o bar do Caíque, o tal bar citado na denúncia recebida por *Francine*. Como era de praxe numa quinta-feira à noite, o lugar, que tinha uma mesa de sinuca e duas máquinas de jogos eletrônicos, estava cheio de clientes — a maioria moradores do bairro. Dois bandidos saltaram do carro e atiraram como se estivessem num jogo de videogame. Seis pessoas morreram na hora, entre elas a dona do bar, Elizabete Soares de Oliveira, de 43 anos, que chegou a correr e tombou a dez metros dali, na calçada oposta. O estudante Felipe Soares Carlos, que tinha completado 13 anos no dia 8, ainda se escondeu atrás de uma das máquinas de fliperama, mas foi morto com um tiro na nuca, à queima-roupa.

Também caíram abatidos os estudantes Douglas Felipe Brasil de Paula, de 14 anos, Bruno Silva Souza e Leonardo Felipe da Silva, ambos com 15 anos, o ambulante Jonas de Lima Silva, de 19 anos, o camelô Manoel Domingos de Lima Pereira, de 53, Robson Albino, de 25, auxiliar de calceteiro de uma empresa de asfaltamento contratada pela prefeitura de Nova Iguaçu, e o marceneiro Jaílton Vieira da Silva, de 27. Jaílton trabalhava na oficina do cunhado, a poucos metros do bar, e tinha ido pagar uma dívida de 2 reais, referentes a uma cerveja. Manoel, Bruno e Leonardo foram levados para o Hospital Geral de Nova Iguaçu, mas ou chegaram mortos ou morreram logo em seguida. Kênia Modesto Dias, de 27 anos, atingida por tiros na cabeça e no antebraço esquerdo, ainda resistiria por mais alguns dias.

No momento do ataque, um grupo de evangélicos se trancou na Igreja Assembleia de Deus, em frente ao bar, até cessarem os tiros. Um pedreiro que morava no local havia 49 anos estava numa barraca perto do bar e testemunhou a ação:

— Eu ia para lá quando vi o Gol com farol alto estacionado no outro lado da rua. Dois homens desceram e em três minutos atiraram em todo mundo.

Os assassinos ainda não estavam saciados. Do bar, passaram pelo centro comercial do bairro Cerâmica, onde, na rua Geni Saraiva, mataram o soldado do Exército Leonardo da Silva Moreira, de 18 anos, que fora se encontrar com a namorada no portão de casa. Leonardo recebeu tiros nas costas e morreu na mesa de operação. No fim da via, quase de volta à Dutra, num ponto apropriadamente conhecido como Curva da Morte, por causa do alto número de acidentes, fuzilaram o padeiro César de Souza Pereira, de 30 anos. Eram 21h15.

O Disque Denúncia receberia uma segunda ligação somente às 23h10. Um homem informava que, naquele exato momento, estava havendo uma chacina perto do clube Queimadão, no Centro de Queimados, cidade vizinha a Nova Iguaçu. Havia vários corpos espalhados pelo bairro, mas ele não sabia informar quem eram os executores. A ligação caiu. Num novo telefonema, deu mais detalhes. Disse que os assassinatos aconteciam em diferentes pontos do município. "Estão matando inocentes", disse, chocado, o denunciante. Em cada local, estavam sendo "mortas de três a cinco pessoas, totalizando 15 até o momento".

Os massacres em Nova Iguaçu e Queimados pareciam casos distintos. O que não se sabia então era que tudo fazia parte de uma mesma ação — depois da Curva da Morte, os assassinos haviam retornado para a Via Dutra e foram para Queimados, onde seguiram atirando a esmo. O primeiro alvo na cidade foi o comerciante Calupe Florindo Ferreira, de 64 anos, que estava em seu bar, na rua Maria Cândida, número 8, no Centro.

As mortes prosseguiram a uma velocidade assustadora. Na rua Ministro Odilon Braga, foram baleados quatro homens em frente ao Mania Lava-Jato: o dono do estabelecimento, Luiz Jorge Barboza Rodrigues, de 27 anos, o

Luizinho, além do cabista Vagner Oliveira da Silva, de 25, do pintor Marco Joaquim Martins, de 26, e do ladrilheiro Fábio Vasconcellos, de 28.

A cerca de um quilômetro dali, na rua Carlos Sampaio, lote 2, quadra C, no Campo da Banha, na praça da Bíblia, foram alvejados cinco homens que conversavam sobre futebol sentados sobre uma mureta: o vendedor Marcelo Júlio Gomes do Nascimento, de 16 anos, o estudante Marcos Vinicius Cipriano de Andrade, de 15, o segurança Francisco José da Silva Neto, de 33, e os pedreiros Marco Aurélio Alves, de 37, e João da Costa Magalhães, de 25.

Não tinham combinado o encontro. Marco Aurélio saíra para buscar a sobrinha na escola. Ao passar por amigos, um deles disse: "Volta aí, Marquinhos, pra gente conversar." Depois de deixar a menina em casa, ele retornou. Já Marcelo jogava damas com uma amiga quando sentiu dor de cabeça e resolveu ir para casa. No caminho, parou para falar com os amigos. Marcos Vinicius, que tinha ido à casa da irmã pegar um trabalho escolar, e Francisco, que fora dar parabéns à irmã pelo aniversário, igualmente pararam para papear. Quase todos morreram com tiros na cabeça.

A matança ainda não terminara. Por volta das nove e meia tombava Renato Azevedo dos Santos, conhecido como Pelanca, de 30 anos. Ele morava numa casa de dois andares com irmãos, e via TV quando um rapaz veio avisar que seu lava-jato estava aberto. Renato dirigiu-se para lá. Assim que começou a fechar o portão, recebeu dois tiros no rosto. Sua irmã, Silvânia Azevedo, ouviu o barulho e perguntou a uma colega se eram tiros ou fogos. "É tiro lá no lava-jato", a colega respondeu. Silvânia saiu correndo até o local, na avenida Vereador Marinho Hemetério de Oliveira, uma das principais da cidade, quase em frente ao cemitério, e já encontrou o irmão morto, na entrada de seu estabelecimento.

Os assassinos só encerraram seu périplo macabro na rua I, na altura do número 209, em Vila Camorim, no bairro Fanchem, quando acertaram José Augusto Pereira da Silva, de 38 anos, que trabalhava como segurança de uma loja em Bonsucesso e havia saído de casa para comprar cigarros e refrigerante.

Num percurso entre quinze e vinte quilômetros, de Nova Iguaçu a Queimados, o grupo baleou trinta inocentes, em doze pontos diferentes, disparando 96 tiros a partir de um revólver calibre .38 e de cinco pistolas (uma .40, de uso restrito, e quatro calibre PT .380). Algumas vítimas morreram com um único disparo, à curta distância, outras chegaram a levar treze tiros. Os laudos cadavéricos corroboraram que houve execuções, já que algumas vítimas foram encontradas com perfurações no crânio e nas duas mãos por apenas um projétil. Ou seja, estavam rendidas com as mãos na cabeça quando foram mortas. Nenhuma delas ofereceu qualquer resistência.

Em alguns casos, os carrascos abordaram as pessoas com gritos de "polícia, polícia!" para evitar reações, mas em outros atiraram sem se identificar. Ora agiam de cara limpa, ora tapavam o rosto — segundo relatos, com máscaras iguais às do filme *Pânico*. Por vezes fizeram disparos de dentro do carro, que tinha os vidros escurecidos por insulfilm, em outros momentos preferiram agir de fora do veículo. Impressiona a precisão e a frieza dos matadores. Eram profissionais: entre os trinta baleados houve um único sobrevivente: o pedreiro Cledivaldo Humberto da Silva, que estava perto do bar do Caíque.

1º de abril de 2005 — sexta-feira

A chacina tinha terminado poucas horas antes quando, na madrugada de 1º de abril, uma sexta-feira, Zeca Borges foi acordado com um telefonema do tenente-coronel Robson Batalha, que havia assumido o comando do 20º BPM (Mesquita) em fevereiro.

— Tenho um problema aqui e precisava que você verificasse grupos de extermínio de Itaguaí até Magé — disse o comandante.

Ainda sonolento, o coordenador do Disque Denúncia pediu mais detalhes e ouviu que havia acontecido uma chacina com mais de trinta mortos — era o que se estimava àquela altura. Nesse momento, Zeca "acordou". Imediatamente começou a telefonar para os funcionários do DD. Adriana Nunes, à época gerente de análise, despertou com a notícia dada pelo chefe. Levou um choque, saiu de casa às pressas e chegou às sete da manhã à sede do serviço, no 12º andar do prédio do Detran. Zeca e Batalha já haviam traçado as estratégias de recebimento e envio das informações. Logo toda a equipe, do Atendimento à Difusão, da Análise à Comunicação, tinha chegado. Mesmo quem estava de folga foi trabalhar.

O coronel do Exército Romeu Ferreira, subsecretário de Inteligência da Secretaria de Segurança Pública do Estado do Rio de Janeiro, soube da matança ainda de madrugada. Do outro lado da linha, uma voz grave avisava que havia acontecido um problema muito sério e pedia que ele colocasse todos os profissionais do setor de Inteligência a serviço do caso. Assim que desligou, Romeu desencadeou o plano de chamada, instrumento que permite reunir a tropa no mais curto prazo, até quando ela não está nos quartéis, e convocou todo mundo para a Subsecretaria. Ele mesmo chegou antes das seis. Aos poucos foram aparecendo os demais integrantes da equipe, entre eles o capitão José Ramos da Silva Júnior, chefe de uma das seções de análise de criminalidade.

Estavam presentes na Subsecretaria comandada por Romeu tanto os analistas de Inteligência e de Contrainteligência, que trabalham internamente, como os agentes, que atuam nas ruas. Romeu entrou em contato com Zeca e pediu que ele e Adriana fossem a seu gabinete, um andar acima, no prédio do Detran. Na reunião, solicitou a colaboração do Disque Denúncia e falou para ficarem atentos. Uma das primeiras iniciativas do DD foi oferecer uma recompensa de 5 mil reais.

Naquela manhã, ao mesmo tempo em que velavam e enterravam seus mortos, as famílias cobravam uma solução do caso. O prefeito de Queimados, Rogério do Salão, do Partido Liberal (PL), descreveu o episódio como uma "bomba atômica". O alto grau de letalidade da ação levantou a hipótese da participação de policiais. A suspeita fez com que o prefeito de Nova Iguaçu, Lindbergh Farias, do Partido dos Trabalhadores (PT), dissesse aos jornais que duvidava da isenção da investigação:

— A própria polícia está em xeque.

Ele sugeria que o governo do Rio pedisse o apoio de forças federais para agilizar a apuração:

— Não é feio pedir ajuda.

E ela veio. Por decisão do presidente Lula, o secretário de Direitos Humanos, Nilmário Miranda, determinou que a Polícia Federal instaurasse um inquérito paralelo ao da Polícia Civil do Rio, o que ocorreu no próprio dia 1º. A tarefa ficou a cargo do delegado Marcelo Bertolucci, que trabalhava na Superintendência da PF no Rio.

Já a investigação da Polícia Civil se concentrou na Delegacia de Homicídios da Baixada Fluminense (DHBF), comandada pelo delegado Rômulo Vieira. Diante do impacto e da complexidade do caso, ele teve o auxílio do delegado Roberto Cardoso, da 58ª DP (Posse).

— Foram instaurados dois inquéritos policiais porque sempre existe uma desconfiança acerca da imparcialidade da Polícia Civil. E também por uma questão de "vaidade" de quem descobre primeiro e com mais detalhes — diz Rômulo, que havia sido indicado para a DHBF pelo chefe da Polícia Civil, Álvaro Lins, com a justificativa de que a delegacia vinha agindo até então de forma "pouco produtiva".

Dessa forma, os dois inquéritos correram de forma paralela e independente — as duas corporações poderiam, por exemplo, colher depoimentos das mesmas testemunhas e interrogar os mesmos suspeitos.

A tragédia despertou tamanho e justificado horror que, naquele 1º de abril, o DD cadastrou 629 denúncias, das quais 142 foram sobre a chacina. As denúncias iniciais apenas relatavam fatos, caso da ligação atendida por *Francine*. Mas era questão de tempo. Logo ela e seus colegas passariam a receber telefonemas que trariam nomes, todos eles de policiais.

Às 9h52, uma denúncia informava que no 20º Batalhão encontrava-se o cabo Carlos, apelidado de "Carlinhos das Cabras", que estaria envolvido na chacina e havia assassinado dois meses antes um pai de santo que envenenara suas cabras. Mais tarde, às 16h31, outro denunciante ligou para dar o endereço do PM Carlinhos, "integrante de um grupo de extermínio, muito conhecido por cuidar de vários animais, como cabras". Logo depois, às 16h43, uma terceira pessoa telefonou para dizer que o soldado Carlos, lotado no 20º BPM, participara da chacina. O grupo teria usado um Gol prata. Por fim, às 19h17, uma pessoa ligou para informar que o PM "Carlinhos Demônio" atuara na chacina. Todas as quatro denúncias se referiam ao mesmo policial, Carlos Jorge Carvalho. A essa altura, passados quase vinte anos, não há como saber ao certo que caminhos essas quatro denúncias seguiram. De concreto se sabe que Carvalho só seria preso no dia 4, segunda-feira.

Em meio às denúncias que nesse dia 1º apontavam Carvalho como um dos matadores, a operadora *Penélope* atendeu às 13h20 uma chamada que citava outro policial. Segundo o denunciante, o cabo Felipe havia sido o "mentor" da chacina, que teria acontecido em retaliação às investigações de desvios de conduta feitas pelo comando do 20º

Batalhão. Talvez tenham sido os detalhes, ou quem sabe a respiração apressada e o jeito nervoso de falar, mas o certo é que ela percebeu na hora que era uma informação "quente". Diante da urgência, *Penélope* anotou no campo do sistema a expressão "difusão imediata", o que faria com que a denúncia fosse encaminhada mais rapidamente pelo setor de Difusão para ser investigada. Também levantou a mão enquanto digitava, como forma de chamar a atenção de seus chefes — uma praxe quando o operador percebe que está de posse de um dado importante.

Seis minutos depois, às 13h26, alguém ligava para informar mais um nome: Fabiano. Ele e Felipe estariam habituados a trabalhar em dupla e fariam parte de um grupo de extermínio que atuava na região havia mais de um ano. O denunciante revelava ainda os locais onde eles costumavam se reunir e os endereços residenciais.

A partir daí, novas ligações se sucederam nesse dia 1º, uma atrás da outra, num ritmo frenético, apontando os dois, ao lado de cúmplices, como responsáveis por vários crimes bárbaros na Baixada, mas "que não tiveram repercussão", como lamentou um dos que telefonaram. Uma denúncia feita às 21h42, por exemplo, disse que o bando teria assassinado "mais de duzentas pessoas" em pouco mais de dois anos — somente Felipe teria matado mais de cem. Eles foram identificados como o cabo José Augusto Moreira Felipe e o soldado Fabiano Gonçalves Lopes, ambos lotados no 24º BPM (Queimados).

— O clima era elétrico, corrido e tenso. A gente atendia uma chamada atrás da outra, quase todas citando policiais militares — lembra *Penélope*. — Estava todo mundo estarrecido. Pelo número de mortos, pelo fato de as vítimas serem inocentes e por terem sido assassinadas por agentes de segurança, em quem deveríamos confiar.

Passado e presente

O Disque Denúncia não se limitou a atender as ligações que traziam novidades. Desde esse primeiro dia, o DD atuou com um pé no presente e outro no passado, direcionando a atenção também para seu banco de dados, que, àquela altura, já reunia 860 mil denúncias feitas desde a criação do serviço, dez anos antes, e criteriosamente catalogadas e guardadas.

— Não adianta olhar somente do fato para a frente, porque o nível de aproveitamento da denúncia é baixo. Com a divulgação na imprensa, aparece muita gente querendo se vingar ou mesmo ajudar, mas passando informações que nos deixam muito confusos — conta *Marcos*, à época um dos três analistas do DD. — Por isso precisamos também olhar para trás. É lá que estão as pepitas de ouro que a gente consegue garimpar para construir a dinâmica de como funciona um determinado crime.

Esse rico acervo criminal acumulado pelo DD desde 1995, com informações sobre os mais variados crimes, começou a ser analisado na manhã do dia 1º. O banco de dados tem uma parte estruturada, com campos que são fixos. O analista pode pesquisar, por exemplo, por "município", "bairro" ou "nome de rua". E há ainda outra parte, desestruturada, onde ele pode procurar por palavra ou letra. A equipe de analistas começou selecionando dois tópicos, "grupo de extermínio" e "Baixada Fluminense", no período de um ano antes da chacina. Em seguida, foram adicionados novos filtros, como "Nova Iguaçu", "Queimados" e "Duque de Caxias". Depois, foram incluídos crimes como "homicídio", "chacina" e "extorsão".

— Em casos de grande repercussão, como o da chacina, muitas vezes uma denúncia isolada não ajuda muito, mas quando juntamos várias é possível perceber que uma complementa a outra — diz outro analista, *Max*. — Uma denúncia que pode parecer fraca para mim pode ser a última peça para montar o quebra-cabeça. O setor de análise navegou pela imensidão de informações que havia no banco de dados e extraiu o que tinha de mais importante, poupando à polícia o trabalho de ter que ler milhares de denúncias irrelevantes.

A equipe precisou se desdobrar em mutirão, sem hora para entrar e sair. A força-tarefa varou a madrugada de sexta para sábado atendendo ligações e fazendo pesquisas e cruzamentos. Em meio ao caos que tomou conta das salas do serviço, e de uma busca exaustiva num universo de quase 2 mil denúncias antigas, foi se estabelecendo aos poucos um padrão. Nomes que estavam sendo citados nos telefonemas de agora, como Carlos Jorge Carvalho, José Augusto Moreira Felipe e Fabiano Gonçalves Lopes, eram "íntimos frequentadores" do banco de dados, como conta Adriana, já tendo sido acusados pela população de cometer dezenas de crimes.

A urgência era tanta que as informações seguiam dois caminhos. O primeiro deles era o tradicional: elas eram encaminhadas para o setor de Difusão do Disque Denúncia, que as repassava para as diversas instâncias, como chefia da PM e da Polícia Civil, batalhões, delegacias, Corregedoria. Mas, além disso, elas abasteciam também a Subsecretaria de Inteligência da Secretaria de Segurança. Zeca e Adriana subiam cinco, seis vezes por dia até a sala do coronel Romeu, no 13º andar. Quando chegava uma informação que parecia promissora, os atendentes ligavam para os dois primeiros, mesmo de madrugada, e eles contatavam Romeu, que os alimentava com dados novos. Esse material complexo rendia novas associações, num trabalho circular e ininterrupto.

2 de abril de 2005 — sábado

No dia 2 de abril, a primeira página do *Jornal do Brasil* veio com duas grandes reportagens que tratavam de temas fúnebres. No alto, lia-se a manchete "O passo para a imortalidade", com o subtítulo "Com falência gradativa dos órgãos e inconsciente, João Paulo II começa a travessia em direção à vida eterna". A metade de baixo estava ocupada pela matéria "Chacina na Baixada choca o país", com o subtítulo "Entre as 30 vítimas, crianças e trabalhadores. Investigação reforça suspeita de participação de policiais".

O papa morreria naquele sábado e entraria para a história como uma das personalidades mais influentes do século XX. Já o massacre de inocentes na Baixada Fluminense deixaria marcas como a maior ação de extermínio já noticiada até hoje no estado do Rio, embora não tão conhecida como outras duas ocorridas doze anos antes — as chacinas da Candelária e a de Vigário Geral.[3] Para o então prefeito de Nova Iguaçu, Lindbergh Farias, a matança da Baixada espalhava mais pânico do que a de Vigário Geral, que fora localizada. Na Baixada, os autores praticaram "tiro ao alvo" com pedestres ao longo de duas cidades.

Em meio às cobranças, as polícias Civil e Federal faziam diligências. Com base no depoimento de testemunhas, o delegado Bertolucci pediu a prisão temporária de Felipe e Fabiano, o que foi aceito pela Justiça. Eles estavam de licença médica desde o ano anterior. Segundo contaram, foram vítimas de uma tentativa de roubo na Via Dutra. Uma caminhonete emparelhara e os ocupantes atiraram. Felipe levara um tiro e Fabiano machucara-se ao se jogar do carro em movimento. Também foi autorizado o mandado de busca e apreensão em suas casas, onde policiais encontraram dez armas, inclusive pistolas calibre .40, uma pistola calibre .380 e uma escopeta calibre .12. Na residência de Felipe, foi apreendida ainda uma moto Titan 125 sem placa.

O trabalho seguia em ritmo acelerado, nas ruas e também dentro do DD. Na época, somente os atendentes iam aos sábados e domingos, em escala de plantão. Mas todo mundo foi convocado, como se fosse dia normal. Nesse sábado, das 506 denúncias recebidas pelas doze mesas da central telefônica, nada menos do que 133 traziam informações sobre o massacre. Duas delas, atendidas às 14h43 e às 20h47, citavam como cúmplice o soldado Júlio César Amaral de Paula, lotado no Grupamento Especial Tático-Móvel (Getam) do Comando de Policiamento da Baixada (CPB), que tinha sede no 20º Batalhão. De acordo com as denúncias, os pais de Amaral eram donos de um bar em frente ao cemitério de Queimados, onde ele, Felipe e Fabiano costumavam se reunir. O estabelecimento seria um ponto de encontro para a chamada Reunião do Cerol,[4] quando o grupo planejava crimes e comemorava o sucesso das operações. Perto dali haveria uma funerária, cujo dono teria ligações com os acusados. E, em outro ponto próximo, ficaria um ferro-velho onde eram desmanchados automóveis roubados pelo grupo.

Com base nas denúncias que chegavam e na pesquisa feita no banco de dados, Zeca entregou naquele sábado ao secretário de Segurança, Marcelo Itagiba, um relatório preliminar contendo o nome de quinze prováveis envolvidos, todos PMs, entre eles os já citados Felipe, Fabiano, Carvalho e Amaral.

O informante

Enquanto Zeca se encontrava com Itagiba, o delegado Rômulo Vieira preparava-se para interrogar Fabiano e Felipe na Delegacia de Homicídios da Baixada Fluminense. Quem também estava na DHBF era o capitão Ramos, da equipe do coronel Romeu Ferreira. É que a Subsecretaria de Inteligência da Secretaria de Segurança vinha recebendo tanta informação do Disque Denúncia que, ainda em 1º de abril, o subsecretário havia decidido deslocar o setor de análise para a Delegacia de Homicídios da Baixada. Romeu avisou a Ramos: "Vocês vão receber as denúncias lá mesmo. Como estarão do lado do delegado e dos investigadores, vão poder ajudá-los a trabalhar melhor os dados que estão chegando."

Foi o que Ramos fez. Após se apresentar ao delegado Rômulo, o capitão percebeu ao longe que também estava ali na DHBF um rapaz que havia sido seu recruta em 1998, em Volta Redonda, no interior do estado, quando ele ainda era primeiro-tenente e chefiava o serviço de Inteligência do batalhão local, a P2.

— Participei da formação desse soldado — lembra o hoje tenente-coronel Ramos. — Tínhamos muita proximidade. Ele era tão bom que, quando vim de Volta Redonda para o Rio, chamei-o para trabalhar comigo. Eu disse: "Estou precisando de você." Mas ele explicou que preferia trabalhar em Queimados para ficar perto de casa. A partir daí, cada um tomou seu rumo. Eu fui para o setor de Inteligência e ele ficou no 24º Batalhão.

Agora, alguns anos depois, em 2005, eles se reencontravam. Ramos aproximou-se e cumprimentou o soldado Fabiano, animado:

— Rapaz, quanto tempo que não te vejo!

Perguntou como ele e sua família estavam, quis saber se ele continuava no 24º Batalhão e se estava ali na delegacia a trabalho. Ramos notou que o policial ficou tenso ao revê-lo. Parecia sem jeito, com o olho "vidrado". Reparou também que os policiais à sua volta se sentiram incomodados com a abordagem. Até que Fabiano respondeu, constrangido:

— É, capitão, tô aí.

Foi interrompido por um dos policiais, que falou:

— Vem cá, Fabiano, vamos depor.

Ramos ficou sem entender. Até que se deu conta, alarmado, de que seu ex-pupilo era um dos dois PMs que estavam detidos, suspeitos de participação na chacina — o outro era Felipe.

— Na hora, pensei: "Caramba, o Fabiano que foi preso foi o meu soldado? Não acredito que ele participou desse evento." Era um grande profissional, estava cursando História na época, tinha uma família linda, uma filha pequena. Conheci seu pai, que havia sido militar do Exército — lembra Ramos, tentando entender a virada de Fabiano para o crime. — São as más companhias. Depois que você está no meio, fica complicado sair.

Ramos aguardou sozinho, numa sala separada, enquanto Fabiano estava depondo. A certa altura, um policial bateu na porta e avisou que o soldado queria falar com ele, antes de ser levado para o presídio. Ramos concordou, e os dois foram para um canto. Assim que a escolta se afastou, Fabiano desabafou:

— Capitão, graças a Deus que eu encontrei o senhor aqui hoje.

O soldado recordou que tinha entrado para a polícia pelas mãos de Ramos. Em seguida, disse que, ao vê-lo mais cedo, lembrou-se do convite que ele lhe fizera para trabalharem juntos na Subsecretaria de Inteligência, anos antes.

— Eu me arrependo muito. Eu não aceitei e infelizmente entrei nessa, estou nesse meio. Mas o senhor me conhece, sabe como eu sou.

Ao ouvir seu ex-recruta, Ramos imaginou o quanto ele devia estar lamentando a decisão. Fabiano poderia estar na delegacia naquele momento como representante do setor de Inteligência da PM, e não como acusado pela morte de pessoas. O soldado continuou:

— Eu só ia falar em juízo porque não confio em ninguém, só no senhor. Eu tenho medo de ser morto, mas para o senhor eu falo. Conto tudo o que aconteceu. Onde o senhor quiser.

Ramos pediu que ele não falasse mais nada. E o instruiu:

— Você vai para o presídio, eu vou voltar para o meu serviço e conversar com meu chefe. E a partir daí não sei o que pode acontecer. Combinado assim?

— Combinado.

De fato, naquele sábado Fabiano deu depoimentos bem sucintos aos delegados. Em seguida, foi levado para o Batalhão de Polícia de Choque, o BPChoque. Enquanto isso, Ramos tratava de avisar o coronel Romeu sobre o encontro. Ficou decidido que, no dia seguinte, domingo pela manhã, o soldado seria encaminhado à Subsecretaria de Inteligência para se reunir com os dois.

3 de abril de 2005 — domingo

O dia começou com novidades. Às 10h51, uma denúncia citava outro nome-chave como participante da chacina: o cabo Marcos Siqueira Costa, da P2 do 20º BPM.

Um pouco mais tarde, por volta do meio-dia, como acertado na véspera, uma equipe do serviço de Inteligência pegou Fabiano no BPChoque e levou-o para o prédio da Secretaria de Segurança. Quando ele chegou, Ramos bateu à porta do coronel Romeu e perguntou se podia entrar. Disse que era urgente. E avisou:

— Eu tenho uma pessoa aqui que quer falar com o senhor.

Romeu quis saber:

— É sobre aquilo?

Quando ouviu que sim, Romeu autorizou a entrada de Fabiano, que assumiu sem rodeios:

— Eu faço parte dessa quadrilha, mas não concordei com o que eles fizeram e não vou segurar essa. Eles mataram, e estou a fim de denunciar.

Logo de cara, Romeu prometeu que daria segurança a ele e à sua família, e faria de tudo para auxiliá-lo. Fabiano então revelou que fazia parte de um grupo de extermínio. E contou que estivera naquele dia 31 num bar com outros policiais, mas que saíra antes que eles cometessem os crimes. Apontou três nomes que tinham participado da matança. E disse que havia um quarto policial envolvido, mas estava em dúvida entre dois PMs, cujos nomes também citou. As revelações eram graves e pareciam fazer sentido, mas a princípio Romeu ficou desconfiado de sua veracidade.

— A gente não vai acreditar numa história daquela, da maneira que me foi trazida, de graça — justifica hoje em dia.

Para tirar qualquer dúvida, o coronel bateu os nomes citados pelo soldado com os PMs que estavam no relatório do Disque Denúncia. Os cinco constavam do documento. A checagem corroborou o que Fabiano havia dito.

— Sem uma ou outra fonte, eu não teria certeza e não apostaria minhas fichas. Mas com as duas, sim — diz ele, que, como todo mundo, espantou-se com a dimensão da tragédia: — Eles foram a vários lugares, e em cada local pararam para dar uma *matadinha*. Uma coisa de louco.

Após ouvir as revelações de Fabiano, a primeira providência de Romeu foi telefonar para o secretário de Segurança, Marcelo Itagiba. Perguntou onde ele estava e ouviu:

— Almoçando com minha família, por quê?

— Porque eu tenho uma coisa importante. Posso ir aí?

Romeu seguiu até o clube onde Itagiba almoçava. Foram para um canto. Romeu apresentou uma lista de cinco nomes e repetiu o que Fabiano dissera: que haviam sido quatro matadores e que Fabiano estava certo quanto à participação de três deles. E que um dos dois restantes também estava envolvido.

Paralelamente ao trabalho de Romeu, as polícias Civil e Federal corriam atrás de pistas. Segundo a PF, o número de envolvidos era maior do que o citado por Fabiano: seis policiais, incluindo Felipe e o próprio Fabiano. Um deles era o tenente Roberto Assis de Carvalho, chefe da P2 do 24º BPM. Ele se tornara suspeito após Fabiano dizer em depoimento que havia sido chamado por Assis para ajudar nas investigações da chacina. A explicação causou estranheza nos policiais federais, já que Fabiano estava afastado do trabalho por razões médicas.

4 de abril de 2005 — segunda-feira

Na segunda-feira, o coronel Romeu participou de várias reuniões, uma delas com a cúpula da Segurança do estado. Eram cerca de sete pessoas. Repetiu o que havia revelado a Itagiba na véspera. O coronel garantiu que a informação era segura, porque viera de duas fontes: de um informante e do Disque Denúncia. Uma das autoridades presentes mostrou-se descrente, o que desencadeou uma discussão áspera entre os dois.

Nervoso, Romeu saiu da reunião dizendo que não ia discutir mais e que o que havia falado era a verdade. Itagiba teve que mandar uma assistente — uma delegada — chamá-lo de volta. Já mais calmo, ele retornou e reafirmou o que dissera. O tempo se encarregaria de mostrar que Romeu tinha razão. Em menos de três dias, os assassinos já estavam identificados. Faltava, porém, provar a culpa.

A partir daquela conversa inicial, o coronel Romeu passaria a manter contatos periódicos com Fabiano. Da prisão, o soldado enviava a ele revelações que ouvia dos outros policiais presos. As informações eram encaminhadas por celular — que, conforme Fabiano contaria mais tarde em interrogatório, era livremente usado no interior do BEP, o Batalhão Especial Prisional, em Benfica — ou por e-mail. De vez em quando, Fabiano chegava a ser deslocado até a secretaria, para se encontrar pessoalmente com Romeu e Ramos. Fabiano conseguiu descobrir os dados do carro usado na chacina e onde estavam enterradas três armas. Essas evidências técnicas acabaram corroborando as provas testemunhais e auxiliando o inquérito policial.

A semana começou movimentada. Dois PMs incluídos na lista de Fabiano e citados nas denúncias do DD foram presos ainda na segunda-feira. Júlio César Amaral de Paula entregou-se de tarde no 20º BPM, enquanto Carlos Jorge Carvalho foi detido administrativamente por receptação quando a polícia descobriu um carro roubado em sua casa. Até então, ele tinha ficha limpa, após cinco anos na Aeronáutica e oito na PM. Mas o veículo irregular era apenas parte das complicações de Carvalho. Nesse mesmo dia, sua situação se agravou no momento em que o pedreiro Cledivaldo Humberto da Silva, o único sobrevivente, o reconheceu como o homem que o havia atingido.

No dia do crime, Cledivaldo tinha chegado do trabalho, tomado um banho e seguido para beber cerveja com a mulher no bar do Gol, distante menos de trezentos metros do bar do Caíque. Antes mesmo de tomar o primeiro gole, ele ouviu os disparos e saiu à rua para descobrir o que estava acontecendo. Ao ver o carro com insulfilm imaginou que os ocupantes fossem PMs da segunda seção, a P2. Achou que fosse uma abordagem policial como tantas que ocorrem na região. "Até hoje essa violência é algo normal aqui", diria mais tarde.

Mas percebeu que havia algo errado quando um dos atiradores se aproximou do bar do Gol. O policial fez um único disparo, atingindo sua coxa direita, furando seu cartão de crédito e sua carteira de identidade, e levando-o a perder os sentidos. Inicialmente, o nome de Cledivaldo foi divulgado pela polícia como um dos mortos, pois havia o risco de que os criminosos invadissem o hospital para matá-lo. Isso porque ele conhecia Carvalho: era o mesmo policial que, como demonstração de poder, costumava aparecer no bar e impor uma espécie de toque de recolher que encerrava o carteado antes das dez da noite. Como medida de precaução, Cledivaldo foi transferido para outra unidade de saúde, no Rio. Saiu pela porta de trás do hospital, deitado em uma maca, coberto por um lençol. Mais tarde, ele relembrou:

— Tive que ficar uma hora sem me mexer, me fingindo de morto. Era muita dor e eu não podia nem gemer.

Passou dez dias internado no Into, o Instituto Nacional de Traumatologia e Ortopedia. Em seguida, foi transferido para outro estado. Um mês depois, porém, com saudade da mulher, saiu do programa de proteção à testemunha. Teve que passar um tempo se locomovendo de cadeira de rodas e, depois, dois anos e meio de muletas. Em 2015, Cledivaldo lembraria à repórter Bruna Fantti, da *Folha de S.Paulo*, o momento em que foi baleado:

— A sua boca seca. Dá um branco, tudo para e você entende que sua vida acabou ali. Achei que iria morrer. Mas respirei e me virei para a minha mulher. Ela não entendeu o que havia acontecido e me disse: "Eu que bebo e você que cai?" Ela tinha bom humor.

O atentado ao marido fez com que a saúde da mulher, que era cardíaca, piorasse. Passado um ano, ela morreu.

5 de abril de 2005 — terça-feira

A essa altura, já estavam presos onze PMs suspeitos. Alguns em prisão temporária, no BEP, outros em prisão administrativa, em seus batalhões.[5] Parte deles estava sendo investigada por ter participado diretamente da chacina, enquanto os demais tinham sido detidos sob suspeita de terem acobertado ou dado apoio logístico aos colegas, destruindo provas, mexendo nos corpos, recolhendo cápsulas, limpando a cena do crime, ameaçando testemunhas, não prestando socorro às vítimas ou não comunicando o massacre aos superiores.

6 de abril de 2005 — quarta-feira

Com base nas informações fornecidas por Fabiano, a polícia apreendeu o carro usado pelos assassinos. O Gol foi achado na casa de um amigo de Carvalho, que o emprestara ao policial cerca de duas horas antes da chacina. Ele estava com o lacre da placa violado. No veículo, periciado no Instituto de Criminalística Carlos Éboli, foram encontrados três cartuchos de pistola calibre .40, um chip de radiotransmissor e dois fragmentos de impressões digitais. Segundo o delegado da PF Marcelo Bertolucci, os assassinos "tiveram muita preocupação em recolher todos os projéteis, mas eram tantos que sobraram alguns".

7 de abril de 2005 — quinta-feira

Os exames de balística mostraram que as três cápsulas achadas no Gol tinham saído da mesma arma que fizera vítimas nas ruas Geni Saraiva e Ministro Odilon Braga. Foi uma vitória importante da polícia, porque até esse ponto da investigação só havia testemunhos ligando os policiais presos à chacina. As cápsulas forneceram a primeira prova científica associando um dos suspeitos — Carvalho — à matança. E em breve mais evidências surgiriam contra ele. Com o uso de luminol, peritos encontraram também vestígios de sangue nos carpetes traseiros do Gol. Dias depois, a análise do DNA mostraria que pertenciam a duas das vítimas, Francisco José da Silva Neto e Marco Aurélio Alves, mortos no Campo da Banha, em Queimados. O sangue pode ter respingado nos sapatos dos PMs durante o massacre ou ido parar nos calçados quando eles caminharam entre os corpos para identificar possíveis sobreviventes e executá-los.

Os dias seguintes

Ao longo dos dias que se seguiram, as polícias Civil e Federal interrogaram os suspeitos, ouviram novas testemunhas, cumpriram mandados de busca e apreensão, e pediram a prisão de mais PMs e a transformação de prisões administrativas em temporárias e preventivas.[6] O cabo Marcos Siqueira Costa, por exemplo, havia passado três dias detido administrativamente. Foi solto no dia 7 e, horas depois, a pedido da PF, teve a prisão preventiva decretada pela Justiça.

Já Amaral e Carvalho negaram em depoimento terem participado da chacina. Amaral disse que foi ao local do crime apenas para tentar socorrer as vítimas. Carvalho, por sua vez, declarou que pegou o carro do amigo entre sete e oito da noite do dia 31 para ir até Barra de São João, em Casimiro de Abreu, no interior do estado. Foi pagar dois pedreiros que trabalhavam na obra de construção de sua casa. Contou que usou o Gol emprestado porque, como o veículo é a gás, a viagem sairia mais barata. Com relação às cápsulas encontradas no carro, alegou que foram plantadas para incriminá--lo. Mas seu álibi foi contestado por vizinhos, que afirmaram que ele não aparecia em Barra de São João havia mais de dez dias. Já Felipe e Siqueira afirmaram que, na noite dos crimes, estavam em casa com os filhos.

O que de mais relevante aconteceu nesses dias foi o testemunho corajoso de dois homens, pai e filho, que desmontaram de vez os álibis dos quatro PMs. Um deles foi Calvino Simões, dono do bar Águia Branca, na rua Dom Valmor, no Centro de Nova Iguaçu, a cerca de duzentos metros da delegacia da Polícia Federal e a menos de cinco quilômetros do bairro da Posse. Ele afirmou que Carvalho, Amaral, Felipe, Fabiano e Siqueira estiveram à paisana na tarde do dia 31 de março em seu estabelecimento. Primeiro chegou Carvalho, entre cinco e seis da tarde. Em torno de uma hora depois, apareceram os quatro colegas. Fabiano bebeu dois refrigerantes, enquanto os demais tomaram vinte garrafas de 600ml de cerveja.[7] Carvalho, Amaral, Felipe e Siqueira deixaram o local juntos, depois das oito da noite. Fabiano havia saído meia hora antes. Deve ter intuído que o plano macabro não ia dar certo e achou mais prudente se afastar. Em linguagem militar, decidiu abortar a missão, como que pensando: "Se eu entro nessa, acabou minha vida."

O filho de Calvino, Robson, que seria amigo dos PMs, também depôs, confirmando as palavras do pai. Ele disse que, após a saída de Fabiano, os demais continuaram bebendo, conversando e ouvindo músicas na máquina eletrônica do tipo jukebox. Pertencia a Siqueira, que a arrendava ao bar.

15 de abril de 2005

A gerência de análise do DD apresentou no dia 15 de abril às autoridades seu relatório final sobre o caso, intitulado "Barbárie na Baixada Fluminense (BBF)", com a ficha dos quatro principais acusados. Quem aparecia apontado como cabeça da chacina era mesmo o cabo da PM José Augusto Moreira Felipe, de 30 anos, morador de Queimados, lotado na P2 do 24º BPM, "vulgo Felipinho ou Caveira ou Psicopata, pele branca, estatura mediana, compleição normal, cabelos e olhos pretos, cavanhaque". De acordo com as informações, ele utilizava uma escopeta calibre .12 e algumas pistolas frias para que fossem "plantadas" nas suas vítimas. Com isso ele poderia alegar que matara em legítima defesa.

Outro envolvido era o soldado Carlos Jorge Carvalho, de 31 anos, morador de Belford Roxo, lotado no 20º BPM, "vulgo Carlinhos, Carlinhos das Cabras ou Carlinhos Demônio, pele morena, estatura alta, olhos verdes e cabelos castanhos, compleição normal". "Possui tatuagem", dizia o texto, sem especificar qual nem onde.

Um terceiro citado foi o cabo Marcos Siqueira Costa, de 32 anos, morador de Queimados, mas lotado na P2 do 20º BPM, "vulgo Marquinhos ou Cerqueira ou Siqueira ou Marcos, moreno, baixo, olhos e cabelos pretos, magro".

O quarto suspeito mencionado no relatório foi o soldado Júlio César Amaral de Paula, de 31 anos, morador de Queimados, lotado no Getam do Comando de Policiamento da Baixada, "vulgo Amaral, branco, estatura mediana, gordo, cabelos e olhos castanhos".

O documento do DD enumerava dezenas de crimes que eles teriam cometido e revelava onde ficavam os depósitos de armas do grupo, os veículos que usavam e o local onde se reuniam para planejar suas ações. O cenário que se descortinava a partir da leitura de milhares de denúncias antigas e novas — lembrando que ainda precisavam ser apuradas — era desolador.[8] Parecia uma terra sem lei. Ou melhor, com leis próprias, feitas não pelo Estado oficial, mas por representantes de sua banda podre.

Os suspeitos eram conhecidos pelo "caráter violento" e por praticarem sequestros, extorsões, assaltos e agiotagem. Seriam responsáveis por vários homicídios, alguns deles com "requintes de crueldade". Segundo as denúncias, faziam justiça com as próprias mãos. Em certas ocasiões, atuavam por conta própria, em outras, agiam como matadores de aluguel, cometendo assassinatos encomendados por bicheiros, lojistas, políticos. Ainda de acordo com os denunciantes, eles trabalhavam para a cúpula do jogo do bicho, cobrando dívidas, atuando como seguranças de contraventores e fazendo escolta do dinheiro arrecadado das máquinas de caça-níquel.

Entre as vítimas estariam o presidente de uma associação de moradores, o presidente de uma cooperativa de vans que se recusara a pagar propina, o dono de um lava-jato, um empresário, um comerciante, um funcionário da Defesa Civil, um taxista, a testemunha de um assassinato e até uma "idosa" que não teria permitido o namoro da filha com um dos integrantes. Não escapariam nem os colegas, como um policial militar que investigava a morte de uma vendedora de joias e de seu filho, um PM que descobrira irregularidades num ferro-velho, um soldado que sabia demais e um escrivão que apurava a atuação do grupo.

Também teriam sido alvos da sanha justiceira assaltantes, agiotas, traficantes, usuários de drogas, ex-presidiários, estupradores. Certa vez, numa abordagem a um ônibus de sacoleiros que seguia para o Paraguai, eles teriam descoberto quatro ladrões entre os passageiros. Mataram os bandidos e aproveitaram para ficar com o dinheiro que o grupo todo levava para as compras. Estariam por trás ainda de vários desaparecimentos, entre eles o de um comerciante de ouro, um homem que estava sendo extorquido por vender joias sem procedência e o marido de uma vereadora.

Os pontos de desova podiam ser o rio Guandu ou um sítio que funcionava como cemitério clandestino. Em alguns casos, apontavam os denunciantes, quando não dava para sumir com as vítimas, o rabecão chegava logo depois para transportar os corpos e não alarmar os moradores.

A quadrilha parecia agir à vontade, à luz do dia ou à sombra da noite, sem cerimônia. À época analista do DD, *Marcos* tem uma explicação:

— Grupo de extermínio[9] existe há décadas na Baixada Fluminense.[10] Então, a gente achou no banco de dados algumas figurinhas carimbadas. Eram policiais que já tinham sido denunciados, mas que ficaram impunes, porque não houve interesse em investigar. Primeiro, porque ninguém investiga polícia, ainda mais da ativa. E, segundo, porque foram chacinas que não repercutiram. Com isso, não houve pressão da mídia. Com a chacina da Baixada aconteceu diferente, já que foi uma noite inteira de matança, em vários locais e em mais de uma cidade. Senão o que ocorreu teria sido visto como chacinas individuais provocadas por acertos de contas entre traficantes. E mais uma vez ficariam sem punição.

Mesmo quando havia interesse das autoridades em averiguar, isso não era garantia de que haveria consequências. Era comum a PM fazer investigações internas de policiais que participavam de confrontos com mortes. Mas em muitos casos eles acabavam inocentados. A defesa alegava que as ações tinham sido praticadas em auto de resistência,[11] o que significa dizer que os policiais acusados haviam matado a pessoa em legítima defesa. A análise de *Marcos* é consenso entre os que acompanharam o episódio.

— Todos os assassinos acreditavam que ficariam impunes. Chacinas acontecem quase diariamente na Baixada. Matam a varejo, duas pessoas hoje, três amanhã. Só que dessa vez eles mataram no atacado — afirmou ao *Jornal do*

Brasil, em 2006, o advogado João Tancredo, que representou as famílias de 27 vítimas e o único sobrevivente, Cledivaldo Humberto da Silva.

Em um editorial, o jornal *O Globo* do dia 16 de abril reforçou essa tese:

> Foi preciso que o grupo de policiais militares exterminadores da Baixada liquidasse 29 pessoas em questão de horas para que fosse apanhado. Agora, eles são acusados de pelo menos outros 25 assassinatos. E o número pode aumentar. A polícia tem agido com louvável rapidez nas investigações. Mas é inevitável registrar que, enquanto os crimes foram praticados a conta-gotas, o esquadrão da morte operou com grande desenvoltura. A falha deles foi matar por atacado.

O promotor Marcelo Muniz Neves, que à época estava no Tribunal do Júri de Nova Iguaçu, faz coro:

— Se eles tivessem matado cinco, seis pessoas, isso daria capa apenas num jornal local, já que acontece com alguma frequência na região.

Mas 29 pessoas numa noite não era nada corriqueiro e virou notícia em tudo que é canto, da rede de televisão Al Jazeera ao *The New York Times*. No jornal americano, o correspondente Larry Rohter descreveu a ocorrência como "provavelmente o maior banho de sangue da história dessa frequentemente violenta metrópole". Para se ter uma ideia, o enterro de quatro das vítimas atraiu ao bairro de Austin, em Nova Iguaçu, correspondentes da rede de rádio e TV pública do Japão NHK, do jornal canadense *The Globe and Mail*, das agências de notícias AP e Reuters, e da Rádio 1, da Holanda.

O número elevado de mortes não é, porém, a única razão que explica o destaque que o caso ganhou, como observa Adriano Dias, fundador da ComCausa, ONG de promoção e defesa dos direitos humanos que desde o início prestou assistência aos parentes e se engajou na luta por justiça:

— Essa chacina repercutiu muito também por conta da gratuidade com que foi cometida. Se eu, você ou qualquer outro estivesse em pé naquela esquina de Nova Iguaçu naquela noite, seria executado. Essa banalidade é que torna essa chacina um ponto fora da curva.

O promotor Muniz é da mesma opinião. Como eram todos inocentes, a defesa não pôde alegar que "bandido bom é bandido morto".

— Já vi policiais serem absolvidos porque os advogados mostravam a ficha criminal dos mortos. E os jurados, muitos deles incomodados com a violência, acabavam livrando os réus — diz Muniz, lamentando o triste trocadilho usado para justificar a execução de civis com antecedentes: "Não é chacina, é faxina."

Vidas interrompidas

Só que agora eram pessoas comuns, que tiveram a vida encurtada por assassinos que desejavam manter seu poder e seus privilégios financeiros, como se veria no decorrer das investigações. Os jornais trataram de ressaltar a inocência das vítimas e dedicaram largos espaços para mostrar o cotidiano e os sonhos de adolescentes e adultos escolhidos ao acaso para morrer. Ficou evidente o caráter aleatório dos alvos, diante da diversidade de seus perfis: eram estudantes, comerciantes, ambulantes, desempregados, funcionários públicos, marceneiros, pintores, garçons. Onze tinham idades entre 13 e 20 anos. Os demais iam de 23 a 64 anos. Por meio de depoimentos de parentes e amigos, ficamos sabendo, por exemplo, que José Augusto almejava fazer um curso de segurança de trabalho, que Robson queria terminar sua casa, que César alimentava o desejo de comprar um terreno e construir o próprio imóvel, que Marco Aurélio vinha comprando material de construção para reformar a casa velha dos pais.

Numa triste ironia, muitos dos jovens assassinados por PMs tinham vontade de seguir carreira militar.

— Ele queria ser policial e acabou sendo morto por estes bichos fardados de policiais — declarou à imprensa a mãe de Marcelo Júlio Gomes do Nascimento, de 16 anos.

Marcelo também não pôde concretizar outro desejo: casar e ter dois filhos — primeiro um menino, depois uma menina. Ele namorava havia três meses uma adolescente da mesma idade.

Felipe Soares Carlos, a vítima mais nova, que recém-completara 13 anos, planejava ser jogador de futebol ou policial, pois "dizia que iria defender as pessoas", como contou sua mãe, que proibira que ele saísse à noite porque achava perigoso. Naquele 31 de março, o menino havia chegado da escola, tirado a camisa e o tênis, e jantado. Em seguida, fora brincar com os irmãos, entre eles Priscila, de 17 anos. A certa altura, driblou a vigilância dela e foi jogar fliperama no bar.

— Eles estavam em frente de casa, então fui tomar banho. Quando escutei os tiros, nem me preocupei. Depois veio o desespero — lamentou Priscila aos jornais.

A mãe estava desempregada e criava outros seis filhos:

— Meu menino morreu como um bicho — disse ao *Globo*. — Ele só me dava alegria. Pedia sempre para ir para a escola. Quando os irmãos se atrasavam, ele saía correndo na frente.

Outro que queria ter a mesma profissão de seus algozes era Marco Aurélio, que desejava ser sargento. E Leonardo da Silva Moreira, que servia no Exército, tinha planos de seguir a carreira. Douglas, de 14 anos, também aspirava ser militar — não importava se no quartel da PM ou do Exército. Seu padrasto, Sidney, era soldado do 2º Regimento de Cavalaria da Guarda do Exército, o Regimento Andrade Neves.

No dia em que morreu, Douglas havia trabalhado de manhã numa padaria e passado a tarde na Escola Presidente Emílio Garrastazu Médici, onde cursava a quinta série.[12] Na saída, a poucos metros de casa, pediu à avó para jogar fliperama, prometendo que seria só uma ficha. Creuza Regina Xavier permitiu. Afinal, o neto dava duro, conciliando o serviço — trabalhava desde os 7 anos — e os estudos. Mal Creuza chegou em casa e se sentou no sofá, ouviu os tiros. Douglas jogava fliperama quando foi atingido. A mãe do rapaz, Suzane Xavier, correu para o local e encontrou o filho ainda agonizante. O menino tinha duas irmãs mais novas, adorava andar de bicicleta e era chamado pelos avós de cientista porque gostava de montar e desmontar eletrodomésticos.

— Com o dinheiro que ganhava trabalhando na padaria e vendendo pipa, cloro e bombinhas, ele estava comprando peças para montar uma bicicleta — contou a mãe ao *Jornal do Brasil*.

Quem também pretendia ser policial militar era o ladrilheiro Fábio Vasconcellos. Retratado por quem o conheceu como "prestativo, solidário, alegre, trabalhador e inteligente", Fábio estava noivo, tinha uma filha de 9 anos e era um admirador da corporação cujos integrantes o mataram covardemente.

Outro adolescente que morreu no bar ao lado de Felipe e Douglas foi Bruno, de 15 anos. Segundo o retrato traçado pela imprensa, ele gostava de futebol, de jogar bola de gude e de soltar pipa. Mas sua maior paixão era dançar, fosse funk, pagode ou axé music. Bruno havia montado pouco antes, com mais três amigos, o grupo de dança Bonde dos Novinhos, ou BDN.

— Meu filho vivia dançando —, afirmou a *O Globo* Rosimere da Silva Souza.

Ela já havia sofrido outro baque quase dois anos antes, na madrugada do Dia das Mães de 2003, quando foi acordada com a notícia de que seu primogênito, Fabiano, de 18 anos, voltava de um baile funk e, na mesma rua Gama, fora assassinado por homens que atiraram de dentro de um carro.

Outro que, como tantos brasileiros, imaginava um futuro como jogador de futebol era Leonardo Felipe da Silva, de 15 anos. Estudante do primeiro ano do Ensino Médio, havia faltado à escola naquele dia por causa de uma dor de garganta. Sentira-se melhor à noite e foi ao bar jogar totó. Descrito pelos que o conheciam como "caseiro, amável, estudioso e prestativo", levava a sobrinha para a escola todos os dias. Seu maior prazer era pescar com o tio na praia de Grumari.

No bar do Caíque também estava Jonas de Lima Silva, de 19 anos, que havia se casado três anos antes e era pai de Luana, de apenas 9 meses. Ele vinha trabalhando duro porque pretendia fazer a festa de aniversário de 1 ano da filha. Vascaíno, Jonas queria ter conhecido o Maracanã, mas esbarrara na falta de dinheiro e no medo que tinha da violência nos estádios — logo ele, que acabaria morrendo perto de casa.

Outro adolescente era Marcos Vinicius Cipriano de Andrade, de 15 anos, aluno da sétima série. Com um 1,87 metro de altura, tinha o apelido de Pitão e vários planos. Entre eles, o de construir uma biblioteca comunitária para ajudar os vizinhos do bairro. Também queria entrar para a Marinha e fazer um curso de vídeo. Mas a vontade maior era a de ser médico. Sua mãe contou aos jornais:

— Ele disse que queria cuidar das pessoas, "colar" os ossos de quem precisasse.

Seu primo Francisco José da Silva Neto, que trabalhava como fiscal de salão num supermercado de Nilópolis, na Baixada Fluminense, desejava se profissionalizar como cozinheiro. Ele havia acabado de realizar um grande sonho: ser pai. Francisco deixou um filho de 4 meses. Algum tempo depois, no aniversário de 1 ano do menino, na hora do parabéns a família colou uma foto de Francisco na parede, para que ele estivesse de alguma forma presente na festa.

— Não tem coisa mais triste — lamentou ao jornal *O Estado de S. Paulo* Kátia Patrícia, que, além do primo Francisco, perdeu o irmão Marcos Vinicius.

Dono do bar que foi palco do maior número de mortes, Carlos Henrique Paulino de Assis, o Caíque, de 48 anos, escapou por acaso. Ele tinha saído por volta das sete e meia da noite para comprar carne no Centro do bairro de Cerâmica. Acabou encontrando um amigo e ficou para tomar duas cervejas com ele. Ao voltar, viu o tumulto e chorou a perda da mulher, Elizabete.

— Estávamos juntos há trinta anos. Trabalhamos e conseguimos montar o bar. O maior medo dela era que eu morresse antes porque tenho problema de pressão. Em um minuto que eu saí para ir ao açougue tudo aconteceu. Ela era trabalhadora, esses bandidos não podem ter feito isso, eu não consigo acreditar — contou à imprensa.

Elizabete tinha sido camelô. Quando se casou com Carlos Henrique, ele quis que ela deixasse a vida dura de ambulante. Abriram juntos o bar cerca de um ano e meio antes.

A última das vítimas[13] da chacina a morrer, no dia 11 de abril, foi Kênia Modesto Dias, de 27 anos, que cursava o Ensino Médio numa escola pública e era mãe de uma menina de 8 anos.

— Ela era comunicativa, alegre e muito batalhadora — disse uma das tias ao *Globo*, durante o velório. — É um absurdo o que fizeram. São piores do que bichos.

18 de abril de 2005

A Polícia Federal concluiu seu inquérito apenas com provas testemunhais. Em 780 páginas, a peça indiciou nove PMs, entre eles Felipe, Fabiano, Carvalho, Amaral, Siqueira e dois outros dos quais se ouvirá falar mais à frente, Ivonei e Gilmar.

20 de abril de 2005

A tecnologia também ajudou a desmantelar os álibis de Felipe, Carvalho, Amaral e Siqueira, a exemplo do que já haviam permitido os depoimentos de Calvino e Robson. A pedido das polícias, a Justiça autorizou a quebra do sigilo telefônico dos aparelhos usados pelos suspeitos. Com os celulares e por meio das Estações Rádio Base, as Erbs,[14] o promotor Muniz obteve a localização de onde eles estavam em cada momento. Era algo pouco usual na época, mas a decisão se mostrou um acerto.

— As informações fornecidas pelas estações contaram direitinho o percurso do crime, mostrando que Felipe, Carvalho, Amaral e Siqueira, diferentemente do que disseram, percorreram o exato caminho da chacina — diz Muniz.

À medida que as provas técnicas e testemunhais recolhidas pela Polícia Civil e pela Polícia Federal se somavam para não deixar dúvidas sobre o papel dos quatro no massacre, em outro front o cerco aos autores se fechava. A certa altura, quando dividia cela com os colegas de farda, Fabiano escutou Amaral confessar abertamente sua participação. Em outro momento, ouviu Siqueira mencionar Carvalho, Felipe e Amaral como participantes. O coronel Romeu pediu então a Fabiano que tentasse fazer com que Siqueira repetisse a acusação. Mas que, dessa vez, o gravasse — o que foi feito, graças a um aparelho de MP3 colado ao pescoço do informante.

O motivo

Se já não restavam maiores dúvidas sobre os autores, ficava no ar a grande pergunta: o que teria motivado a chacina? Para responder, é preciso recuar cerca de dois meses, até fevereiro, quando o secretário de Segurança, Marcelo Itagiba, desencadeou a Operação Navalha na Carne. "Como o nome diz", explicou Itagiba à imprensa, é a "polícia cortar na própria carne aqueles que não honram a farda e o distintivo". Desde o lançamento, a corporação vinha prendendo uma média de três agentes por dia, fora os que estavam sendo expulsos.

No dia em que aconteceria a chacina, oito policiais tinham tido a prisão temporária decretada durante a manhã, acusados de matar Anderson Ferreira Gomes, de 28 anos, e André Luís de Almeida Sales, de 27. Uma testemunha informou que, na véspera, os dois foram sequestrados em um bar no Parque Araruama, em São João de Meriti, por PMs que ocupavam dois veículos. Uma câmera fixada numa escola próxima ao 15º BPM, em Duque de Caxias, registrou, às quatro e meia da madrugada, o momento em que retiraram dois corpos da mala de um carro, nos fundos do batalhão, e arremessaram a cabeça decapitada de um deles para dentro do pátio, atingindo o vidro dianteiro de uma viatura. O objetivo seria desestabilizar o comandante do 15º, o tenente-coronel Paulo César Lopes, de 51 anos, 32 de polícia, tido como linha-dura, que vinha punindo vários policiais por desvio de conduta. A fiscalização rigorosa de Lopes já havia resultado em dezesseis prisões e 144 detenções. Em 2015, Lopes, já aposentado, contaria à repórter Daniela Lima, de *O Dia*, sobre as prisões dos oito PMs no dia 31 de março: "Assumi o batalhão em crise. Policiais se envolviam com corrupção, com o transporte alternativo. Acabei com isso. Sofri retaliação e jogaram uma cabeça no pátio do batalhão. Dei uma resposta rápida."

O 15º não era o único batalhão que passava por modificações importantes. Desde que assumira o cargo nove meses antes, o comandante-geral da PM, coronel Hudson de Aguiar, de 52 anos, 33 de profissão, tinha trocado o comando de outros quatro batalhões da Baixada, além do 15º: o 20º, o 21º, o 24º e o Comando de Policiamento da Baixada (CPB). Ele explicou ao *Jornal do Brasil* que havia mais de vinte anos não ocorria uma mudança efetiva no policiamento da região. A ideia era modernizar e moralizar o aparelho policial da Baixada botando na chefia oficiais que tinham sido corregedores ou passado pelo setor de Inteligência da corporação.

Mas haveria alguma ligação entre a prisão dos oito policiais acusados de jogar a cabeça no pátio e a chacina, ocorridas no mesmo dia? De início, o coronel Hudson achava que sim, como declarou à época:

— O restante da tropa ficou revoltado [*com as prisões*]. Acredito que alguns tenham feito uso de tóxico e aí houve uma retaliação.

Mas, no decorrer das investigações, ficaria comprovado que nenhum dos nomes envolvidos num caso aparece no outro. Em comum, porém, há a forte suspeita de que as duas ações foram desencadeadas em represália à disciplina imposta nos batalhões da Baixada. Robson Simões, filho de Calvino, confirmou a hipótese de que a chacina era uma tentativa de demonstração de força. Em depoimento aos delegados, disse que quando os acusados se reuniram no bar de seu pai, o Águia Branca, eles anunciaram que iam fazer "uma parada para derrubar" o comando da PM na Baixada.

O relatório final elaborado pelo Disque Denúncia foi na mesma direção: "A decisão de realizar o massacre foi tomada como uma resposta às medidas saneadoras implantadas pelo comando da PM no 15º BPM e em outras unidades da Baixada Fluminense." Era, portanto, uma forma de demarcar território. As mudanças haviam provocado a transferência de policiais para outras ruas e regiões, atrapalhando seus negócios particulares, como o trabalho nas horas de folga em empresas de segurança clandestinas. A perda das principais fontes de renda teria sido o estopim da chacina.

— Eles eram os cachorros loucos da parada, psicopatas que faziam os trabalhos mais sujos, com baixo custo, para sustentar o que havia de mais lucrativo no crime. Todo fim de semana executavam pessoas à luz do dia aqui — diz Adriano Dias, fundador da ONG ComCausa.

Havia mesmo muita coisa em jogo. Os PMs estendiam seus tentáculos por toda parte. O filho do comerciante Calupe disse que Fabiano e Felipe costumavam exigir propina de seu pai para permitir que ele continuasse com o carteado no bar. Para o promotor do caso, Marcelo Muniz, a questão era: se eles cobravam por algo que não era proibido, como jogo de cartas, quanto não exigiriam para permitir que um estabelecimento em situação irregular funcionasse? Por isso mesmo os policiais tinham apostado alto. Estavam decididos a mostrar quem mandava no lugar. Mas que tipo de ação teria esse impacto? Chacinas com quatro ou cinco mortes são, lamentavelmente, comuns na Baixada, a ponto de as pessoas se confundirem — "Foi essa ou a do mês passado?" Talvez o objetivo dos PMs fosse estipular um novo limite, promover uma ação chamativa que, nas palavras de Muniz, "quebrasse o recorde de maior e mais mal elucidada chacina que já houve".

Do outro lado desse cabo de guerra estava o Estado, que, dessa vez, resolveu dar uma resposta à altura. Foi como se as autoridades tivessem dito: "Se a gente não punir, é melhor desistir. Será uma vergonha." Afinal, a morte de 29 inocentes não é a "chacina do mês passado". Os policiais saíram derrotados também porque não imaginavam que um de seus colegas, Fabiano, se tornaria informante. Tampouco concebiam que Calvino e Robson testemunhariam. A atitude surpreendeu o promotor Muniz:

— Pensamos que Calvino teria medo, mas ele peitou.

O receio de Muniz era justificado. Dono de bar costuma temer represálias porque está sempre no mesmo local de trabalho. Por vezes até diz aos investigadores o que aconteceu, mas recua depois no julgamento, alegando que não viu nada porque estava no banheiro ou tinha ido pegar cerveja no depósito. Já Calvino sustentaria sua palavra até o fim.

18 de maio de 2005

Menos de dois meses depois do massacre, foi a vez de a Polícia Civil concluir seu inquérito, incluindo no relatório dois nomes além dos nove citados pela Polícia Federal. As 1.060 páginas trazem provas técnicas e depoimentos de cerca de quarenta testemunhas.

Com base no inquérito, os promotores Marcelo Muniz Neves, Carlos Guilherme Machado, Heloisa Maria da Silva Moura e Mônica Martino Pinheiro Marques ofereceram denúncia contra os onze PMs relacionados pela Polícia Civil. No documento do Ministério Público, eles escrevem:

> As infrações foram praticadas por motivo torpe, eis que os denunciados objetivavam demonstrar a força do grupo nas referidas localidades. Os crimes foram perpetrados mediante recurso que dificultou a defesa das vítimas, colhidas de surpresa pela injustificável barbárie dos acusados. Desde data que não se pode precisar, mas certamente a partir do ano de 2004 e durante o ano de 2005, os denunciados, de forma livre e consciente, associaram-se de forma permanente e estável em quadrilha ou bando com o fim de cometer crimes diversos, em especial homicídios e extorsões mediante sequestro.

Mais tarde, porém, os promotores pediram a impronúncia de quatro deles, por falta de provas.

O primeiro julgamento

A juíza Elizabeth Machado Louro, titular da 4ª Vara Criminal, pronunciou os sete policiais denunciados pelo Ministério Público para irem a júri popular. Cinco — Felipe, Siqueira, Amaral, Carvalho e Fabiano — eram acusados por 29 homicídios duplamente qualificados, uma tentativa de homicídio qualificado e formação de quadrilha. A juíza citou o Disque Denúncia em sua decisão: "Tão logo foi dado início à investigação surgiram vários DDs enunciando, conjunta ou separadamente, os nomes dos cinco como tendo participado."

Outros dois policiais — o soldado Ivonei de Souza, do 24º Batalhão (Queimados), e o cabo Gilmar da Silva Simão, do 3º Batalhão (Méier) — foram acusados somente por formação de quadrilha, e poderiam aguardar o julgamento em liberdade. Ivonei acabaria absolvido. Já Gilmar não chegaria a ser julgado. Foi morto em outubro de 2006. Dos quinze tiros disparados contra seu carro, cinco o acertaram — dois na cabeça. A polícia chegou a suspeitar de queima de arquivo, já que ele havia arrolado em sua defesa uma testemunha que o inocentava e afirmava que vira Felipe, Carvalho, Siqueira e Amaral matarem as quatro vítimas no lava-jato da rua Odilon Braga. Mas havia outra hipótese, mais forte: a de que ele tivesse sido morto por envolvimento com a guerra de máquinas de caça-níquel na Zona Oeste do Rio.

O primeiro a ser julgado, em agosto de 2006, foi Carlos Jorge Carvalho. O caso tinha ido parar nas mãos dos promotores Marcelo Muniz e Frederico Bonfatti porque Nova Iguaçu concentrara o maior número de vítimas: dezessete contra doze de Queimados. Eles trabalharam quase nove meses no inquérito policial e no processo, que contava com 27 volumes e cerca de 5.400 páginas. Foi o maior processo nos 24 anos de Muniz como promotor — e o de maior repercussão, junto com o júri que ele faria em 2013 que levaria à condenação do traficante Fernandinho Beira-Mar a oitenta anos por mandar matar outros criminosos dentro de Bangu 1.

— Eu dormia muito mal, acordava durante a noite, sonhando com isso — diz ele, que na época do julgamento de Carvalho tinha 35 anos.

Muniz chegou a sofrer ameaças, a ponto de ter que andar com seguranças. Antes do julgamento, atendeu um telefonema e escutou: "Você está se expondo demais, acho bom pegar leve." Já uma carta datilografada — para evitar a identificação da letra — alertava: "É melhor parar por aí, se continuar a coisa pode se complicar, não vai ficar bom pra você."

Os parentes das vítimas, por sua vez, alternavam-se entre o medo e a revolta. A jornalista Giulia Escuri, que mora perto da rua Gama, onde aconteceu o maior número de mortes, explica que a violência estatal na Baixada Fluminense tem uma especificidade em relação à que é praticada nas favelas.

— Na favela, a polícia entra, mata e sai. Aqui na Baixada, você mora ao lado do inimigo. Assassinos e vítimas vivem próximos uns dos outros.

Era o caso de Silvânia, irmã de Renato Azevedo, morto ao fechar o portão de seu lava-jato. O cabo Felipe era marido de sua prima. Eles faziam programas de lazer juntos.

Os assassinos eram locais, cometiam as atrocidades na mesma região em que viviam. Impressiona a desenvoltura com que agiam. Para se ter uma ideia, Felipe e Amaral moravam no bairro Fanchem, onde mataram José Augusto Pereira da Silva. Felipe chegou a abraçar o irmão de Douglas e mostrar solidariedade à família, oferecendo-se para ajudar no que fosse preciso.

A sensação de impunidade tinha a ver com o poder despótico que exerciam no lugar. Felipe causava tanto pânico que, mesmo sendo cabo, arrolou como testemunha de defesa em seu julgamento um superior hierárquico, um tenente, que tinha medo dele. As denúncias recebidas pelo DD também alertavam para a má fama dos PMs. Uma delas dizia que Fabiano, Felipe e Amaral eram "temidos por todo mundo". Sobre Felipe, um denunciante disse: "Sua conduta sempre foi reprovada pelos moradores do local." Outro acusou: "Felipe não possui um motivo para matar, basta não simpatizar com uma pessoa para assassiná-la."

Muniz afirma que Felipe despertava ódio e temor "reverenciais". Ao se reunir com os parentes das vítimas, o promotor mostrou as fotos dos acusados para ver se seriam identificados. Ao exibir a imagem de Felipe, uma mulher socou o retrato e disse: "Eu tenho ódio desse cara, eu sei que foi ele."

Apesar do medo, os familiares não se omitiram. Cobraram das autoridades, manifestaram-se na porta do Fórum, procuraram a mídia, deram entrevistas, expuseram o rosto, arriscaram a vida.* O único sobrevivente, Cledivaldo, também não ficou em silêncio. Ele fez questão de depor. Antes do julgamento de Carvalho, disse ao promotor:

— Encontrei um negócio que acho que vai interessar.

E mostrou a carteira de identidade furada pelo tiro disparado por Carvalho. Muniz decidiu usar o relato durante sua fala aos jurados:

— Nada espelha melhor a imagem de um cidadão que sua identidade. É um símbolo. Aquele disparo que atingiu Cledivaldo e furou sua carteira foi um tiro da barbárie na cidadania e nos valores da sociedade.

O promotor lembra que, no intervalo de quase um ano e meio que separou a prisão dos quatro PMs do julgamento de Carvalho, o número de assassinatos em Queimados entrou numa curva descendente.[15]

— Eles eram um poder paralelo, faziam o que queriam. Queimados tinha um índice altíssimo de homicídios, uns 20 por mês. Até que zerou num determinado mês.

Para ilustrar o impacto causado pelas prisões na redução da letalidade, o promotor recorreu em sua fala no Tribunal do Júri ao livro *As intermitências da morte*, romance do escritor português José Saramago em que a morte resolve fazer greve.

— Eu disse aos jurados: "Parodiando mestre Saramago, parou-se de morrer."

---

* Para saber mais sobre a luta dos parentes das vítimas, leia o Apêndice 6 — "Nossos mortos têm voz".

No julgamento, um sobrinho de José Augusto Pereira da Silva disse que Carvalho saltou do carro e gritou: "Polícia, meu irmão, polícia, não adianta!" O tio correu, mas foi atingido por vários tiros.

Após dois dias de julgamento — da manhã de 21 ao fim da tarde de 23 de agosto de 2006 —, os sete jurados, cinco mulheres e dois homens, deram o veredito unânime: culpado. Em sua sentença, a juíza Elizabeth Machado Louro ressaltou que a ousadia demonstrada pelos réus, escudada na sua condição de PMs, trouxe-lhes a expectativa de impunidade. Ela disse esperar que a decisão fosse um marco no combate à mentalidade do justiceiro.

A magistrada afirmou ainda que a chacina causou pânico, terror e desesperança na população local, principalmente porque os crimes foram praticados por aqueles que, por seus cargos, deveriam estar comprometidos com a garantia da ordem e com a proteção da vida. Ela falou que o "lastimável episódio serviu para golpear ainda mais profundamente a já tão combalida confiança que, lamentavelmente, os cidadãos depositam nas instituições policiais".

Carlos Jorge Carvalho acabou condenado a 543 anos de prisão.

27 de novembro de 2006

Pouco mais de três meses depois da sentença, Marcos Siqueira Costa participou, das seis da tarde às oito da noite, de um culto evangélico no Batalhão Especial Prisional. Durante a cerimônia, emocionou-se e declarou publicamente que, no dia seguinte, ia confessar e revelar o que sabia. Ao voltar para sua cela, Siqueira fez uma oração e se deitou por volta da meia-noite e meia. Acordou com dois homens atacando-o, mas sobreviveu. Levou oito facadas, no rosto, no peito e na barriga. Siqueira identificou como autores do atentado dois cúmplices, Carvalho e Felipe, que teriam contado com a conivência dos carcereiros, já que o cadeado da cela estava aberto.

Esse foi o risco que Fabiano correu ao entregar seus companheiros. Num depoimento de quase três horas à juíza em que revelou que atuara como informante durante um ano para o coronel Romeu, ele disse que os outros PMs tinham noção de que havia um delator, mas não sabiam quem era. Ou talvez soubessem: uma denúncia recebida pelo DD informava que Felipe e Amaral haviam combinado com um PM amigo de envenenar Fabiano por achar que ele os denunciara. Por medida de segurança, ele acabou transferido do Batalhão Especial Prisional.

Os demais julgamentos

Em dezembro de 2007, foi a vez de José Augusto Moreira Felipe ser julgado. Ele recebeu uma pena de 542 anos. Na sentença, a juíza Elizabeth Machado Louro lembra o histórico de Felipe, que "ostenta catorze antecedentes criminais, em sua maioria delitos graves, pelo menos seis deles contra a vida, os quais, conquanto deles não tenha resultado condenação até o presente momento, devem ser levados em conta".

Em setembro de 2009, foram a julgamento Júlio César Amaral de Paula e Marcos Siqueira Costa, sentenciados, respectivamente, a 543 anos e a 480 anos e seis meses de cadeia. Os quatro policiais continuam presos.[16]

Na época da chacina, acreditava-se que o grupo obedecia às ordens de um chefe. O próprio tenente-coronel Paulo César Lopes, comandante do 15º Batalhão, chegou a dizer em junho de 2005, em depoimento na Comissão de Direitos Humanos da Assembleia Legislativa do Rio de Janeiro (Alerj):

— Existe um peixe graúdo e ele vai cair na rede.

O deputado Paulo Melo, do PMDB, também recorreu a uma metáfora do reino animal:

— A carrocinha prendeu os vira-latas, mas o importante é pegar o pastor-alemão.

Embora existissem fortes suspeitas de que havia um mentor intelectual, ninguém chegou a ser processado, como conta Muniz:

— Parecia uma coisa orquestrada. A gente tem quase certeza de que havia um mandante, mas o nome não aparece em lugar nenhum.

Ou seja, o pastor-alemão escapou impune.

Quanto a Fabiano, ele foi julgado em março de 2008 e acabou condenado, somente por crime de quadrilha armada, a uma pena de sete anos de reclusão em regime fechado.

— Depois que Fabiano foi colocado em liberdade eu nunca mais soube dele — diz o tenente-coronel Ramos.

A condenação dos PMs foi um marco nos julgamentos de chacina na Baixada.

— A certeza da impunidade gera arrogância — diz o promotor Muniz. — Eles acharam que iam sair ilesos, mesmo após fazer um negócio desse tamanho, em que foram vistos de cara limpa tomando cerveja num bar, em que havia várias testemunhas e em que um dos colegas desistiu de participar.

Muniz se diz impressionado com o trabalho do Disque Denúncia: foram tantas as informações recebidas que a recompensa de 5 mil reais nem chegou a ser paga. Segundo o promotor, as denúncias novas lhe deram a certeza de que a linha de investigação da polícia estava correta e os relatos antigos colaboraram muito para a acusação de formação de quadrilha.

Esse caso ajudou Adriana Nunes a sanar uma questão que a inquietava fazia tempo. Ela sempre se perguntou sobre qual era a missão do DD:

— Eu me questionava sobre o que estávamos fazendo de diferente para que o cenário se modificasse. Era frustrante conviver com o fato de que as denúncias chegavam, eram repassadas e os crimes se repetiam.

Como se viu, já havia centenas de denúncias isoladas sobre os policiais da chacina da Baixada no banco de dados, mas eles nunca tinham sido pegos. Até que, com a gerência de análise, aquelas informações acumuladas ao longo dos anos passaram a ser agrupadas, comparadas, filtradas e reunidas em relatórios e dossiês.*

---

* Para saber mais sobre a gerência de análise, leia o Apêndice 7 — "Uma central de inteligência".

— A chacina é um caso muito emblemático para o Disque Denúncia, um marco no nosso trabalho, o momento mais grandioso em termos de produção de conhecimento da nossa história — lembra Adriana.

Dez anos depois de surgir, o Disque Denúncia deixava de ser visto como um "grande *call center*" e passava a ser encarado, enfim, como uma agência de inteligência.

4. O dia em que o Rio chorou

2007

8 de fevereiro de 2007 — o dia seguinte à tragédia

Karine tinha chegado ao trabalho às sete da manhã, rendendo o turno da madrugada. Atendia o telefone com a saudação costumeira, lutando para disfarçar a dor e segurar o choro:

— Bom dia, o Disque Denúncia agradece a sua ligação.

Ela ainda não se recuperara do impacto da notícia que vira na TV na noite anterior. O menino João Hélio, de 6 anos, havia sido morto após ficar preso pelo cinto de segurança e ser arrastado por bandidos que roubaram o carro de sua família.

Diferentemente de *Karine*, sua chefe, Claudia, só soube do caso ao chegar ao serviço. Mas, assim que descobriu, ela se viu tomada pelos mesmos sentimentos que dominavam os colegas: um misto de pavor, indignação, choque e tristeza. Apesar do abalo emocional, Claudia sabia a importância de seu trabalho e estava certa de que alguém ligaria. Reuniu os atendentes e pediu que mantivessem o controle e prestassem atenção redobrada nos telefonemas, para que pudessem coletar o maior número possível de informações. Para encorajar a equipe, comparou o DD a um grande hospital público de emergência, como o Souza Aguiar ou o Miguel Couto. "Gente, faz de conta que estamos num pronto-socorro. E que somos os médicos. Esses profissionais pegam os casos mais escabrosos, mas, apesar do drama, não podem ficar paralisados. Fazem de tudo para salvar vidas. Infelizmente, não temos o menino, mas temos que pegar esses caras."

Claudia ainda hoje lembra que, apesar do estímulo, não foi fácil manter o equilíbrio.

— Tinha atendente que pedia: "Posso ir ao banheiro rapidinho?" Na verdade, a pessoa estava indo chorar. Minha vontade também era a de não estar ali. Chorar todo mundo chorou, não tinha como evitar. Mas falei: "Vamos tentar engolir o choro, agir e deixar para desabar depois." Teve gente que disse: "Não estou legal." Eu respondia: "Se não tiver condições, passa para o colega."

Apesar de abalados, todos disseram que queriam continuar. Afinal, aqueles profissionais haviam passado por uma seleção rigorosa para estar ali.*

---

* Para saber mais sobre o setor de Atendimento e a seleção dos atendentes, leia o Apêndice 8 — "A porta de entrada do Disque Denúncia".

A exemplo de Claudia, Adriana Nunes, gerente operacional do DD, também havia chegado ao escritório sem ter ideia do que acontecera. Morava em Jacarepaguá e gastara mais de uma hora na condução até o Centro da cidade. Não tinha visto TV na véspera nem lido ainda os jornais do dia. Assim que chegou ao trabalho, botou a bolsa em sua sala e seguiu em direção ao setor de Atendimento. No caminho, olhou pelo vidro e levou um susto ao ver que alguns atendentes estavam mudos, cabisbaixos, os olhos molhados, a cara inchada de tanto chorar.

— Era um silêncio ensurdecedor — recorda-se ela, que ainda hoje chora ao falar sobre o episódio.

Imaginou que havia acontecido uma tragédia com algum colega. Abriu às pressas a porta do *call center* e, de repente, estancou em frente à velha TV que ficava em cima de um arquivo, com um Bombril na antena para melhorar a recepção. Só aí ouviu a notícia do crime e ficou sem ação. Por pouco tempo.

— Atendemos todos os tipos de ligação. Escutamos mulheres sendo agredidas, crianças chorando, pedidos de socorro, tiroteios. Mas quando você se depara com uma barbaridade dessas tem a certeza de que precisa fazer alguma coisa — conta Adriana.

Consciente da missão que tinha em mãos, ela logo se recompôs. Reuniu a equipe e reforçou o pedido de Claudia: "Sei que aconteceu uma coisa terrível, mas temos que trabalhar." Em seguida, ligou para Zeca Borges e comentou com seu chefe: "Foi uma barbárie, está um impacto muito grande aqui."

Adriana havia assumido o cargo dois anos antes, quando Zeca foi morar em Recife para implementar o Disque Denúncia em Pernambuco — na época o estado sofria com o alto número de sequestros, e as autoridades locais quiseram conhecer um modelo que se mostrava extremamente eficaz no combate à violência.[1] Ele promovera Adriana, até então gerente de análise, porque precisava de alguém de confiança para ficar em seu lugar e fazer a interlocução com a imprensa. Na conversa telefônica, os dois decidiram oferecer uma recompensa de 2 mil reais por alguma informação que levasse à prisão dos envolvidos.

Logo depois, uma equipe da TV Globo apareceu no DD, e Adriana aproveitou a oportunidade para anunciar a recompensa ao vivo no telejornal. A certa altura da entrevista, sem forças, calou-se, incapaz de continuar. Após alguns segundos em silêncio, desabafou para os telespectadores: "Isso é inacreditável." Era tão inacreditável que os aparelhos não paravam de tocar dentro do DD. O problema é que nada de concreto aparecia.

— Começou a bater um desespero muito grande porque não chegavam informações relevantes — lembra Adriana.

Até que, às 12h15, *Karine* atendeu mais uma ligação. Faltavam quinze minutos para ela encerrar o expediente. Do outro lado da linha, um homem, com voz tensa, começou a falar, como se quisesse tirar um peso dos ombros. *Karine* percebeu a afobação, mas teve que seguir o protocolo e pedir primeiro alguns dados básicos, como o endereço onde acontecera o problema e algum ponto de referência que ajudasse na localização. Fazia sentido anotar logo onde o fato havia ocorrido. Por vezes, a ligação cai antes que o denunciante diga o local. Também é comum que ele sinta medo e desligue sem completar a denúncia. Ou pode estar tão desesperado que acabe se esquecendo de passar informações importantes.

Karine sabia que havia urgência e cobrança da sociedade por respostas imediatas. Mas ainda assim alongou a ligação um pouco mais do que o costume. Tentou extrair o máximo de detalhes não apenas porque isso tinha sido reforçado por Claudia, mas igualmente porque percebeu a importância do que estava ouvindo. Por princípio, ela acredita em todas as denúncias. "Não me cabe julgar se a pessoa está falando a verdade ou não. Se ela se dispôs a ligar, é porque foi pedir ajuda", costuma explicar. Mas algo ali, naquele momento, fez *Karine* perceber que não se tratava de um telefonema comum. Talvez porque o homem, apesar de aflito, mostrasse segurança. Dava para notar que ele queria de fato ajudar. Era como se dissesse: "Eu *sei* dessa informação e quero passar para vocês resolverem."

Na denúncia de número 2.518, datada daquele dia 8 de fevereiro de 2007, o desconhecido informava que, na rua Borneo, 238, em Madureira, perto da Viação Icaraí, transversal à rua Miguel Rangel, poderia ser encontrado Diego, integrante de uma quadrilha que roubava motoristas e taxistas naquela localidade.

Houve mais dados que, esses sim, aguçaram os ouvidos de *Karine*: "Segundo os comentários, ele pode ser um dos assaltantes que arrastaram o menino João Hélio, que ficou preso pelo cinto de segurança, após um assalto." O denunciante narrava ainda que, na noite anterior, a do crime, "o indivíduo foi visto pulando o muro de um terreno baldio, ao lado de um prédio abandonado e de uma casa que vende bebidas". E encerrava pedindo providências.

Ao se despedir, *Karine* agradeceu e avisou que ele poderia ficar tranquilo porque o relato seria enviado para as autoridades averiguarem. "E você pode retornar caso tenha outras informações", acrescentou, dando um código para ele anotar. A senha também serviria para receber a recompensa, caso a denúncia resultasse positiva — mais tarde, diante do clamor popular, o valor do prêmio passaria de 2 mil para 4 mil reais.

Havia mesmo uma boa chance de que a queixa tivesse fundamento, como *Karine* intuía. Afinal, a rua Borneo ficava próxima à rua Caiari, onde o veículo fora deixado pelos ladrões após o crime.

No formulário que os operadores preenchem, há um campo em que eles podem anotar quando a denúncia deve ser encaminhada imediatamente para o setor de Difusão, a cargo de policiais militares cedidos pelo estado. Foi o que *Karine* fez. Assim que um dos agentes leu o texto, enviou-o para a P2, o serviço reservado, do 9º Batalhão (Rocha Miranda), responsável pela área. O subcomandante do 9º, o major Marcelo Malheiros, foi avisado e comunicou a seu chefe, o tenente-coronel Robson Batalha, que havia assumido o batalhão na véspera, poucas horas antes do crime. Era vital que o caso fosse resolvido logo, e Batalha tratou de comandar pessoalmente a operação. Seguiu para lá com Malheiros e entre dez e quinze policiais.

— Não sabíamos o que íamos encontrar, se ia ter gente armada, então achei melhor juntar um contingente maior de policiais para fazer um cerco total na casa — explica o hoje coronel Malheiros.

Enquanto a equipe se dirigia para o número 238 da rua Borneo, chegavam mais duas denúncias relacionando Diego ao crime. As duas citavam seu apelido: São Caetano. Era chamado assim em razão de usar camisas do time de futebol da região do ABC paulista. A primeira ligação foi feita às 14h20. O denunciante indicava o mesmo endereço, rua Borneo, 238, em Madureira, e dizia que ali morava Diego, "vulgo São Caetano", um dos responsáveis pelo homicídio de João Hélio. Também apontava que, perto dali, na rua Santo Sepulcro, vivia "Pinto", um comparsa de Diego igualmente envolvido no crime.[2] "Eles vêm roubando veículos na região há mais de dois meses, que desmontam na rua Caiari, num largo, próximo ao lugar conhecido como Escadinha", acusou o informante.

Trinta e quatro minutos mais tarde, outra pessoa telefonava para o DD e dizia que, na mesma rua Borneo, próximo à garagem da Viação Acari, em frente a um sapateiro, morava São Caetano, que participara do assalto que resultara na morte de João Hélio. "Ele foi visto correndo pela rua Santo Sepulcro, ontem (dia 7 de fevereiro), por volta das dez da noite", acrescentava a testemunha, indicando ainda que São Caetano costumava roubar automóveis na região. O homem falava também que no sábado anterior, dia 3, Diego atropelara uma senhora nessa mesma rua Santo Sepulcro. Por fim, informava que moradores viram o rapaz chegando "transtornado" após o assalto que causara a morte do menino de 6 anos.

A essa altura, os PMs do 9º já haviam chegado ao endereço anotado por *Karine*. A casa de número 238 da rua Borneo foi cercada, mas não houve resistência. Os policiais encontraram somente um homem, Kuelginaldo Marinho da Silva, e sua mulher, Maria Cinara de Oliveira. Eles eram, respectivamente, pai e madrasta de Diego Nascimento da Silva. Ou seja, havia, de fato, um rapaz com esse nome morando no local.

Enquanto Batalha e seus comandados interrogavam o casal e vasculhavam o imóvel, Malheiros conversava com uma vizinha deles que lavava a calçada. Ela ficara assustada com a movimentação e quis saber o que estava acontecendo. Acabou dando detalhes sobre Kuelginaldo e Maria Cinara. Disse que ele era uma "pessoa de bem", que estava "encostado" pelo INSS e que ela havia sido mandada embora do emprego pouco antes. Malheiros agradeceu, entrou e juntou-se ao grupo na cozinha. Kuelginaldo dizia não saber nada sobre o caso. O major resolveu aproveitar o que escutara da vizinha:

— Não adianta mentir pra gente, porque já sabemos de tudo. O senhor está encostado pelo INSS e a senhora perdeu o emprego agora.

Ele se assustou:

— Pior que o senhor sabe de tudo mesmo.

— Então pronto. Para com esse negócio. Não adianta ficar escondendo, a gente veio atrás de seu filho, fala a verdade.

Foi aí que Kuelginaldo resolveu colaborar.

— Meu filho está realmente metido com esse negócio. Já falei pra ele sair dessa vida, mas ele não me respeita.

Kuelginaldo contou que Diego estivera em casa de madrugada, trocara de roupa e saíra. Mas garantia que nenhum dos dois sabia onde ele estava naquele momento.

Batalha e Malheiros tinham que seguir para o enterro de João Hélio, no cemitério Jardim da Saudade, em Sulacap, na Zona Oeste. Lá estariam o secretário estadual de Segurança Pública, José Mariano Beltrame, e o comandante-geral da PM, coronel Ubiratan Ângelo. Batalha foi antes. Quando já haviam ido embora quase todos os policiais, Malheiros resolveu arriscar. Aproximou-se de Maria Cinara, deu a ela dois números de telefone fixo e explicou que eram do oficial do dia do 9º e da P2 do Batalhão.

— Se a senhora souber de alguma coisa a mais e quiser colaborar, me ligue — disse ele, sem muita esperança de que ela realmente ligaria.

— Tá bom, qualquer coisa que eu souber eu ligo.

Em seguida, o casal foi encaminhado para a delegacia. Nervoso, Kuelginaldo, que trabalhava como porteiro numa escola da região, chegou a chorar e precisou tomar calmantes para conseguir prestar depoimento.

— Não tenho nada a ver com isso, sou um sofredor — disse, explicando que não tinha um bom relacionamento com o filho, que morava num cômodo isolado no quintal, nos fundos da casa, por causa de desavenças familiares.

No depoimento, tomado por volta das 16h40, ele contou que o filho havia sido preso em flagrante em meados de janeiro por dois homens que se disseram policiais. A dupla levara Diego algemado para casa e informara que ele tinha roubado um carro. Mas, em vez de conduzi-lo para a delegacia, os supostos agentes liberaram o rapaz e ficaram com o veículo que Diego roubara.

Maria Cinara deu mais detalhes sobre o enteado, que havia completado 18 anos havia menos de três meses, no dia 23 de novembro. O marido já havia expulsado o filho de casa, mas teria sido ameaçado por ele. Ainda na delegacia, ele lamentou aos repórteres:

— A gente põe filho no mundo sem saber o que eles vão fazer no futuro. Trabalho o dia todo e não conheço os amigos dele. Eu brigava, conversava, mas não adiantou. O que Diego fez foi uma coisa bárbara. Não tive dúvidas em ajudar a polícia quando me procuraram. Nunca compactuei com coisa errada.

Ele disse que, até setembro do ano anterior, o filho "era de boa índole". Trabalhara como cobrador de transporte alternativo, numa Kombi, e vendia vale-transporte. Mas vinha exibindo um comportamento diferente nos últimos tempos. Emagrecera, passava muitas noites fora de casa e andava com outros jovens que seriam ladrões de carro.

Com as informações dadas pelo casal, a participação de Diego na morte de João Hélio tornava-se cada vez mais provável. O próprio Kuelginaldo acreditava que o filho havia tomado parte no assalto. Ele estava chocado com a selvageria do crime e se prontificou a ajudar nas buscas, cedendo uma foto do jovem.

Enquanto isso, João Hélio era sepultado, diante de cerca de sessenta pessoas. O clima era de comoção e de revolta.

Aline, a irmã do menino, estava inconsolável, implorando para ter seu "bebê" de volta, e foi amparada pelos pais. Ao lado do caixão branco com adereços dourados, Rosa, a mãe, chorava e não queria se separar do filho. A avó, Nelma, desabafou quando o caixão começou a ser coberto pela terra:

— É muita dor. Arrancaram a vida do meu netinho, quando isso vai acabar?

Antes, no velório, Beltrame e Ubiratan choraram junto ao corpo e lamentaram a banalização da vida. O secretário de Segurança se revelou "estarrecido", classificou o crime de bárbaro e disse que, como pai, podia fazer ideia da dimensão da dor da família. E prometeu aumentar o policiamento.

Seria bom mesmo. Afinal, ao longo de toda a fuga, os criminosos não se depararam com nenhum policial, embora tenham passado por três delegacias, uma cabine da PM, o quartel do Corpo de Bombeiros de Campinho, o quartel do Exército e o Fórum de Cascadura. Ao *Globo*, o pai de João Hélio, Elson, falava em falha policial:

— Ele foi arrastado por sete quilômetros sem que uma viatura parasse o carro. Essa é uma situação assustadora que serve para provar que o carioca está totalmente desprotegido.

O coronel Ubiratan esquivou-se: a culpa não era da polícia e sim dos criminosos. O crime só teria sido evitado se o policiamento estivesse na rua em que aconteceu.

Durante o enterro, tocou o celular de Malheiros. Era o oficial do dia, ligando do telefone fixo do 9º. Maria Cinara havia entrado em contato. Logo após o oficial sair da casa, Diego ligara para ela e ameaçara:

— Se você falar alguma coisa com a polícia sobre mim, eu vou te matar!

Acuada, ela percebeu que era melhor denunciá-lo para que ele fosse preso. Maria Cinara anotou o número que aparecia no visor do telefone fixo da casa e repassou-o para o batalhão.

Assim que ouviu o relato do oficial do dia, Malheiros contou a história a Batalha, que estava ao seu lado no cemitério. O comandante pediu à central do Quartel-General da corporação que levantasse de onde partira a ligação de Diego e descobriu que era de um orelhão localizado no Morro São José da Pedra, que fica em frente ao Mercadão de Madureira.

Malheiros conhecia bem a região e ofereceu-se para ir até lá. Batalha concordou, mas ressaltou que trouxesse Diego seguindo as regras.

— Ele me disse que o rapaz não poderia passar por nenhum tipo de situação que não fosse o previsto na lei — lembra Malheiros. — Falou: "A tropa está muito emocionada com essa história, não deixa ninguém cometer nenhum excesso."

De fato, a comoção provocada pelo caso havia atingido também a corporação. Batalha preocupava-se em evitar uma troca de tiros. O risco era que, em caso de morte, pudesse parecer que a polícia havia arranjado um bode expiatório para dar uma satisfação rápida à sociedade. Malheiros garantiu ao chefe:

— O senhor pode ficar tranquilo que não vai acontecer nada demais.

Malheiros seguiu com duas viaturas em diligência para a favela. Subiram a pé o morro e, na parte de cima, onde fica uma igreja, dobraram à esquerda. Por volta das três da tarde, depararam-se com três rapazes sentados numa escada no alto da elevação, num trecho conhecido como Beco da Vovó. Assim que foram abordados pelos policiais, um deles levantou os braços e disse: "Perdi!" Era Diego.

— O fato havia sido tão grave que Diego achou que ia morrer quando a polícia botasse a mão nele. Então se rendeu — conta Malheiros, revelando que outro dos jovens chegou a sujar as calças de tanto medo.

Com o grupo não foram encontradas armas ou drogas. Os três foram algemados e levados no camburão para a 30ª DP (Marechal Hermes), onde os outros dois tiveram sua identidade descoberta: Ezequiel Toledo de Lima, de 16 anos, e Tiago Abreu Mattos, de 19 anos. Assim que os suspeitos foram presos, Malheiros ligou para Batalha, que duvidou do desfecho rápido.

— O secretário de Segurança e o comandante-geral da PM estão aqui do meu lado. Não brinca com isso, não — disse ele.

— Não estou brincando, não, coronel, prendemos eles!

Em seu depoimento, Diego confessou que ele e Ezequiel haviam participado do assalto que resultara na morte de João Hélio. Contou ainda que os dois haviam roubado na semana anterior outro carro, disse que os veículos eram levados somente para que ficassem com os objetos das vítimas e falou que, após o crime, fora dormir na casa do comparsa. Ezequiel confirmou o que Diego dissera. Já

Tiago negou qualquer vínculo criminoso com a dupla e acabou liberado. Segundo os policiais, ele também seria da quadrilha, mas não teria feito parte da ação que resultara na morte de João Hélio.

Haviam se passado apenas dezoito horas desde o assassinato de João Hélio, e já estavam detidos dois fortes suspeitos graças ao Disque Denúncia e à polícia.

A notícia da prisão de Diego havia se espalhado. Revoltados, moradores foram até a porta da delegacia de Marechal Hermes mostrar sua indignação. Perguntavam se "o monstro" ainda estava ali e sugeriam que ele fosse arrastado também.

O delegado titular da 30º DP, Hércules Pires do Nascimento, elogiou Kuelginaldo por não ter se omitido e ter ajudado na captura do filho, já que não concordava com as atitudes do rapaz.

Adriana Nunes observa que o gesto do porteiro foi inédito: nunca na história do Disque Denúncia um pai havia colaborado com a prisão do filho, investigado a partir de uma ligação para o DD. Mas o comportamento de Kuelginaldo não foi suficiente para aplacar a fúria popular. Os jornais noticiaram que sua casa foi apedrejada na madrugada do dia 8 para o dia 9. Ele, a mulher e os outros dois filhos tiveram que sair do local.

7 de fevereiro de 2007 — a barbárie

O crime que provocou consternação generalizada e mobilizou a cidade aconteceu em uma noite de verão na Zona

Norte. No dia 7 de fevereiro de 2007, a contadora Rosa Cristina Fernandes, de 41 anos, voltava para casa de carro com os filhos João Hélio e Aline Fernandes, de 13 anos, depois de sair do centro espírita Léon Denis, em Bento Ribeiro. Como era de praxe às quartas-feiras, os três haviam participado junto com outras 1.200 pessoas de um estudo do Evangelho.

Por volta das 21h15, ela seguia pela rua João Vicente, em Oswaldo Cruz, quando o sinal da esquina com a Estrada Henrique de Melo fechou. O carro que estava à sua frente parou. Rosa hesitou e pensou em seguir adiante, passando pelo lado esquerdo do outro veículo. Afinal, era de noite e estava com os filhos no carro. Mas desistiu ao ver que era um táxi. Isso lhe deu uma sensação de segurança. Imaginou, diria mais tarde, que dentro dele estivessem "pessoas de bem".

Longe disso. Assim que parou, dois jovens armados saltaram do táxi. Um deles dirigiu-se para o seu lado enquanto o outro seguiu para o banco do carona, onde se sentara sua filha. Estavam nervosos e batiam com os canos dos revólveres com força nos vidros, exigindo aos gritos que as duas saltassem: "É um assalto! Sai logo, vagabunda, quer morrer?" Ao mesmo tempo, forçavam as maçanetas, fazendo "muito terror", como descreveria Rosa.

Como já fora assaltada antes, ela procurou manter a calma. Não esboçou reação e implorou aos assaltantes: "Deixa eu tirar meus filhos. Sai, Aline! Tira seu irmão!" As duas desceram às pressas, descalças — mais tarde as sandálias seriam achadas no carro. Aline passou por trás do carro e correu para ajudar o irmão, que estava afivelado ao cinto de segurança abdominal, no banco traseiro. Juntou-se à mãe, que abriu a porta traseira esquerda e disse "João, desce, desce!", enquanto puxava-o para fora, segurando-o pelos braços. Mas, assim que ele tocou os pés no chão, ela percebeu que João Hélio permanecia atado ao cinto. Suplicou aos criminosos: "O cinto ainda está aqui. Espera que eu vou tirar. Calma, calma, deixa eu tirar meu filho!" Então a porta foi fechada por dentro por um terceiro bandido que também havia entrado no carro. Em seguida, os três arrancaram com o Corsa preto com placa KUN6481 em alta velocidade, cantando pneu, com o menino ainda amarrado pela barriga ao cinto, do lado de fora. Do lado de dentro, ficara o boneco do Batman que João Hélio levava com ele.

Rosa entrou em desespero. "Eu entreguei tudo, só queria o meu filho", lembraria depois à TV Globo. Quando viu João Hélio ser arrastado ainda correu atrás, junto com Aline, gritando e gesticulando com os braços na direção do espelho retrovisor do motorista, como uma forma de alertar os bandidos sobre o menino. Inutilmente. Torceu por um milagre, que não veio. "Eu sabia que não tinha como corrigir aquilo, como livrá-lo da morte. Eu comecei a rezar por um milagre. Eu queria ter poderes de super-herói, poder levantar voo e tirar meu filho daquela situação. Eu corri com minha filha, mas sabia ali que o fim dele estava traçado. Surge uma revolta porque tem pessoas que não têm coração. Têm uma pedra."

Como o carro não parou, elas seguiram correndo até a altura de uma praça, onde outras pessoas já tratavam de ligar para a polícia. Ela telefonou para o marido, o empresário do ramo de papelaria Elson Lopes Vieites, que estava em casa. Não conseguiu falar direito de tanto que gaguejava. Mas ele entendeu e pegou o outro carro na garagem. Deu uma ré, bateu com o veículo, saiu em disparada e percorreu em vão as ruas de quatro bairros da Zona Norte, em busca de João Hélio.

Com o assalto começou uma via-crúcis que se estenderia por quinze minutos, ao longo dos bairros Oswaldo Cruz, Madureira, Campinho e Cascadura. Durante o trajeto de sete quilômetros, foram feitas várias tentativas de alertar os assaltantes para o fato de que o menino ficara preso ao cinto.

Quem mais se esforçou foi o motociclista Wagner, que estava tomando açaí na estação ferroviária de Oswaldo Cruz quando viu a criança sendo arrastada. Não cogitou que se tratasse de um assalto, pensou que os pais pudessem ter esquecido o filho do lado de fora. Ele pegou sua moto e correu atrás. Acendeu o farol alto, buzinou, gritou "para, para, para!". Desesperado, tentou emparelhar para avisar, mas foi fechado pelo Corsa, que começou a acelerar e a zigueza-guear para impedir sua aproximação. Ele viu quando uma mulher chegou a tentar entrar na frente do carro, sem sucesso — o motorista jogou o veículo para cima dela, obrigando-a a sair do caminho. Wagner continuou a perseguição até que, em frente a um posto de gasolina, o carro reduziu a velocidade, e o bandido que estava no banco do carona botou a metade do corpo para fora da janela, apontou uma pistola e disse: "Rala, rala, sai, sai!" O motociclista teve que frear bruscamente e quase se acidentou.

O comerciante Paulo, dono de um bar, ouviu Wagner gritar "para, para, para!". Ele estava sentado no meio-fio de uma praça, lanchando, quando escutou pessoas berrando que havia um carro com uma criança pendurada do lado do motorista. Olhou e chegou a pensar que fosse um boneco, porque estava próximo do Carnaval. Mas logo percebeu que se tratava de uma pessoa. Chamou-lhe a atenção o barulho que faziam as batidas da cabeça do menino nos quebra-molas, nos tachões de sinalização no asfalto e no meio-fio, e as pancadas do corpo na lateral e na roda traseira do carro.

Outro que procurou alertar os bandidos foi o segurança Pedro Paulo. Ele estava em seu carro numa rua de mão dupla e viu, no sentido oposto, aproximar-se um veículo que parecia ter um objeto pendurado. Notou que alguns pedestres estavam com as mãos na cabeça e expressões assustadas. Botou um pouco da cabeça para fora e avisou ao motorista do Corsa:

— Tem um negócio aí!

Em depoimento na 30º DP está registrado que ele ouviu o assaltante dizer, numa referência a um dos bonecos espancados e queimados no Sábado de Aleluia:

— Não fode, caralho! Tomá no cu! Boneco de Judas!

No Disque Denúncia, a atendente *Amanda* recebia a ligação de uma pessoa que relatava o ocorrido. Segundo o denunciante, um dos criminosos disse para quem tentou alertá-lo sobre o menino: "Não se incomoda, não, que a gente está arrastando Judas."

O carro seguiu adiante, desprezando as advertências. A certa altura da fuga, disseram testemunhas, o veículo fez de propósito um deslocamento lateral provocando a colisão de João Hélio contra um poste, como uma forma de se livrar do corpo.

Foram muitas as pessoas que acompanharam o calvário da criança. O bacharel em Direito Diógenes estava sentado na calçada de um bar quando um conhecido comentou: "Estranho, tô vendo um negócio ali, grudado no carro." Ele olhou, viu sangue na lataria e percebeu que era um corpo. Diógenes e os demais frequentadores do bar começaram a gritar, avisando que havia uma criança presa ao carro. Aproximaram-se do veículo, que vinha nessa hora em baixa velocidade, mas, em vez de parar, o motorista acelerou e passou a fazer manobras em ziguezague.

Um desses clientes, o comerciante Leonardo, decidiu seguir andando atrás do automóvel, junto com um grupo de pessoas. Cerca de duzentos metros depois, chegaram ao local onde o carro foi deixado. Leonardo disse ter se deparado com a cena mais horrível que já vira em toda a sua vida.

Os criminosos tinham abandonado o Corsa na rua Caiari, uma via asfaltada plana com casas e sem saída no bairro de Cascadura, próximo à escadaria que dá acesso à praça Três Lagoas. A cena deixou os moradores da região horrorizados. O corpo do menino ainda se encontrava preso pela cintura ao cinto de segurança do lado externo esquerdo do veículo. Estava irreconhecível. Ao longo do trajeto, foram encontrados manchas de sangue, fragmentos corporais e uma das sandálias de João Hélio.

— Quando vi que havia um corpo ao lado do carro, a sensação foi de pânico. Colocamos um saco em cima para que ninguém mais visse aquele horror. A rua tem pouca iluminação e, nos últimos meses, cinco táxis e dois carros de passeio roubados foram abandonados neste mesmo local — disse aos jornais uma moradora.

Um homem que morava perto confirmou que já tinham sido largados ali outros veículos roubados. Se tivesse dinheiro, ele se mudaria. Suas duas filhas, de 2 e 4 anos, viram o corpo. A caçula não parava de tremer, enquanto a mais velha chorou quase a noite toda. Precocemente amadurecida, disse ao pai que naquela rua "todo mundo mata".

Tamanha brutalidade afetou até quem, por dever de ofício, está acostumado à violência. Assim que chegou à cena do crime, o sargento Sérgio Navega da Silva, pai de duas meninas, de 2 e 11 anos, chorou e não conseguiu passar a ocorrência pelo rádio. A voz embargou. Ele tinha sido abordado antes por pedestres, quando passava perto do Largo de Cascadura com um colega na viatura. Não acreditou quando lhe disseram que uma pessoa estava sendo arrastada por um carro. Ainda assim, saiu em perseguição, foi até o local e se deparou com o crime mais bárbaro de seus 22 anos de carreira. Ele não entendia por que os assassinos haviam dirigido tanto tempo com João Hélio preso pelo cinto.

Até peritos do Instituto de Criminalística Carlos Éboli ficaram consternados. Que dirá as pessoas comuns, como Joice Neto, que passava pelo local na hora do assalto e levou a mãe e a irmã de João Hélio à delegacia. Foi lá que Rosa, Elson e Aline descobririam que João Hélio estava morto. O caso afetou inclusive pessoas próximas a Diego.

— Por um lado, fico com pena dele. Por outro, sinto raiva. Não esperava isso dele, qualquer coisa menos isso — disse à imprensa Douglas Macedo, de 19 anos, um dos melhores amigos do acusado. — Todos estão com muita raiva. Ele abalou o mundo inteiro.

Com base nas reportagens e nos depoimentos, é possível traçar um perfil dos suspeitos. Ezequiel trabalhava como guardador de carros em frente ao Mercadão de Madureira, cursava a sexta série num colégio estadual e teria sido detido apenas uma vez, por pichar um muro.

Já Diego havia estudado somente até a quinta série. Parou porque quis. Nunca trabalhou. Segundo o *Jornal do Brasil*, o rapaz passava parte do tempo paquerando meninas do bairro, em especial num ponto em frente ao Centro Educacional Santa Mônica, por acaso o mesmo colégio em que estudava Aline, irmã de João Hélio. Não media esforços para arrumar dinheiro. Conseguiu acumular algum revendendo peças dos carros que roubava. Diego chegara a cogitar largar a carreira no crime caso entrasse no Exército. Havia tirado a carteira de identidade poucas semanas antes para se alistar, mas não tivera tempo. Segundo seus amigos, ele era debochado e magoado com a mãe, que o abandonara quando tinha 2 anos. Vivia em Santa Cruz com o pai e a avó. Mais tarde, a família se mudou para Cascadura, e o pai se casou de novo.

Ao contrário do que costuma acontecer em ocorrências de homicídio, foi fácil achar testemunhas. Além das denúncias anônimas ao DD, a 30ª DP recebeu várias ligações de pessoas se oferecendo para depor e reconhecer os criminosos. Como constatou o delegado Hércules, aquele crime havia mexido com a sociedade.

8 de fevereiro de 2007 — comoção inédita

Por conta do horário tardio, a notícia da morte saiu sem muito destaque no jornal *O Globo* do dia seguinte. Na página 15 da edição do dia 8, era publicada uma matéria intitulada "Criança de 6 anos é arrastada por ladrões de carro e morre", com o subtítulo "Menino ficou pendurado do lado de fora do veículo por 4 km". Já o *Jornal do Brasil* teve tempo de estampar uma manchete na primeira página que indagava: "O que eles merecem?"

Mereciam uma punição exemplar, concordavam todos, embora o critério de punição exemplar variasse conforme o interlocutor. Podia ir desde as penas previstas em lei até linchamento, prisão perpétua e pena de morte. Um vizinho da família de João Hélio disse ao *Globo*, referindo-se a Ezequiel, de 16 anos:

— O bairro está de luto. O sentimento de revolta nos fez querer linchar os criminosos quando soubemos que eles tinham sido presos. Por mais que um seja menor, ele não pode ir pra rua em três anos.[3]

De modo compreensível, nesse dia seguinte o crime era o assunto dominante no Rio. O abalo que tomava conta do país se traduzia em mais ligações para o Disque Denúncia.

— O crime foi tão bárbaro que as pessoas faziam questão de denunciar — lembra Adriana, gerente operacional do serviço. — Mesmo para os padrões do Rio, foi tão cruel que marcou a história da cidade. O corpo ficou desfigurado. A mãe agoniada tentou tirar enquanto os bandidos ficaram fazendo graça. Lidamos com situações muito graves no DD, mas esse foi o caso que mais mexeu com a estrutura das atendentes. Foi o momento de maior comoção interna da história do Disque Denúncia.

Karine, que atendeu a ligação que levou à prisão de Diego, concorda:

— Esse caso do João Hélio tomou conta de tudo, só se falava disso. Não havia nem mais foco para se falar de outras coisas. Estava todo mundo comovido. Foram dias frenéticos. Muita gente ligava, e nós também queríamos descobrir os outros culpados.

Ao fim desse dia 8 de fevereiro, o serviço tinha contabilizado, além daqueles três primeiros telefonemas que apontavam a participação de Diego, cerca de 150 chamadas sobre o caso. Até moradores de outros estados e brasileiros que viviam nos Estados Unidos ligaram para passar informações. À noite, no *Jornal Nacional*, o apresentador Flávio Fachel noticiou que, de cada dez ligações recebidas pelos operadores do Disque Denúncia, cinco eram relacionadas ao episódio. Muitos denunciantes chegavam a oferecer recompensa do próprio bolso pela prisão dos criminosos. Zeca Borges informaria que, somadas, as ofertas de dinheiro da população chegariam a 15 mil reais. Nunca tinha acontecido nada parecido em mais de onze anos de funcionamento do serviço.

Uma dessas 150 ligações, feita às 19h32, reservava mais surpresas. Poucas horas após a prisão de Diego e Ezequiel, alguém apontava de forma consistente um possível cúmplice — é bom lembrar que Rosa dissera que eram três criminosos. O denunciante dizia que, no fim da rua Isaías, ao lado do viaduto Negrão de Lima, em Madureira, havia uma chácara da Light que abrigava um barraco, onde morava "um indivíduo" conhecido como Carlinhos, que costumava desmontar veículos no local e era integrante da quadrilha que arrastara até a morte João Hélio. Talvez por causa da hora, só no dia seguinte é que se saberia se a informação procedia.

9 de fevereiro de 2007 — Carlinhos Sem Pescoço

No dia 9, a história tinha crescido tanto que passou a ocupar a maior parte da primeira página de *O Globo*, com a manchete "Barbárie contra infância — Morte de menino de 6 anos arrastado em carro roubado por bandidos causa comoção e revolta". A reportagem se estendia por seis páginas do jornal.

O *Jornal do Brasil*, que na véspera estampara a pergunta "O que eles merecem?", trazia agora respostas a essa indagação: os bandidos merecem "ficar numa prisão por toda a vida", "sofrer como o João", "ir para o Iraque",[4] "ir passear no inferno de carro roubado". Palavras tão duras saíram da boca de crianças, alunas da quarta série da escola de João Hélio, a Criança & Cia, na Abolição.

João Hélio estudava das 7h45 às 12h45, numa turma com doze alunos, na classe de alfabetização. Segundo a diretora, Maria Cecília Cury, ele participava das atividades escolares com entusiasmo e "parecia estar sempre de bem com a vida". Gostava de decorar gibis da Mônica e do Cebolinha para contar depois para a família. E três vezes por semana ia para as aulas de inglês. No mural da escola, estava fixado um desenho que fizera no início do ano letivo. No trabalho, dedicado à mãe, escreveu: "Eu gosto dela." Algumas horas antes da tragédia, o menino tinha brincado de amarelinha no recreio. Depois, reproduziu num papel os quadrados da amarelinha, incluindo a si mesmo na parte de baixo, com o céu em cima. Fez a seguir uma linha unindo os dois extremos, e se desenhou novamente no alto. A professora perguntou: "João, por que você puxou essa linha aí para cima?". Ele respondeu: "Sou eu, cheguei no céu." Mais tarde, a professora choraria ao se lembrar da cena.

A família de João Hélio estava de mudança do condomínio Vila Padre Nóbrega, onde viviam cerca de 250 pessoas. Eles haviam comprado uma nova casa, no Méier, especialmente para proporcionar um conforto maior ao menino, que teria mais espaço para andar de bicicleta e ganharia um quarto só seu, com as paredes pintadas na sua cor preferida, verde. O imóvel estava em reformas. Por isso Elson não havia acompanhado a família ao centro espírita Léon Denis, como fazia todas as quartas-feiras. Ele fora se encontrar com o pedreiro que tocava as obras. No Vila Padre Nóbrega, a maior diversão de Joãozinho, como o chamavam os amigos do condomínio, era tomar banho de piscina. O menino, fã de quindim e doce de leite, era um freguês assíduo do vendedor de doces que passava três vezes por dia na frente do condomínio.

À noite, a morte de João Hélio chegaria à TV não só sob a forma de noticiário, mas também de ficção. Manoel Carlos, autor da novela das oito *Páginas da vida*, escreveu às pressas um adendo ao capítulo e incluiu uma cena em que a freira Zenaide, vivida por Selma Reis, chega à sala da diretoria do hospital e mostra a outras duas freiras, Fátima (Inez Viana) e Natércia (Bete Mendes), um jornal com a reportagem sobre o caso. "Minha Virgem Maria, não dá para acreditar numa barbaridade dessas!", diz. Ela lê a manchete, faz o sinal da cruz e complementa: "Onde é que isso vai parar?" A irmã Natércia lê a notícia em voz alta, com lágrimas escorrendo pelo rosto. As três choram em silêncio. Em seguida, se ajoelham, fazem o sinal da cruz, baixam suas cabeças e rezam. Dias depois, a novela voltaria ao tema e exibiria no fim do capítulo um depoimento emocionado dos pais de João Hélio.

Na vida real, o caso também teria desdobramentos. À tarde, chegaram ao DD três novas denúncias sobre Carlinhos, apontado na véspera como cúmplice. Duas vieram quase ao mesmo tempo. A primeira, às 13h01, informava que quatro indivíduos haviam participado do roubo do carro que ocasionara a morte de João Hélio. Entre eles, Carlinhos. Essa denúncia citava um endereço semelhante ao que havia sido passado na noite anterior. Mas ia além e trazia duas novidades: revelava um apelido de Carlinhos — "vulgo Pescocinho" — e avisava que ele conseguira se esconder e que pretendia fugir naquela tarde mesmo.

Dois minutos depois, às 13h03, o telefone voltou a tocar no DD. A pessoa advertia que Carlinhos ia pegar um ônibus às duas da tarde na Rodoviária Novo Rio com destino à Paraíba. Ele tinha ficado assustado com a repercussão do crime e pedira "dinheiro desesperadamente para vizinhos, a fim de sair do Rio o mais rapidamente possível". Por alguma razão, talvez falta de dinheiro, ele acabaria desistindo de viajar.

Mais tarde, às 17h09, uma terceira ligação informava que Carlinhos podia ser encontrado naquele momento na rua Rafael de Oliveira, número 72, em Guadalupe. De acordo com o denunciante, a polícia estivera no local pouco antes, mas não o encontrara porque ele estava "escondido no sótão da casa vizinha, de cor rosa". A denúncia, que ganhou o número 3215.2.2007, foi repassada à Polícia Civil e à Polícia Militar. A Civil chegou antes e conseguiu deter Carlinhos. Tratava-se de Carlos Roberto da Silva, de 21 anos, também conhecido como Pescocinho e Carlinhos Sem Pescoço. Levado pelos policiais da 30ª DP para prestar depoimento, ele reconheceu que havia sido chamado para fazer parte do roubo, mas garantiu que se recusara. Como não havia maiores provas de sua participação, acabou sendo solto.

Mas sua história estava longe de acabar. Policiais militares do 14º Batalhão (Bangu), que também haviam recebido a denúncia de número 3215.2.2007, igualmente seguiram para Guadalupe atrás de Carlinhos. Ao chegarem à rua Rafael de Oliveira, foram recebidos pela tia do rapaz, que informou que ele já havia saído numa viatura da 30ª DP. Imaginando que tudo se resolvera, os PMs se preparavam para ir embora quando uma vizinha se aproximou e indicou a eles um jovem que estava chegando naquele momento: era Carlinhos.

É possível apenas presumir por que os policiais militares decidiram abordar o rapaz. Será que estranharam a libertação tão rápida do suspeito? Seja como for, fizeram perguntas e ouviram de Carlinhos que ele já tinha resolvido tudo na delegacia, que não tinha nada a ver com o caso e que havia sido liberado. Felizmente não se convenceram com a resposta e decidiram levá-lo de volta para a 30ª DP, alegando que havia uma denúncia contra ele.

Na viatura, Carlinhos acabou revelando uma ligação maior com os demais bandidos. Ele fora no táxi com os comparsas até o local do crime. Afirmou, no entanto, que tinha ficado no carro, sem participar do roubo. Ao chegar à delegacia, deu mais detalhes. Havia mentido antes sobre ter se recusado a fazer o assalto porque fora ameaçado por um dos bandidos. A essa altura, já eram três detidos.

9 de fevereiro de 2007 — Tiago

O caso não parava de apresentar reviravoltas. Em novo depoimento, Diego contou que tinha mentido e acusou mais dois rapazes de também terem participado da ação: Tiago Abreu Mattos e Carlos Eduardo Toledo de Lima, o Dudu, de 23 anos, irmão de Ezequiel. Um dos nomes talvez soe familiar: Tiago é aquele rapaz de 19 anos que havia sido detido com Diego e Ezequiel no Beco da Vovó, mas liberado na delegacia pela polícia por falta de provas.

Segundo Diego, ele pediu a Tiago para levar o grupo até o local do crime no táxi Vectra do pai do rapaz. Dono de um

Chevrolet, Tiago negociou sua participação por uma roda nova para seu carro — que seria tirada do automóvel roubado pelo grupo.

A gangue seguiu então no táxi e ficou rondando à espera da melhor oportunidade para atacar. De acordo com o depoente, partira de Tiago a escolha do Corsa como alvo, já que havia duas mulheres dentro — os vidros tinham insulfilm, mas com uma película clara que permitia a visibilidade do interior.

Nesse momento, chegamos a cinco suspeitos de integrar o bando. Três presos — Diego, Ezequiel e Carlinhos — e dois soltos, Tiago e Dudu, que a partir da nova confissão de Diego passaram a ser caçados pela polícia. Os agentes corriam atrás de várias pistas. Mais de cinquenta policiais civis de catorze delegacias fizeram uma operação no Morro da Congonha, em Madureira, onde morava uma ex-namorada de Dudu, mas o rapaz não foi achado. Só que o dia ainda reservava boas surpresas. Às 17h43, surgiu uma primeira pista mais consistente sobre o paradeiro de Tiago. Um denunciante ligou para o DD e contou que ele podia ser encontrado na rua João Pereira, em Madureira, ou nas "imediações" dessa via. O setor de Difusão repassou imediatamente a informação para a polícia, que se dirigiu para lá.

Tiago estava de fato no local indicado. Mas as negociações para sua rendição, que envolveram seu pai, Gilson Matos, e seu advogado, duraram horas. Quando, enfim, Tiago se entregou, já passava das onze da noite. Ele foi levado para a carceragem da 30ª DP e, lá, deu detalhes de sua vida e do assalto. Contou que havia completado o Segundo Grau, mas parara de estudar para trabalhar. Confirmou que estava ao volante do táxi, mas disse que só obedecera a ordens: de Ezequiel, que mandou que ele acelerasse para ultrapassar o Corsa, e de Diego, que pediu que ele reduzisse a velocidade até que o sinal fechasse e o carro de Rosa tivesse que parar atrás.

Aos poucos, o cerco à quadrilha se fechava. Só Dudu seguia solto. Por pouco tempo. Como o caso tivera grande repercussão, não paravam de chegar denúncias. A maior parte delas sem resultado. Havia quem quisesse se vingar de um desafeto, e quem de fato quisesse ajudar, mas passasse informações equivocadas.

Desde o início, o DD atuava em duas frentes. Enquanto os atendentes recebiam as denúncias e as enviavam para o setor de Difusão, os analistas da gerência de análise tratavam de remexer no passado, vasculhando o banco de dados atrás de informações antigas que apontassem alguma pista.

— De cara, a gente percebeu que tinha sido um assalto que dera errado — conta *Marcos*, que à época era analista.

Zeca Borges costumava dizer que o assaltante profissional deixa a vítima mais tranquila. Ele sabe o que está fazendo e dá as instruções que devem ser seguidas. Orienta a pessoa: "Não se desespera, bota a mão no volante, tira o cinto devagar, abre a porta com a mão esquerda, deixa tudo aí e sai do carro." O contrário do que havia ocorrido no caso João Hélio.

— Sabíamos, portanto, que não era ninguém experiente. Ou seja, não era um traficante, um ladrão mais velho, um bandido veterano — diz *Marcos*.

Dessa forma, ao pesquisarem no banco de dados, os analistas começaram por ver quem mandava naquela área. Esses nomes foram descartados, já que estavam atrás de gente mais amadora. A seguir, a equipe fez outros cruzamentos em busca de material sobre bandidos que agiam de maneira semelhante à dos ladrões de agora. Diante do volume de trabalho e da urgência em resolver o crime, a equipe teve que mudar o procedimento habitual. Em geral, o relatório enviado às autoridades sobre um episódio é feito por um único analista, que centraliza as informações.

— Não dá para terceirizar porque você precisa ter a história toda com você — explica *Marcos*.

Mas, dessa vez, não era possível seguir a regra. Era tanta informação — a que chegava via telefone e a que era encontrada no banco de dados — que a tarefa teve que ser compartilhada entre todos os analistas. A estratégia funcionou. Os quatro bandidos já detidos se encaixavam no perfil traçado pela gerência de análise — assim como Dudu, o único ainda em liberdade.

Era mesmo importante a polícia ter respostas imediatas, já que a pressão popular não parava de crescer. João Hélio era um menino tímido e hiperativo. De acordo com seu tio Marcos César, ele fazia natação e futebol para tentar aliviar um pouco a ansiedade. Torcedor do Botafogo, estava feliz porque, horas antes da tragédia, com a camisa de seu clube, fizera seu primeiro gol pelo time da escolinha de futebol, após seis meses de treino, alegrando o pai. Elson disse que aquele instante especial em que vibraram juntos foi a "despedida" deles. Em homenagem ao pequeno torcedor, o Botafogo decretou luto oficial de três dias. E, no jogo do dia 11 contra o Flamengo, foi feito um minuto de silêncio.

A morte de João Hélio desencadeou uma onda de solidariedade que se espalharia por várias partes da cidade e se prolongaria por semanas. Professores, alunos e funcionários do colégio onde ele estudava enviaram mensagens e telefonaram para a família. Na tarde do dia 13, na entrada da escola, havia um altar de flores, velas acesas e uma grande faixa onde se lia: "Que não seja em vão." Outros colégios do Rio aderiram às manifestações por justiça. Professores e funcionários das escolas Our Lady of Mercy e Santo Inácio, em Botafogo, vestiram roupas pretas. No Leblon, cerca de quinhentos alunos do Santo Agostinho reviveram os tempos dos caras-pintadas nos protestos pelo impeachment de Collor e saíram às ruas com listras pretas pintadas no rosto.

Na arena da praia de Ipanema, no primeiro dia de disputa do torneio de vôlei Rainha da Praia, todas as oito participantes jogaram com faixas pretas nos braços em sinal de luto e em protesto contra a violência.

— Se tivermos de bater panelas, vamos bater. Se tivermos de pintar as caras, vamos pintar. Se tivermos de ir para a rua, vamos. Temos de mostrar nossa indignação. Que Brasil vamos deixar para nossos filhos? Estamos no ápice da indignação — disse ao *Globo* a jogadora Ana Paula, única mãe entre as atletas, que tem o filho Gabriel, na época com 6 anos. — Ele tem a mesma idade e fisicamente lembra muito o Joãozinho. Eu não superei essa história. Quando ponho o meu filho para dormir, imagino a dor dessa mãe. Temos que ver o Joãozinho como um marco. A morte de um anjo como ele não pode ser em vão. É a hora de agirmos pedindo que o caso não seja esquecido após o Carnaval.

Em entrevista ao jornal *O Globo*, Rosa disse temer que o esquecimento viesse antes mesmo disso. Ela receava que o Carnaval fizesse a morte de seu filho sumir da memória da população. Mas João Hélio foi intensamente lembrado nos blocos, bandas, bailes e desfiles de escolas de samba.

Para lembrar João Hélio de forma ainda mais duradoura, o prefeito César Maia assinou decreto mudando o nome da praça Três Lagoas, em Cascadura, para praça João Hélio Fernandes Vieites. Da mesma maneira, o governador Sérgio Cabral anunciou o Parque Menino João Hélio, em Araruama, na Região dos Lagos, com diversas esculturas que lembravam o garoto, do nascimento até os 6 anos.

Como esperado, um crime horrível como esse reacendeu velhas discussões. Ainda mais por conta da presença de um menor de idade — Ezequiel — entre os acusados. O jornal *O Globo* do dia 10 trouxe a manchete: "Martírio de criança reabre debate sobre leis mais duras — Cabral defende rediscussão da idade penal; Lula, CNBB e STF são contra". Aliás, *O Globo* e o *JB* adotaram posturas diferentes. No *JB*, desde o primeiro momento, apareceu o nome de Ezequiel e sua foto. Em *O Globo*, seu nome foi omitido e sua imagem aparecia com um efeito que desfocava o rosto.

Os moradores do bairro onde a família vivia fizeram um abaixo-assinado para pedir a redução da maioridade penal. Cláudia Pereira, mãe de uma amiga de Aline, saiu às ruas para colher assinaturas. Para ela, era um absurdo que Ezequiel pudesse ser solto após três anos. Defendia que, depois desse período, ele fosse julgado pelo assassinato.

A família de João Hélio, como era natural, pedia justiça. Ao programa *Fantástico*, da TV Globo, Rosa concordava com penas mais rígidas para menores que cometessem crimes hediondos.

— É muito importante que os governantes tenham alma e olhem o João como um filho. Um filho! E não como mais um: "Ah, morreu, amanhã outros vão morrer." Não pode. Tem que acabar. Tem que mudar. Tem que rever a legislação. Se os menores de 18 anos cometem crimes bárbaros, eles têm que ser punidos. Eles não podem ficar só três anos presos para daqui a três anos matarem outro João. Eles não têm coração.

O pai, Elson, também queria que a morte do filho se tornasse o símbolo de uma mudança, mas constatava:

— As poucas vezes que a gente se locomoveu depois do que aconteceu viu que nada mudou. Não vemos um carro de polícia, continua tudo a mesma coisa na rua. A gente continua abandonado, a sociedade continua abandonada, principalmente a Zona Norte. O que aconteceu com o João foi aquela última gota que transbordou. A vida que temos hoje no Rio não é uma vida digna. Não desejamos a dor que estamos sentindo para nenhuma pessoa. Ninguém mais pode ser vítima dessa monstruosidade.

Aline, irmã de João Hélio, chegou a escrever uma carta pública onde dizia:

Socorro! Cadê a justiça? Ele é de menor? Eu sei. Eu também sou, e meu bebê também era. Na hora em que esse "menor" apontou a arma para a minha cabeça e arrastou meu bebê até a morte, ele foi muito adulto. Agora é muito fácil para ele ser tratado como uma criança quando na verdade ele foi um monstro cruel e sem coração. E deve ser tratado como adulto. Brasília, acorda!!! O principal assassino, Diego, diz que não sabe o que é sentir a perda de um filho porque não tem um, mas além de não ter filho não tem coração.

Os ânimos estavam compreensivelmente à flor da pele. Havia até quem defendesse a adoção da pena de morte. O cientista político João Trajano, do Laboratório de Análise de Violência da Universidade do Estado do Rio de Janeiro (Uerj), posicionou-se contra, no jornal *O Globo*:

— Sempre que acontece um caso dramático as pessoas reagem dessa forma. Mas uma mudança tão séria no Código Penal não é para ser discutida em um contexto marcado pela emoção. O Estado não pode operar motivado pelas paixões.

Já o advogado João Tancredo, presidente da Comissão de Direitos Humanos e Assistência Judicial da Ordem dos Advogados do Brasil (OAB), também pedia calma, no mesmo jornal:

— A pena de morte não institucional já está instalada no Rio. A polícia do estado é a mais violenta do país. A redução da maioridade também não vai resolver o problema. Medidas simplistas nunca dão bom resultado.

José Vicente da Silva Filho, secretário nacional de Segurança Pública, declarou ao jornal que apoiava a ideia de redução da idade penal para situações que ele classificava como cruéis, como a morte de João Hélio, mas frisou:

— Antes de alterar a lei, é preciso aumentar a eficiência policial na solução dos casos. A cada dia, 130 pessoas são assassinadas no país. Sempre que há um crime de repercussão como esse o assunto volta a ser discutido, sem resultados práticos.[5]

10 de fevereiro de 2007 — dia de poucos resultados

Em meio às discussões sobre mudanças na lei e punições mais severas, nos bastidores do Disque Denúncia o trabalho não tinha trégua. Afinal, o paradeiro de Dudu continuava desconhecido. Mas a equipe se mantinha otimista. Na madrugada do dia 10, mais precisamente à 0h45, um operador atendeu uma ligação dizendo que na rua Carolina Machado, em Madureira, em frente à estação ferroviária, ficava o Colégio e Curso Soeiro, onde Dudu estudara um ano antes. Embora ainda insuficiente, era um começo.

11 de fevereiro de 2007 — a vez de Dudu

Na manhã do dia 11, às 9h48, o DD recebeu um telefonema com uma informação mais concreta sobre a localização de Dudu. O denunciante avisou que ele morava na rua Alves, cuja entrada ficava em frente ao Mercadão de Madureira, e que Dudu fora visto saindo um pouco antes de casa, por volta das nove da manhã, "com uma Bíblia nas mãos". "Supõe-se que ia para alguma igreja na localidade", acrescentava. De fato, como se descobriria depois, Dudu havia procurado um pastor evangélico, que mediou uma conversa entre ele e o padrasto, Nilson, que ligou de madrugada para um inspetor da 30ª DP, também evangélico. O padrasto disse saber onde estava o enteado e pediu garantias ao policial de que sua integridade física seria respeitada, caso se entregasse. Eles estavam com medo da reação popular. O inspetor assegurou que ele não sofreria represálias. Diante disso, marcaram um encontro numa praça em Marechal Hermes. De lá Dudu foi conduzido à delegacia.

Ao delegado, Dudu admitiu que, junto com Diego e Ezequiel, roubara certa vez 60 reais de um bêbado. Também confessou que os três haviam abordado uma motorista cerca de quinze dias antes. Levaram os pertences, abandonaram o carro e venderam o rádio para um camelô de chocolates. Disse que já traficara, cheirara cola e fizera uso de droga, mas que parara de usar cinco meses antes. Falou que já tinha sido preso — a polícia averiguou que ele havia sido condenado por um roubo e dois furtos cometidos entre setembro de 2003 e maio de 2004. Desde 2006, estava no regime semiaberto. Mas, apesar dos antecedentes criminais, Dudu negou as acusações de que havia participado do roubo seguido de morte de João Hélio. Foi enfático ao dizer que o depoimento de Rosa e o resultado da perícia provariam sua inocência.

Em depoimento posterior à juíza, ele reiterou que não tivera nada a ver com o crime que vitimou o menino. Não que fosse santo, longe disso. Revelou que sempre foi "meio rebelde" e nunca foi "flor que se cheire". Dudu havia fugido de casa e vivido na rua dos 10 aos 18 anos, circulando pela Zona Sul e pela Ilha do Governador. Teve cinco passagens pela polícia quando menor. Contou que tinha uma filha que devia estar com cerca de 4 anos. Alegou que deixara de voltar para o cumprimento da condicional quando soube que seu nome estava envolvido no crime. Tudo isso ele admitia. Mas, garantia, sua ficha corrida não incluía a morte de João Hélio. Assegurou que estava na casa de uma ex-namorada na hora do assalto.

À imprensa, contou que se entregou porque estava preocupado com sua segurança, já que seu retrato havia aparecido nos jornais e nas TVs.[6] Também se dizia interessado em mostrar que não participara do crime. Ele apelou a Deus:

— Ele é o juiz. Quero pagar por todos os meus erros, mas não por um ato que não cometi. Vocês estão chocados, eu também. Isso atrapalha a gente não só na cadeia, mas também na rua. Para arranjar emprego. Quem vai querer ser mulher de um matador de criança?

As mentiras não resistiriam muito tempo. Nem a família acreditava na sua inocência. E, mais tarde, a ex-namorada desmontaria seu álibi ao negar ter estado com ele na noite do crime.

A exemplo do que aconteceu com o porteiro Kuelginaldo, pai de Diego, a mãe de Dudu e de Ezequiel pediu desculpas à família de João Hélio. Moradora da favela São José da Pedra, em Madureira, M. falou aos jornais *O Globo* e *Jornal do Brasil* sobre o caçula.

— Minha dor é tanta que acredito que seria mais fácil se eu tivesse que enterrar o Ezequiel. Eu gostaria de estar no lugar da mãe do João. Ter enterrado o meu filho. Não queria que ele estivesse preso, não queria passar por essa situação — disse ela, que pediu para não ter seu nome revelado por temer ser chamada de "a mãe do monstro".

Seu marido, Nilson, pai de Ezequiel e padrasto de Dudu, manifestou sentimento parecido:

— Quero pedir desculpas aos pais dessa criança. Que Deus possa consolar o coração deles. Sofro junto com eles. Queria poder conversar, abraçar e chorar junto com eles. Eu me sinto como se fosse o pai da criança que morreu. Estou revoltado. Ezequiel nasceu em berço evangélico. Sempre ensinei a palavra do Senhor. Voltei a estudar para que ele não largasse a escola. Estou na sétima série e ele na sexta, no Colégio Estadual Republicano, em Madureira.

Evangélicos, os dois diziam não entender como os filhos tiveram capacidade de cometer ato tão cruel. Eles contaram que nunca admitiram roubos, drogas e mentiras. A mãe falou que os outros três filhos eram tranquilos, estudiosos e honestos. Um deles, um adolescente, parou de sair de casa após o crime, com medo. O casal dizia achar que Ezequiel havia participado do roubo influenciado pelo irmão mais velho, Dudu, e pelo colega Diego.

— O [Carlos] Eduardo já foi preso e cometeu outros delitos, é mais experiente. Mas não tiro a culpa dos dois. [Carlos] Eduardo e Diego devem ter passado tudo para Ezequiel. Só não entendo o motivo de ele ter ajudado em um crime assim — disse Nilson, sem largar a Bíblia.

A mãe confirmou que Dudu causava problemas:

— O Carlos [Eduardo] foi expulso de casa uma semana antes do crime. Houve uma briga porque ele não cumpria as regras do regime semiaberto a que foi condenado por um assalto. Ele agrediu Nilson. Ele teria mesmo coragem para incriminar o irmão.

No dia seguinte, Rosa respondeu ao pedido feito pelo casal. Ela afirmou à Rádio Globo que aceitava as desculpas. "Eles podem ter errado na forma de educação, mas não foram eles que fizeram essa barbárie."

Com a prisão dos cinco, viria uma fase comum em casos criminais: o período em que os suspeitos se acusam mutuamente, procuram tirar o corpo fora e tentam encontrar atenuantes para o crime. Diego, por exemplo, afirmou que a morte do menino não tinha sido intencional.

— Não vi o garoto do lado de fora do carro. Eu não queria o veículo, só os objetos da vítima. Antes de sairmos com o carro, vi a mãe puxando a criança e batendo a porta, nunca imaginei que tivesse alguém preso ali. Só quando paramos é que eu vi de relance. Ficamos nervosos e saímos correndo — disse, durante apresentação à imprensa.

Ele se defendeu dizendo que, na fuga, não ouvira os gritos das pessoas nas ruas. A respeito do motoqueiro e dos motoristas que tentaram alertá-lo, justificou:

— Achei que estavam me perseguindo.

Também negou que estivessem drogados e que portassem armas de verdade. Ele garantia que usava armas de brinquedo por "medo de machucar suas vítimas". Isso explicaria por que não havia atirado no motoqueiro Wagner, que o abordara. A do assalto teria sido comprada por 50 reais de um desconhecido. Rosa, porém, desmentiria mais tarde essa afirmação, ao relatar ter ouvido um ruído característico de metal em vidro quando os bandidos bateram com as armas nas janelas para anunciar o roubo.

Diego alegou que, por ter uma irmã de 10 anos e um irmão de 12, jamais seria cruel com uma criança. Mas ficou mudo quando questionado sobre o que faria se tivessem feito o mesmo com seus irmãos. Perguntado se estava arrependido, também preferiu se calar. Diante da insistência de um repórter, contudo, admitiu:

— Estou.

Ezequiel deu desculpas parecidas. Percebeu que estavam sendo seguidos por uma moto e por dois carros, todos buzinando, mas acreditou se tratar de policiais.

O delegado Hércules refutou as alegações de que não viram João Hélio. Para ele, os bandidos sabiam bem que arrastavam a criança e chegaram a circular em ziguezague para se livrar da vítima. Ele não tinha outra palavra para defini-los: "Monstros."

No dia 15, Hércules iria fazer uma reconstituição do percurso do crime junto com testemunhas. O trabalho durou três horas. Durante o trajeto, peritos fizeram anotações, parando em nove pontos. Em todos, houve manifestações de moradores contra a violência. No fim da reconstituição, o delegado chorou.

— Nasci e morei em Cascadura durante 25 anos. Eu me lembrei da minha infância, dos meus filhos e dos meus dois netos. Não é fácil segurar a emoção para não perder a razão — disse ele à imprensa.

Em 31 anos de profissão, nunca investigara crime tão bárbaro.

13 de fevereiro — os acusados frente a frente

Antes da reconstituição, o delegado promoveu no dia 13 uma acareação entre os acusados, para descobrir o real papel de cada um na tragédia. É que, no curso das investigações, eles foram dando várias versões conflitantes. Os maiores de idade — Diego, Tiago, Carlinhos e Dudu — foram levados até a delegacia pela Coordenadoria de Recursos Especiais, a Core, com apoio de duas patrulhas da Polícia Civil. Os três primeiros estavam na carceragem da Polinter na Pavuna, enquanto Dudu ficara na unidade do Grajaú. Tiago apareceu com os olhos roxos e disse aos repórteres que apanhara dos outros presos ao chegar à Polinter. Depois da agressão, fora transferido para uma cela separada.

A chegada à 30ª DP gerou tumulto. Cerca de cinquenta manifestantes chutaram e jogaram pedras nas viaturas que os transportavam — uma delas quebrou o retrovisor de um dos veículos. Com xingamentos e gritos de "monstros", "traz eles aqui pra gente" e "vão morrer", chegaram a acusar a polícia de defender os bandidos. Foi preciso pedir reforço da Guarda Municipal para conter a fúria popular e organizar o trânsito.

O último integrante do bando, Ezequiel, que estava no Instituto Padre Severino, na Urca, só apareceu quase duas horas depois, escondido numa ambulância, por questões de segurança. Além do delegado titular, participaram da acareação, que durou cinco horas, o delegado Alexandre Capote, o delegado adjunto Adilson Palácio e o promotor substituto da 1ª Vara Criminal de Madureira Márcio Benisti. Em seguida, Hércules declarou que todos haviam caído em contradição e trocado acusações. Mas ele não tinha dúvidas sobre o que ocorrera. Tanto que Hércules e Adilson conseguiram concluir o inquérito policial, com cerca de trezentas páginas, na metade do prazo determinado.

— Demos uma resposta à sociedade — disse o delegado à imprensa. — Mesmo tendo trinta dias de prazo, nós entregamos o inquérito quinze dias após o crime. Os envolvidos estão detidos e com suas prisões preventivas decretadas. Já que não podemos trazer a vida de João Hélio de volta, estou feliz. Sou o delegado que coordenou o inquérito e conseguiu colocar esses monstros na cadeia.

Ao longo das investigações, a polícia pôde traçar a mecânica da ação. Os cinco atuaram em conjunto com o propósito de roubar o carro, desmontá-lo e vender os acessórios. O crime fora combinado na véspera. Cada um do bando ia receber um pedaço do veículo. Eles foram acusados de latrocínio, formação de quadrilha e corrupção de menor — no caso, Ezequiel, que responderia por latrocínio e formação de quadrilha.

Os cinco foram até o local do assalto num táxi que pertencia ao pai de Tiago. Na frente do carro, seguiam Tiago, ao volante, e Carlinhos, no banco do carona. Atrás, iam Diego, Dudu e Ezequiel, que saltaram para abordar o carro de Rosa parado atrás deles no sinal. Assim que ela e a filha deixaram o Corsa, Dudu assumiu a direção, enquanto Diego sentou-se a seu lado. Ezequiel ocupou o banco traseiro do veículo. Foi Diego quem ameaçou o motoqueiro Wagner. Tiago e Carlinhos fugiram no táxi, após darem cobertura.

— Tiago era o que chamam de motorista do bonde — informou Hércules. — Ele transportava os ladrões até o local do roubo.

Junto com o carro, os bandidos levaram a bolsa de Rosa, com uma carteira de couro em que estavam documentos, cartão de crédito e carteirinhas de plano de saúde. Havia ainda um celular, uma nota de cinco euros, entre 100 e 150 reais, talão de cheques e dois controles de portão.

Após largarem o veículo na rua Caiari, eles se dividiram. Dudu foi para um lado, enquanto Diego e Ezequiel pularam um muro próximo e, num terreno junto a um prédio em construção, esconderam os objetos das vítimas. Mais tarde, os policiais encontrariam o celular no terreno, mas sem o chip. E, no Corsa abandonado, achariam o boneco do Batman de João Hélio e as sandálias de Rosa e Aline.

Com o roubo, haviam lucrado pouca coisa: levaram com eles a nota de cinco euros e as cédulas de real. Ezequiel trocou os euros numa barraca por 10 reais, e com o dinheiro comprou dois cachorros-quentes e duas latas de guaraná. Em seguida, ele e Diego foram a uma boate. Uma testemunha disse que Diego dançava como se nada tivesse acontecido.

O delegado estava convencido de que todos os participantes viram o menino ser arrastado. De acordo com ele, três dos envolvidos contaram que Dudu os ameaçou com uma arma para que participassem do assalto. Explicaram que não tinham denunciado o comparsa porque foram ameaçados.

— Ele é o chefe do bando, o cabeça do grupo, um bandido frio. E também o mais articulado — disse Hércules.

No inquérito, os delegados escreveram que os cinco têm "personalidade malformada e claramente voltada para o crime". Numa referência a Diego e Ezequiel, reprovaram: "Despidos de piedade foram para uma boate onde lancharam e se divertiram."

O inquérito foi apresentado ao Ministério Público. Em sua denúncia, o promotor José Luis Ferreira Marques disse que o caso "estarreceu e comoveu o país". Não era exagero.

As sentenças

No dia 22 de março, após ouvir nove testemunhas, a juíza substituta da 2ª Vara da Infância e da Juventude, Adriana Angeli de Araújo, determinou que Ezequiel teria que cumprir medida de internação, a mais dura prevista pelo ECA, o Estatuto da Criança e do Adolescente, por um prazo máximo de três anos. A juíza explicou que a avaliação dos adolescentes internados é feita normalmente de quatro em quatro meses por uma equipe de assistentes sociais e psicólogos do Departamento Geral de Ações Socioeducativas (Degase). Esse grupo elabora um parecer que é submetido à defesa do infrator e ao MP, e então levado ao juiz, que pode decidir ou não pela progressão da medida.

Ao *Globo*, o pai de João Hélio lamentou a sentença:

— A pena máxima de três anos prevista em lei é ridícula diante da monstruosidade que este menor cometeu. Por isso que a gente está lutando para mudar o ECA, endurecer a legislação. Para a gente é muito difícil aceitar.

No dia 30 de janeiro de 2008, os quatro réus maiores de idade foram condenados por latrocínio, combinado com o artigo 9º da Lei de Crimes Hediondos, a penas que, somadas, ultrapassavam 167 anos de reclusão. Na sentença, a juíza Marcela Assad Caram, da 1ª Vara Criminal de Madureira, em

Cascadura, afirmou que "seria muita inocência" acreditar que os três jovens que estavam no interior do carro "trafegando com os vidros dianteiros do veículo roubado abertos não ouviam o barulho alto produzido pelo constante atrito do corpo da pequena vítima contra o solo e a lataria do automóvel". Carlos Eduardo Toledo de Lima, o Dudu, foi condenado a 45 anos de prisão, e Diego Nascimento da Silva, a 44 anos e três meses.

A defesa tentara alegar que Tiago Abreu Mattos e Carlos Roberto da Silva, o Carlinhos, não participaram da morte de João Hélio, já que não estavam no Corsa e sim no táxi que levou o bando ao local. Mas, na denúncia, o promotor ressaltou que os dois "nada fizeram para impedir o arraste" e para atender aos incessantes pedidos de socorro dos parentes. Tiago e Carlinhos acabaram sentenciados cada um a 39 anos de prisão.[7]

A recompensa oferecida pela captura dos criminosos não chegou a ser paga. Nenhum denunciante ligou para cobrar o valor de 4 mil reais que lhe seria de direito.

— A pessoa não retornou porque importava mais prender os culpados do que receber o dinheiro — acredita Claudia, chefe do Atendimento do Disque Denúncia.

Com ela concordava Edson Calil de Almeida, que acompanhou de dentro toda a história, na condição de diretor de relações institucionais do Disque Denúncia:

— Não foram 1.800 ligações sobre o caso, foram 1.800 manifestações de indignação.

5. Conexão paraguaia

2018

Passava pouco das nove da noite do dia 5 de fevereiro de 2018 quando *Milani* deixou o edifício da Central do Brasil, onde funcionava o Disque Denúncia, e pegou o ônibus para sua casa, na Zona Norte do Rio. Saltou no ponto e comprou um maço de cigarros num bar no caminho para casa. Na portaria do prédio onde morava, encontrou um amigo e parou para bater papo sobre futebol. Só aí, por volta das onze da noite, entrou no seu apartamento, tomou banho, jantou e conversou com a mulher. Já era mais de meia-noite, mas o expediente estava longe de terminar. *Milani*, que é notívago — ele prefere se autointitular "coruja" —, costuma dizer: "Eu trabalho com crime, e crime não tem hora nem dia." Assim, em vez de se deitar, seguiu para o que ele chama de seu canto — um escritório que havia montado na parte de trás do apartamento, num antigo quarto de empregada.

Sentou-se, pegou seu celular pessoal e checou as mensagens do WhatsApp. Em seguida, segurou outro aparelho, o de trabalho, e conferiu o WhatsApp Procurados,* que ele gerenciava. Por volta da meia-noite e meia, entrou uma mensagem no número 98849-6099.[1] Uma pessoa dizia ter informações sobre Marcelo Piloto, apontado pela polícia como o maior fornecedor de armas e drogas do estado do Rio e um dos maiores do Brasil. Segundo ela, estaria sendo montada uma operação para resgatar o traficante do Paraguai — ele havia sido detido no país vizinho menos de dois meses antes. Os dois continuaram trocando mensagens ao longo dos minutos seguintes. *Milani* aproveitou que estava com o computador aberto e checou a origem do DDI 595 que aparecia na tela do celular. Paraguai, descobriu. Parecia fazer sentido.

Dentro de algumas horas, mais precisamente à uma da tarde, naquele dia 6 de fevereiro, continuou o informante, um homem chamado Edson Ribeiro de Andrade Júnior sairia da Rodoviária Novo Rio num ônibus semileito da Viação Catarinense, na companhia de outros dois traficantes, com destino a Foz de Iguaçu, no Paraná, e de lá para o Paraguai. Um deles era Thomaz Jhayson Vieira Gomes, o 2N do Salgueiro, de 24 anos, chefe do tráfico de drogas do Complexo

---

* Para saber mais sobre o WhatsApp Procurados e o aplicativo Disque Denúncia RJ, leia o Apêndice 9 — "WhatsApp, o *sniper* do Disque Denúncia".

do Salgueiro, em São Gonçalo, na Região Metropolitana do Rio. Ele estaria usando uma carteira de identidade falsa. O terceiro integrante do grupo era Maicon, o MK, que deixara o presídio de Bangu 3 em dezembro do ano anterior e estava em liberdade condicional, proibido, portanto, de sair do estado. Eles fingiriam não se conhecer.

Num primeiro instante, *Milani* pensou em não estender a conversa. Estava exausto e achou que poderia não dar em nada, mas resolveu acreditar. Zeca Borges costumava dizer que a denúncia tem 99% de chances de ser mentira e 1% de ser verdade — mas esse 1% é mais importante que os 99%. Apesar do cansaço, *Milani* apostou na regra. Era aquele 1% que movia quem trabalhava no DD.

Ele tinha experiência em fazer perguntas. Como todo mundo no Disque Denúncia, havia entrado como atendente, tempos antes, no dia 19 de abril de 1999. Estava desempregado, até que sua mulher, que havia trabalhado com Zeca no mercado financeiro, sugeriu o nome do marido ao antigo colega. *Milani* fez o teste e passou, embora não tivesse experiência em telemarketing. Durante mais de três anos, trabalhou no Atendimento, recebendo todo tipo de denúncias. Essa vivência fez com que soubesse conduzir a conversa. Aos poucos, estava conseguindo tirar mais informações do denunciante. Entre elas, a de que a operação criminosa contaria no total com quinze bandidos, alguns deles traficantes do Jacarezinho. Parte do grupo já havia ido no dia anterior para o país vizinho.

Milani quis saber também como seria o resgate. O denunciante revelou que parte das armas havia sido enviada do Brasil para o Paraguai e o restante seria comprado lá mesmo, após a chegada dos demais integrantes do bando. Já tinham sido gastos 6 milhões de reais na operação — metade do valor estava no Paraguai, metade iria naquele dia, junto com os bandidos, em malas separadas. Na bagagem também estariam escondidas munições. As mensagens continuaram noite adentro, com mais detalhes. Para provar que estava falando a verdade, o denunciante enviou fotos de uma das passagens, a de Edson, que fora comprada na internet pela mulher do traficante MK, pelo valor de 340,43 reais. Edson viajaria na poltrona 49 do coletivo da Viação Catarinense.

Eram quase duas da madrugada quando eles se falaram pela última vez. Apesar da hora, *Milani* decidiu ligar para Zeca. Achou que o chefe não atenderia, mas o coordenador do Disque Denúncia, a exemplo dele, não tinha horário para trabalhar.

— Zeca vivia o DD 24 horas por dia, e fez com que ficássemos assim também. Acaba entrando no seu sangue — conta. — Afinal, nosso trabalho é todo para ontem. É um *continuum*. A gente não pode deixar para o dia seguinte senão perde o princípio da oportunidade. É o delegado que pede para fazermos o cartaz de dois bandidos procurados que mataram um policial penal, é o repórter que liga pedindo uma pesquisa, é o jornalista que quer informação sobre a prisão de um traficante, é a denúncia que chega e precisa ser encaminhada na hora para um policial de confiança. Eu sempre planejo o dia seguinte, mas quando ele chega altera todos os meus planos.[2]

Zeca atendeu a ligação e, após escutar o relato de *Milani*, disse:

— Mantém isso em sigilo. Você fica no comando. Não quero que isso saia daqui. Não comente nada lá no Disque Denúncia.

Em outras palavras, Zeca decidiu não seguir o encaminhamento normal das denúncias, que chegam ao setor de Difusão e são mandadas depois para as autoridades responsáveis pelas investigações. *Milani* propôs então enviar o material para uma única pessoa: o tenente-coronel José Ramos da Silva Júnior, da Subsecretaria de Inteligência da Secretaria de Segurança Pública (Ssinte). Ramos era chefe do setor de análise de criminalidade violenta e cuidava das denúncias sobre tráfico de drogas e armas. Era um parceiro antigo do DD e de estrita confiança. Zeca deu o aval. *Milani* desligou e, apesar do adiantado da hora, telefonou para Ramos. Eles estavam habituados a se falar todo dia, a qualquer momento, até de madrugada. Bem-humorado, Ramos diz que, até sua mulher conhecer *Milani* "de verdade", ela ficava desconfiada. Mas, graças a essa parceria, já haviam sido feitas três, quatro prisões num mesmo dia.

Conforme esperado, Ramos atendeu. *Milani* repassou a denúncia ao tenente-coronel, que, impressionado com os detalhes, disse:

— Não tem jeito. Não tem o que fazer a não ser ir.

Ramos avisou que ia conversar com Fábio Galvão. Fazia sentido. O delegado federal Galvão era seu chefe, o subsecretário de Inteligência da Secretaria de Segurança Pública e um profissional da mais absoluta credibilidade. Além disso,

Galvão tinha uma credencial importante: havia sido um dos responsáveis pela prisão de Piloto. *Milani* achou boa a ideia de Ramos, mas preferiu avisar seu chefe sobre a entrada de um novo personagem no caso. Zeca aprovou, ressalvando que tudo deveria ficar restrito aos quatro: ele, *Milani*, Ramos e Galvão.

O cuidado foi tanto que *Milani* não incluiu a denúncia no sistema, como costuma acontecer. Tornou isso um hábito nesse caso: toda a correspondência entre ele e o informante passariam a ser confidencial.

Na manhã seguinte, com as informações prestadas pelo denunciante, *Milani* fez o Relatório de Inteligência nº 001/2018, intitulado "Resgate do traficante Marcelo Piloto no Paraguai". Assim que recebeu o relatório, Fábio Galvão viu que corroborava o que ele já vinha apurando: Piloto em algum momento tentaria fugir. O quebra-cabeças se fechava. A denúncia ligou o alerta máximo — era preciso agir rápido, já que o grupo criminoso embarcaria naquele dia mesmo, à uma da tarde, na Rodoviária Novo Rio em direção ao Paraguai.

Foi montada às pressas uma ação reunindo a Ssinte, a Delegacia de Repressão às Ações Criminosas Organizadas e de Inquéritos Especiais (Draco/IE) e a Polícia Rodoviária Federal. Ramos explica por que não participou da ocorrência.

— Há uma máxima: quem analisa não prende. E quem prende sabe somente o essencial, o suficiente para ir lá e fazer. É tudo compartimentado, cada um faz a sua parte. É a garantia da segurança da informação, de que não vai haver vazamento.

O ônibus sairia da rodoviária, pegaria a Via Dutra e passaria pela Baixada Fluminense. Mas era melhor esperar um ponto menos movimentado para fazer a abordagem. Isso aconteceu mais tarde, na altura de Seropédica, município 75 quilômetros distante do Rio. Os policiais pararam o coletivo, detiveram os três homens, revistaram suas bagagens e encontraram dinheiro, como constava na denúncia.

Da estrada mesmo, os agentes entraram em contato com a Vara de Execuções Penais (VEP) do Tribunal de Justiça do Rio e descobriram que dois dos detidos estavam em liberdade condicional, sem autorização para deixar o estado. O terceiro homem foi liberado porque não havia nada contra ele. Diferentemente do que estava na denúncia original, nem 2N, chefe do tráfico de drogas do Complexo do Salgueiro, em São Gonçalo, nem Maicon, o MK, que deixara o presídio de Bangu 3, estavam no grupo, o que não surpreendeu Galvão:

— Muitas vezes quem faz a denúncia bota de propósito alguém de vulto na hierarquia criminosa para que a polícia dê valor à informação e corra atrás. Se não, podem pensar: "E eu vou lá perder tempo com um Zé Mané?"

Ao saber que a denúncia dera resultado, *Milani* ficou empolgado. Zeca, por sua vez, comemorou discretamente, percebendo que aquela ação renderia mídia, como de fato aconteceu.

A tentativa de resgate frustrada fez com que as autoridades paraguaias decidissem transferir Piloto de lugar. Até então, apesar de sua alta periculosidade, ele estava detido numa cela individual na penitenciária de Emboscada — que não primava pelo rigor —, em Assunção, capital do Paraguai.

Mais de um ano antes, quatro brasileiros tinham conseguido fugir dali. Dessa vez, ele foi levado para a Agrupación Especializada, um quartel que faz as vezes de prisão para policiais e militares, mas que foi recebendo também narcotraficantes, guerrilheiros, políticos e dirigentes de futebol corruptos e outros presos VIPs.[3]

De motorista da quadrilha a megatraficante

Marcelo Fernando Pinheiro Veiga, o Marcelo Piloto, havia sido preso no dia 13 de dezembro de 2017, após uma investigação que durou dois anos por parte da Ssinte. Nascido no dia 8 de maio de 1975 e cria do Morro do Urubu, em Pilares, na Zona Norte, ele iniciou a vida no crime em meados dos anos 1990, quando um grupo de vizinhos o convidou para participar de furto de carros. Anos mais tarde, ele diria que não fez nada pelo dinheiro, que só "queria aventura". Sua família, embora de classe média baixa, nunca passara por maiores apertos.

Piloto ganhou esse apelido porque era o motorista da quadrilha. Contaria mais tarde que, ao ser preso pela primeira vez, em 1998, logo concluiu que para sobreviver na prisão teria que forjar alianças estratégicas: "Eu era um simples ladrão de carros. Precisava assumir uma postura que mostrasse que eu não era fraco." Por isso aproximou-se de José Benemário de Araújo, chefe do tráfico de Manguinhos. Em 2007, ganhou o direito de cumprir pena no regime semiaberto. Fugiu na primeira oportunidade e continuou sua carreira no crime. Mas agora já não era apenas um ladrão de automóveis e sim gerente de um complexo de favelas. Em julho de 2010, depois de Piloto liderar arrastões na avenida Pastor Martin Luther King Jr., no bairro de Del Castilho, e na Linha Amarela, o Disque Denúncia lançou um cartaz de "Procurado", no qual oferecia uma recompensa de 2 mil reais por denúncias que levassem à sua prisão.

Em 3 de julho de 2012, Piloto participou de uma ousada operação para libertar um aliado, Diogo de Souza Feitoza, o DG. O bando invadiu a 25ª DP (Engenho Novo), rendeu os policiais e soltou o comparsa, que estava preso havia algumas horas. Nesse mesmo ano, sentindo-se exposto, decidiu fugir para o Paraguai, estabelecendo-se em Ciudad del Este, uma das mecas do contrabando mundial.

De lá, passou a fornecer drogas e armas para o Brasil. Sua fama cresceu tanto que, em 28 de abril de 2015, o Disque Denúncia aumentou a recompensa para 10 mil reais. Mesmo assim, seu paradeiro continuava desconhecido. Por meio de escutas, a Polícia Federal soube que ele debochou ao saber que seu valor havia aumentado: "Esses caras me amam. Não me esquecem. Mas tranquilo. Já tô acostumado."

A polícia descobriu que ele estava no Paraguai no dia 31 de março de 2017, quando PMs prenderam um traficante da Comunidade do Mandela. Na 21ª DP, o homem prestou depoimento e detalhou toda a estrutura local do tráfico. E afirmou que Piloto era o principal fornecedor de drogas e armas da favela. Mais importante: acrescentou que ele estaria no Paraguai e que seu dinheiro seria recolhido por um brasileiro conhecido como Mel.

A ação que levou à captura do bandido em 13 de dezembro de 2017 foi coordenada pela Secretaria de Segurança do Estado do Rio, pela Polícia Federal brasileira, pela Secretaria Nacional Antidrogas (Senad) do Paraguai e pela agência antidrogas dos Estados Unidos, a DEA. No momento da detenção, ele estava dormindo na casa que alugara seis meses antes na cidade de Encarnación, a 365 quilômetros de Assunção. Um vídeo feito pelos agentes que entraram no imóvel mostra que a sala já estava decorada com uma árvore de Natal. As imagens revelam desde o momento em que os policiais invadem a residência até o desenrolar da prisão. A casa, discreta, fora escolhida pelo traficante como esconderijo após ele sair de Ciudad del Este, com medo de ser capturado, segundo matéria do jornal *Extra*.

O imóvel ficava num bairro construído pela empresa paraguaio-argentina Entidad Binacional Yacyretá para abrigar 1.500 famílias removidas pela construção da hidrelétrica de Yacyretá, no rio Paraná, na fronteira entre Paraguai e Argentina. Na casa de três quartos, os agentes apreenderam duas pistolas 9 mm, cem cartuchos, quatro carregadores, diversos aparelhos celulares e 10 mil dólares, além de três documentos (uma identidade brasileira, outra paraguaia e uma carteira de habilitação paraguaia) com o nome que Piloto usava no Paraguai: Marcos Lopes Correia. Aos vizinhos, o traficante se apresentava como "vendedor de eletrônicos".

A Polícia Federal deteve também no local três brasileiras, que seriam prostitutas contratadas por Piloto. Umas delas dormia com o traficante no momento em que os agentes chegaram. Outra tinha mandado de prisão no Brasil por associação ao tráfico. As três tinham saído do Rio de Janeiro em direção a Foz de Iguaçu de ônibus e chegado de táxi a Encarnación. Percorreram mais de 1.800 quilômetros.

A prisão foi um duro golpe para Piloto. Segundo Galvão, que o monitorava havia algum tempo e participou da ação, o traficante era extremamente precavido. Tomava medidas drásticas de contrainteligência, como não deixar que ninguém estivesse com celular quando conversasse com ele.

Piloto se precavia de dois perigos. Por um lado, receava ser pego por maus policiais para ser extorquido. Por outro, temia algo pior: ser preso por uma equipe séria, pois tinha um pavor enorme de ser extraditado para o Brasil ou para os Estados Unidos. Tanto que, ao ser detido, disse: "Se eu soubesse, estaria montado em duas toneladas de maconha." É que, caso estivesse com droga na hora da prisão, ele responderia por esse crime no Paraguai, em vez de ser extraditado.

Depois de ser preso, Piloto revelou aos agentes da Polícia Federal e da Senad detalhes de seu papel como "matuto" do Comando Vermelho. Num depoimento informal, disse que, a cada dois meses, enviava um carregamento de maconha e de armas para o Rio. A carga seguia escondida em caminhões com fundos falsos que passavam pelos estados de Mato Grosso do Sul e São Paulo. Os fuzis iam desmontados. Segundo o traficante, que se considerava um "empresário", quando não havia apreensão ele chegava a lucrar 500 mil reais com cada carregamento.

Nem sempre, porém, a carga chegava às favelas. Segundo Carolina Heringer e Rafael Soares do *Extra*, em maio de 2017, por exemplo, policiais civis interceptaram em Teodoro Sampaio (SP) um caminhão que saíra de Amambaí (MS) em direção ao Rio. No fundo falso, estavam duas metralhadoras de calibre .50 equipadas com lunetas, três fuzis calibre 7.62, quatro fuzis calibre 5.56, 31 pistolas, mais de 17 mil munições e quatro toneladas de maconha.

Além do Comando Vermelho, Piloto atuava para o PCC, o Primeiro Comando da Capital. Ele era apontado pela polícia paraguaia como suspeito de ter dado apoio logístico a bandidos da maior facção paulista que roubaram mais de 11,7 milhões de dólares na sede da transportadora de valores Prosegur, em Ciudad del Este, na madrugada de 24 de abril de 2017. O crime é considerado o maior assalto da história do Paraguai. Segundo os policiais, o traficante forneceu parte dos fuzis, da munição e dos explosivos usados na ação.

Era esse o criminoso que poderia estar de volta às ruas, não fosse a bem-sucedida operação desencadeada a partir do informante do Disque Denúncia. Que, como era de esperar, animou-se com a ação policial. Nos oito meses seguintes, ele e *Milani* se comunicariam com frequência, numa rotina de troca de mensagens por WhatsApp que se estenderia ao longo das madrugadas. *Milani* percebeu que se tratava de uma pessoa com instrução, que tinha como língua materna o espanhol, mas que dominava o português. Apesar do anonimato, logo no início ele deduziu que não falava com um homem.

— Às vezes eu jogava uma pergunta e sentia que estava conversando com uma mulher. Eu falava: "Oi, amiga, tudo bem contigo?"; "Oi, minha amiga, fica com Deus, fica tranquila, boa noite, vai dormir com os anjos"; "Tchau, minha amiga, bom final de semana". E ela nunca me corrigiu, dizendo: "Não, eu sou amigo e não amiga."

No perfil do WhatsApp, junto ao número do Paraguai aparecia a imagem de uma mulher branca, alourada, bem-vestida, de vermelho, com chapéu e uma bolsa chique. Certamente era uma foto falsa — a denunciante tinha muito receio de ser descoberta. Logo na primeira denúncia, avisou que, por uma questão de segurança, só conversaria com *Milani*. Ele concordou. Nas primeiras mensagens, ainda insegura, ela checava:

— É a mesma pessoa com quem estou conversando? É você?

Diante da confirmação, seguia com a conversa. Era natural que a denunciante ficasse ressabiada. O que aconteceria caso do outro lado da linha estivesse alguém corrupto que revelasse a Piloto que ele estava sendo *caguetado*? *Milani* teve então uma ideia para dar a ela a garantia de que estava sempre falando com ele. Passaram a usar códigos. Cada vez que ela escrevia, começava: "Aqui é o passarinho." E ele respondia com a senha que havia escolhido: "Aqui é o amigo."

— Eu sempre a tratava muito bem, com carinho. Era uma forma de trazê-la para perto, de dizer: "Pode confiar em mim que aqui você vai ter uma pessoa que vai te ajudar." Ela via que era sério, que não era brincadeira.

Deu certo, e os dois acabaram criando uma cumplicidade. *Milani* avisou que nunca ligaria nem mandaria mensagem, porque não sabia com quem ela estaria no momento.

Teria de partir dela a iniciativa de começar a conversa. E assim foi feito. Todo dia, por volta da meia-noite, meia-noite e meia, ele ficava a postos, aguardando o contato. Havia época em que eles conversavam três, quatro vezes por semana. Em outros momentos, ela passava três, quatro dias sem dar notícias. Os dois ficavam meia hora, quarenta minutos se correspondendo. Por vezes o papo se estendia até duas da manhã. Era uma rotina cansativa, já que *Milani* havia passado o dia todo no serviço. Mas ele não se importava com o expediente extra. Ao contrário, aguardava-o com ansiedade.

Os dois se falavam sempre por texto, nunca por áudio, até para não revelar a voz por trás das mensagens. Era normal se perguntar o que havia levado aquela pessoa a fazer as denúncias. Seria alguém da quadrilha que havia sido prejudicado e resolvera dar o troco? Ou um bandido da mesma facção que queria tomar o lugar de Piloto dentro do esquema criminoso? Ou ainda um traficante de um grupo rival, interessado em enfraquecer o inimigo? A proximidade com o traficante ajudaria a explicar as precauções iniciais.

— O que mais me marcou nesse caso foi a riqueza das denúncias. Eram tão detalhadas que você pensava: "Caramba, a gente só não vai conseguir se não quiser" — lembra o tenente-coronel Ramos. — Você via que era alguém bem próximo a ele e que estava com muita vontade de que algo fosse feito.

Cada denúncia que chegava, não importava o horário, era imediatamente repassada para Ramos, que a analisava, e ia em seguida para Galvão. Era um caminho de mão dupla. A denunciante enviava, por exemplo, um nome ou uma placa de carro. A partir desses dados, a Subsecretaria de Inteligência identificava um criminoso. Ramos mandava uma foto a *Milani* e pedia que repassasse à informante, que olhava a imagem e confirmava: "É esse mesmo." Na sequência, Galvão compartilhava as novas informações com a PF, sabendo da estreita ligação da corporação com a Senad, a Secretaria Nacional Antidrogas do Paraguai.

Nova investida

Os dias se passaram sem maiores novidades até que, em 22 de maio de 2018, quase quatro meses após a transferência de Piloto, *Milani* recebeu mais uma mensagem da denunciante. Passava pouco da meia-noite quando ela avisou que o traficante havia despachado armas para Assunção, para serem usadas numa nova tentativa de fuga. Ela avisava ainda que três brasileiros sairiam da Rodoviária Novo Rio com destino a Foz do Iguaçu, no Paraná, e de lá iriam para a capital paraguaia, onde se juntariam a um quarto bandido. Dois dias depois, ela deu mais detalhes, dizendo que os três "elementos" estavam indo de ônibus do Rio para entrar na Imigração paraguaia naquele mesmo dia, por volta das cinco ou seis da tarde. "Eles estão armando uma equipe de 20 bandidos *pra o* resgate e já tem mais oito brasileiros do Rio aqui. Este grupo está estudando as ruas por onde vão escapar, o rio por onde vão resgatá-lo e uma embarcação para atravessarem para o Brasil", disse.

Ela escreveu ainda:

Segundo o planejamento deles, eles só precisam matar 7 *policias* para *conseguirem* executar o resgate, pois não tem muita *policia* cuidando da segurança. Os *policias* do Paraguai não *vai* ter como *enfrenta-los*, pois eles possuem um fuzil .50. Eles vão comprar ou roubar carros pra usar no dia do resgate, e uma lancha para cruzar o rio. O armamento está sendo transportado de caminhão. Tem uma mulher, o nome dela é Marisa. Ela é do Rio e amante do Piloto. *Ela tem visitado ele* na cadeia e talvez *seguindo ela* vocês possam ter mais alguma pista de onde os brasileiros irão ficar. Mas vocês *tem* que tomar cuidado com a Senad. Piloto paga para eles e eles *mesmo* falam para o Piloto para ele se cuidar. Já está tudo planejado e se ninguém *não impedir eles* em 01 ou 02 semanas farão este resgate.

Junto com o texto, a denunciante enviava a foto do caminhão que transportava as armas, com a placa visível.

Milani enviou essa nova denúncia ainda de madrugada, às 2h13, para seus contatos na Subsecretaria de Inteligência. Apenas com o prenome, Marisa, ela foi identificada: era Marisa de Souza Penna, de 24 anos, moradora do Jacaré, bairro da Zona Norte do Rio, sobrinha de uma das três mulheres que estavam com Piloto quando ele foi preso no Paraguai. A Subsecretaria também conseguiu uma foto da amante do traficante.

— Nós já tínhamos informações sobre uma possível nova tentativa de resgate e anexamos ao documento o material produzido pelo Disque Denúncia — conta Galvão.

A PF informou as autoridades paraguaias sobre o plano. Com isso, a polícia local poderia tomar dois tipos de providência: de prevenção e de investigação. As medidas preventivas são aquelas imediatas, para evitar uma fuga, como reforçar a segurança no presídio e colocar pessoas de confiança para controlar os acessos a Piloto. Paralelamente, há as medidas investigativas, que têm como objetivo a prisão dos bandidos envolvidos na trama.

Passou-se mais de um mês até que a denunciante voltasse a entrar em contato. No dia 27 de junho, ela escreveu: "*Contínua* o plano do *rescate*. *Nao tao facendo* ainda por falta de dinheiro. Perderam 3 *cargamentos* seguidos. Semana *pasada chego* 1 carregamento de maconha no Rio. Mas era só *1.000kg*, pouco para ele. Ele precisa de muito dinheiro *pra* fazer o que *ta* planejando." O traficante estava enviando grandes remessas de droga para o Brasil como uma forma de se capitalizar para financiar seu resgate, já que a ação envolvia também o pagamento de altas quantias de propina. *Milani* recorda-se vagamente de, durante as conversas, a denunciante avisá-lo sobre um desses carregamentos. A denúncia teria levado a uma apreensão no Paraná.

A denunciante contou ainda que Piloto teria a ajuda de um grupo de bandidos do Rio que já estavam escondidos em Assunção. E completou: "Ele quer ir para *bolivia*. Depois explico *con* detalhe o plano." Piloto tinha de fato muitas conexões com a Bolívia, de onde vinha a cocaína que ele traficava, o que explicaria sua ida para lá caso o resgate funcionasse.

No dia seguinte, 28, ela enviou nova mensagem para *Milani*: "*Tao* trazendo carros roubados do rio para *paraguay*. Hoje *a* tarde vai sair de rio de janeiro. Chega *amanha* ao destino. Eles *procuran una camionete* do mesmo *anho*, mesma cor e duplicam o documento, *asim* eles *nao tem* problema na rua *con policia. So* olhando *numero* de *chasis* que *vao* saber que o documento *nao* é dele. Hoje *a* tarde *ta* saindo *una camionete* Tucson cor branca *anho* 2016 *con* documento duble [*duplicado*]."

A história, como de costume, foi repassada pela Subsecretaria de Inteligência para a PF, que a mandou para o Paraguai, para que a polícia local ficasse de olho nas caminhonetes Tucson brancas e dessem o bote — bastava verificar a documentação e se havia algum brasileiro rodando com o veículo.

A denunciante tratava de deixar *Milani* a par de todos os movimentos da quadrilha, mesmo que fosse para avisar que os planos continuavam em ritmo lento. No dia 5 de julho, por exemplo, ela escreveu: "*Nao* tenho muita novidade... *Tao* sem dinheiro por isso *tao* quieto ainda. A *camionete* que falei pra você, a Tucson branca, *ta en* ciudad del este, eles vão levar *pra* pedro juan caballero trocar por maconha."

Enquanto Piloto tentava arrecadar dinheiro para escapar da prisão, sua amante, Marisa, e seus comparsas estavam sendo monitorados pelas polícias brasileira e paraguaia. Até que, no fim da noite de 4 de outubro, uma quinta-feira, uma operação conjunta da Polícia Federal com a Senad prendeu cinco pessoas que se preparavam para resgatar o traficante. Junto com o bando foi encontrado um mapa da prisão. Além de Marisa, foram detidos Alan Neves da Conceição, de 26 anos; Juarez Italo Paiva Neto, de 37; Wanderson Ferreira de Paula Silva, de 20; e Thiago Lucas Gonçalves, de 23, que seriam das favelas de Manguinhos e do Jacarezinho, dominadas pelo Comando Vermelho.

O grupo estava escondido em três casas em Assunção. Com os bandidos, os policiais encontraram um arsenal de guerra: sete fuzis, quinze pistolas, 42 carregadores de fuzil, 42 de pistola, vinte rádios comunicadores e uma quantidade não divulgada de artefatos explosivos de fabricação caseira. O armamento estava enterrado nas casas. Também foram apreendidos cinco veículos, entre picapes e carros de passeio alugados pela quadrilha, assim como roupas camufladas, toucas pretas e grampos para furar pneus de carro durante a fuga.

Segundo as investigações, eles faziam parte de um grupo de quinze a vinte bandidos fortemente armados com explosivos que planejavam invadir, naquele fim de semana de outubro em que haveria eleições no Brasil, a Agrupación Especializada, onde Piloto estava preso após ser transferido da penitenciária de Emboscada.

O delegado da PF Julio Baida, coordenador-geral de Repressão a Drogas e Facções Criminosas, disse que era o quinto plano de resgate de Piloto e o que chegou mais perto de ser executado. Os criminosos teriam considerado que, mesmo sendo uma prisão de maior segurança, nos fins de semana o quartel ficava menos guarnecido. Novamente o trabalho conjunto do DD, da PF e da polícia paraguaia frustrou as intenções do criminoso. O ministro Arnaldo Giuzzio, que chefiava a Senad, disse que a ação evitou um banho de sangue.

Quando a quadrilha foi presa, *Milani* recebeu nova mensagem da informante. Não era para fazer denúncia, apenas para um rápido agradecimento e para conversar. Afinal, haviam criado um elo ao longo daqueles últimos oito meses.

Dias depois, ocorreria mais uma tentativa de fuga, igualmente fracassada. Seria cinematográfica: um carro-bomba explodiria na frente do presídio. O plano fracassou porque, na madrugada de 24 de outubro, três supostos integrantes do Comando Vermelho foram mortos em uma operação em um sítio na cidade de Presidente Franco, trezentos quilômetros a leste de Assunção, na chamada Tríplice Fronteira. A polícia encontrou no local mais de 84 quilos de dinamite em gel, além de diversas armas, entre elas um fuzil AK-47 e um AR-15. Os explosivos foram levados para uma área rural e detonados pela polícia. Caso o plano não tivesse sido abortado, a dinamite poderia ter destruído tudo num raio de 250 metros ao redor da Agrupación Especializada. A quantidade seria suficiente para matar "mais de cem pessoas", segundo o ministro do Interior, Juan Ernesto Villamayor.

Era ousadia demais, até para os lenientes padrões paraguaios. Após as seguidas tentativas de fuga de Piloto, a juíza Alicia Pedrozo autorizou no dia 26 de outubro sua extradição para o Brasil, onde ele havia sido condenado a 26 anos de prisão por um homicídio e dois roubos. A decisão desagradou ao traficante. Ele queria permanecer no país por dois motivos. Primeiro, porque no Paraguai as condições das prisões eram mais favoráveis para que continuasse gerindo seus negócios ilícitos. Ou seja, pagando propina, ele teria benefícios e regalias impensáveis nas prisões de segurança máxima brasileiras. Segundo, porque é um ponto estratégico para quem atua com o tráfico de drogas — tanto de maconha, já que se trata de um país produtor, como de cocaína, pois serve de rota para o pó que vem da Bolívia e segue para o Brasil.

Piloto estava frustrado. Talvez por não ter sido avisado das ações que impediram seu resgate, resolveu expor a corrupção na cúpula da polícia paraguaia. Sua advogada, a argentina Laura Marcela Casuso, organizou uma entrevista coletiva do traficante no dia 6 de novembro, de dentro da prisão. Aos jornalistas, ele reconheceu fazer parte do Comando Vermelho e se vangloriou de ter traficado drogas e armas. E denunciou o pagamento de propinas a autoridades policiais paraguaias em troca de proteção. Disse que pagava "bem caro" para ser protegido pelo diretor-geral de Investigações Criminais da Polícia Nacional, que negou a acusação.

Seis dias depois dessa entrevista, Laura foi executada no bairro Maria Victoria, em Pedro Juan Caballero, no Paraguai, cidade vizinha de Ponta Porã, em Mato Grosso do Sul, a cerca de 320 quilômetros da capital do estado, Campo Grande. Ela participava de uma reunião com mulheres em uma loja maçônica a quatrocentos metros da Linha Internacional quando recebeu uma ligação e saiu para a frente do local. Imagens de uma câmera de segurança mostram que ela caminhava em direção à rua quando, às 18h11, um pistoleiro com pano no rosto desceu de uma caminhonete Toyota Hilux preta, aproximou-se da advogada e começou a atirar. Outro, que estava dentro do carro, atirou em direção ao prédio, para o alto e para a vítima, já caída. Laura não usava colete à prova de balas e foi atingida por oito dos dezoito tiros de pistola disparados pelos dois matadores, que fugiram na caminhonete.

O chefe de Segurança Pública da cidade, Teófilo Giménez, disse que os criminosos eram brasileiros. Isso porque o veículo utilizado tinha placa de São Paulo. Giménez também afirmou que a área onde ocorrera o homicídio, perto da fronteira, facilitava a fuga para o Brasil.

Decisão extrema

Após a decisão judicial a favor de sua extradição, Piloto tentou de todas as formas escapar da volta ao Brasil. No dia 16 de novembro, pediu à Justiça autorização para se casar na cadeia com Marisa. No entanto, o pedido foi negado pela juíza Lici Sánchez, que alegou falta de segurança:

— Não é o momento oportuno e não existem condições necessárias de segurança para a transferência. A comemoração só poderia ser realizada quando não houvesse mais perigo de fuga.

No dia seguinte à negativa, ele recebeu na prisão o jornalista Ernesto Londoño, do *New York Times*, que escreveria mais tarde a reportagem "Entrevistar Marcelo Piloto me abalou como nunca antes…" Ex-repórter criminal e ex-correspondente de guerra, acostumado a passar por situações duras e a conviver com homens violentos, ele disse jamais ter vivenciado algo parecido com o seu encontro com Piloto.

Na matéria, o bandido voltaria a falar de corrupção. "O Paraguai é a terra da impunidade", disse. Segundo ele, as propinas a policiais graduados eram tão comuns que as taxas para comandantes de diferentes patentes eram basicamente institucionalizadas. Piloto revelou que pagou a um policial graduado — que recebia de salário 5 mil dólares por mês — nada menos do que 100 mil dólares como adiantamento apenas para estabelecer confiança. Em troca de pagar suborno às autoridades, era avisado toda vez que estava perto de ser preso, "permitindo que estivesse sempre um passo à frente enquanto organizava remessas de cocaína e armas por meio da fronteira". De acordo com o repórter, ele descreveu suas façanhas com um "marcante sentimento de orgulho". Ao ser perguntado se sentia alguma responsabilidade pela epidemia de violência que assolava o Brasil, respondeu: "Eu não quero ver mortes. Não sinto satisfação com a morte. Mas infelizmente nesta guerra essas coisas acontecem."

No mesmo dia em que concedeu a entrevista a Londoño, Piloto recebeu em sua cela a visita de Lidia Meza Burgos, de 18 anos. O pai da jovem disse que ela trabalhava num mercado popular e cuidava de uma idosa de 90 anos. Já o jornal *ABC Color* informou que Lidia seria prostituta. Seja como for, às 13h50, pouco depois de dizer a Londoño que não queria ver mortes, Piloto desferiu 53 facadas em Lidia. O crime foi cometido de modo cruel, com uma faca de cozinha de ponta arredondada. De acordo com o procurador do Ministério Público Federal do Brasil Fernando José Aguiar de Oliveira, "a enorme quantidade de perfurações causou intenso e atroz sofrimento à vítima". Outros requintes de crueldade foram o fato de Piloto ter deixado a faca cravada no pescoço da vítima, bem como a tentativa de asfixiá-la. O procurador ressaltou ainda que ela estava "completamente desprevenida", após ter feito sexo com Piloto. "O denunciado atraiu Lidia para o local do crime com o argumento de que queria usufruir de seus préstimos como 'garota de programa'."

Em seguida, ele se sentou calmamente para esperar a chegada de um guarda. A vítima foi levada a um hospital, mas não resistiu aos ferimentos.

De acordo com a imprensa paraguaia, o assassinato seria uma "estratégia macabra e desesperada" do narcotraficante para barrar sua extradição para o Brasil, já que todos os recursos judiciais haviam sido esgotados sem sucesso. O procurador Fernando José Aguiar de Oliveira concordou. Para ele, Piloto "acreditava que, enquanto estivesse sendo processado por este homicídio no Paraguai, não poderia ser extraditado".

— A gente tinha a informação de que ele poderia tomar uma medida extrema e desesperada, já que estava apavorado, com medo de ser extraditado. Mas ninguém podia prever que ele chegaria a tanto — diz o delegado federal Fábio Galvão.

É bom lembrar que, em 2017, quando foi preso, Piloto havia dito que, se soubesse da operação, estaria sentado em duas toneladas de maconha para não correr o risco de ser mandado para o Brasil. Dessa vez, em que havia a certeza de que seria extraditado, recorreu a um recurso ainda mais drástico.

— Você vê a índole dele. Para Piloto, estar com droga e matar uma mulher eram a mesma coisa, o que importava era ficar no Paraguai — critica Galvão.

Mas a manobra do traficante não funcionou. No dia seguinte ao da morte de Lidia, o presidente paraguaio, Mario Abdo Benítez, resolveu não esperar mais o processo da Justiça. Demitiu o comandante e o subcomandante da Polícia

Nacional e usou sua conta no Twitter para anunciar sua decisão. Em entrevista coletiva, ele explicou: "Decidi expulsá-lo para que nosso país não seja terra de impunidade para ninguém. Temos esta atribuição e a utilizamos. Já foi o suficiente: seis tentativas de fuga foram abortadas. Pedimos celeridade com todas as nossas vozes e nossa força, e agradeço porque recebemos todo o apoio da Justiça."

E assim, na manhã do dia 19 de novembro, apenas dois dias após o homicídio de Lidia, Piloto deixava o Paraguai. De Assunção a Ciudad del Este, ele foi em um helicóptero, com o rosto coberto e um colete à prova de balas da Polícia Nacional. Vestia tênis e um conjunto esportivo. Na fronteira, deixou o país em uma aeronave do Grupo Aerotático da Força Aérea Paraguaia. Seguiu para a delegacia da Polícia Federal em Foz do Iguaçu, onde permaneceu até o meio da tarde, quando então foi transferido para uma prisão de segurança máxima, a Penitenciária Federal de Catanduvas, no oeste do Paraná.

A extradição de Piloto deixou o gerente do programa Procurados com uma sensação de dever cumprido. Quem também vibrou foi a mulher de *Milani*. Ela não tinha detalhes do que estava acontecendo ao longo daqueles meses, mas sabia que o marido estava envolvido numa operação importante.

— É que no começo ela estranhou eu ficar no quarto, de madrugada, conversando com alguém. Perguntou: "Que negócio é esse, com quem você está falando todo dia a essa hora, tarde da noite?"

Milani mostrou que estava usando o aparelho do Disque Denúncia e não seu celular pessoal, e deixou que ela lesse algumas mensagens. Quando sua mulher viu que era assunto profissional, relaxou.

Zeca também celebrou o destino de Marcelo Piloto:

— Essa foi a denúncia mais importante da história do serviço. Pela primeira vez o DD monitorou um criminoso em outro país, com informações vindas de lá, recebidas pelo WhatsApp. Sabe quando o cara pisa num despacho e dá tudo errado? Esse cara pisou no despacho.

6. ROTA BRASIL-MOÇAMBIQUE

2021

Como fazia todo dia bem cedo, *Geraldo* acordou, tomou café da manhã, arrumou-se e, às sete horas, estava pronto para iniciar o expediente. Ajeitou-se na cadeira da sala, ligou o computador de casa e aguardou. Desde março de 2020, por causa da pandemia de covid-19, ele estava trabalhando em *home office*, a exemplo de todos os operadores do Disque Denúncia. Naquele começo da manhã do dia 5 de outubro de 2021, o telefone tocou algumas vezes, mas ele não escutou nada de importante. Eram 8h15 quando atendeu mais uma ligação. Mal fez a saudação habitual — "Central Disque Denúncia, *Geraldo*, bom dia" — e, do outro lado da linha, a voz aflita de um homem disse ter informações sobre um carregamento de drogas. Deu detalhes. Contou que, no Porto do Rio, na área onde se localiza a MultiRio, empresa que desde 1998 explora como concessionária uma parte do porto, havia um contêiner de tamanho médio com uma grande quantidade de drogas escondidas em caixas de sabão em pó, com destino a Maputo, em Moçambique.

O denunciante tinha pressa. Nem sequer dava tempo ao atendente de fazer as perguntas de praxe. "*Geraldo*, deixa eu falar!", chegou a dizer, de forma meio ríspida, a certa altura da conversa. Quando o operador quis saber o nome da rua, um dos dados básicos para se preencher o relatório, o denunciante respondeu, impaciente: "Porto do Rio! Todo mundo sabe onde é." Ele tinha uma voz firme e era muito incisivo. Apesar do nervosismo, dava para perceber que sabia do que estava falando — e tinha urgência de que as autoridades competentes fossem averiguar a denúncia.

Num determinado momento, o homem disse algo que acendeu um alerta em *Geraldo*. O atendente percebeu na hora que se tratava de uma denúncia "quente" e não de um "Disque-Vingança" ou "Disque-Fofoca" — quando um denunciante repassa informações falsas com o intuito de prejudicar alguém. O contêiner, disse, tinha o número de inscrição TGHU0667599. "Anota direitinho", frisou ele, começando a soletrar: "T". Para não correr o risco de errar, *Geraldo* repetiu, usando o alfabeto fonético de soletração mais usado no mundo, o da aviação. "T de Tango, senhor?", quis confirmar. "Isso." E assim os dois continuaram: G de Golf, H de Hotel, U de Uniforme. E na sequência os números 0, 6, 6, 7, 5, 9 e 9.

Ao final, *Geraldo* perguntou, como de costume: "O senhor deseja anotar o número de protocolo?" O denunciante disse um "não" seco e desligou em seguida. *Geraldo* não teve tempo nem de se despedir com o tradicional "O Rio de Janeiro agradece a sua ligação, tenha um bom dia". A afobação do informante se justificava não somente pelo risco que corria, mas também porque, segundo ressaltou, a carga seria embarcada a qualquer momento.

Assim que desligou, *Geraldo* consultou o Google e completou a informação que faltava: a de que o acesso ao Porto do Rio se dava pela avenida Rodrigues Alves, no Centro da cidade. Incluiu o endereço no computador e finalizou a denúncia às 8h20, apenas cinco minutos depois de atender a ligação.

NA RUA CITADA, ACESSO PELA AVENIDA RODRI-GUES ALVES, SITUA-SE O PORTO DO RIO DE JANEI-RO, ONDE ESTÁ LOCALIZADA A EMPRESA MULTIRIO, QUE ESTÁ RESPONSÁVEL PELO CONTAINER DE INSCRIÇÃO TGHU0667599, TAMANHO MÉDIO, QUE CONTÉM GRANDE QUANTIDADE DE DROGAS (NÃO SABENDO ESPECIFICÁ-LAS), DENTRO DAS CAIXAS DE SABÃO EM PÓ, INDO PARA O PORTO DE MAPUTO, MOÇAMBIQUE, E ELE ESTÁ NO PÁTIO E SERÁ EMBARCADO ENTRE OS DIAS 5/10 E 7/10.

O número da denúncia, 773.10.2021, indicava que era a 773ª feita naqueles primeiros cinco dias de outubro de 2021. E, como se revelaria mais tarde, seria a mais importante recebida por *Geraldo* em seus dezessete anos de serviço.

Assim que *Geraldo* terminou de cadastrar a denúncia, ela automaticamente entrou no sistema e foi lida pelo setor de Difusão — braço do DD formado somente por policiais e que, desde maio de 2013, está sob o comando do primeiro-sargento Renato Garcia, que chefia outros nove PMs, sendo sete deles difusores ou analistas de difusão. O setor é encarregado de encaminhar as denúncias para as autoridades competentes, que vão investigá-las. Em geral, elas seguem para no mínimo quatro órgãos: a delegacia e o batalhão da área, e os setores de Inteligência das polícias Civil e Militar.

— Quando cheguei era tudo muito arcaico — lembra Renato, cujo cargo oficial é o de diretor da Divisão de Denúncias da Subsecretaria de Inteligência da Secretaria de Estado de Polícia Civil, a Sepol.

Antes, ele trabalhara durante dezesseis anos na Corregedoria da PM e estava acostumado a receber denúncias do DD sobre supostos crimes relacionados a policiais. Por vezes elas chegavam muito atrasadas.[1] Com o aval de Zeca Borges, Renato resolveu modernizar o método de envio e, por sugestão de Paulinho, responsável pela área de tecnologia do DD, as denúncias passaram a ser enviadas não mais por fax e sim por e-mail, o que acelerou o processo de investigação. O problema é que não há como saber em que momento essas mensagens serão abertas. Às vezes, pode ser tarde demais.

Em tese, o setor de Difusão é responsável por enviar todas as denúncias recebidas. Mas, na prática, nenhuma das áreas do DD é estanque. Há uma troca permanente de informação em que todo mundo bota sua rede de contatos a serviço da resolução dos problemas. Com isso, outros setores também acabam criando fluxos alternativos de difusão. O próprio Zeca estimulava que a denúncia seguisse dois caminhos: o oficial, feito pela Difusão, e o paralelo, que tem a ver com confiança e parceria. Ele chegou a instruir seus gerentes: "Se nós imaginarmos que aquela difusão convencional não vai dar resultado e acharmos que existe uma difusão melhor, então vamos mudar o destinatário."

Isso ocorreu depois do fim da gestão de Sérgio Cabral como governador e no início da administração de Luiz Fernando Pezão, quando uma forte crise econômica atingiu o estado, levando o governo estadual a parar de pagar a folha do DD e as despesas de funcionamento. Zeca teve que demitir funcionários e acabar com a operação nas madrugadas e aos domingos e feriados. O coordenador avisou aos que ficaram: "Somos uma equipe menor e temos que trabalhar mais. Vamos precisar ter mais e melhores denúncias. Denúncias mais qualificadas chamam mais a atenção da polícia, aumentam as chances de resultado e geram mais mídia positiva."

Para tanto, todos os gerentes — de Análise, da Comunicação, de Resultados, da Difusão e dos programas Procurados, Desaparecidos e Linha Verde — teriam que dar mais atenção aos operadores. Deveriam apoiá-los, comentar sobre a qualidade dos textos das denúncias, dizer quais as melhores perguntas a serem feitas durante a entrevista, tirar dúvidas sobre questões criminais e jurídicas, além de passar toda sorte de informação, que poderia ser desde explicar qual facção domina certa favela até verificar se determinado bandido estava foragido ou preso. Em casos de mais evidência, com grande repercussão, também era comum que delegados e comandantes de batalhão sugerissem perguntas a serem feitas, para que as denúncias chegassem mais detalhadas.

Max, chefe do setor de Análise, seguiu à risca o pedido de Zeca. Passou a ir com mais frequência ao Atendimento e combinou com os operadores que, se recebessem uma denúncia que julgassem importante, deveriam pegar um papel, escrever a frase "Leia a denúncia tal" e deixar na mesa dele. Com esse alerta, *Max* daria uma destinação especial para aquela denúncia, indo além do envio normal que ela já teria. Isso passou a ser feito. A diferença é que agora, com o *home office*, os operadores, em vez de anotar no papel, passaram a marcar *Max* no WhatsApp. Mais especificamente em um grupo intitulado Setores Integrados, criado com o objetivo de integrar mais a equipe, em especial no período em que todos estavam trabalhando de casa. Cada vez que era marcado no grupo, *Max* lia a denúncia para analisar se seria o caso de sinalizar algum policial parceiro do DD.

Era o que estava acontecendo naquele exato momento. Após cadastrar a denúncia, *Geraldo* enviou para o grupo de WhatsApp uma mensagem marcando *Max* e Renato: "Bom dia a todos, DD 773.10.2021, carregamento de drogas prestes a sair do Brasil para Moçambique." Os dois leram o texto quase ao mesmo tempo. A partir daí, a denúncia seguiu o caminho oficial e o paralelo, os quais, por acaso, acabaram convergindo depois.

Max

Assim que bateu os olhos nas informações recolhidas por *Geraldo*, *Max* intuiu o mesmo que o operador: o contêiner deveria existir de fato. "Como é que alguém iria inventar essa sequência enorme de letras e números?", pensou. Além da identificação alfanumérica, chamou sua atenção a riqueza de detalhes, como o nome da empresa responsável pelo terminal, a data do possível embarque para Maputo e o fato de que as drogas estavam acondicionadas em caixas de sabão em pó. Ao ser avisado, Zeca também acreditou no potencial da denúncia que, apesar de pequena, era direta e precisa.

Max sabia que não havia tempo a perder, diante do risco iminente de que a droga fosse mandada para o exterior. Resolveu obedecer à sugestão de Zeca e não restringir a denúncia aos destinatários de praxe — o que já seria feito pelo setor de Difusão. Como se tratava de tráfico internacional de drogas, o caso estaria na alçada da Polícia Federal. O primeiro nome que veio à sua cabeça foi o do delegado Fábio Galvão, chefe da Delegacia Especial do Aeroporto Internacional (Dein) do Rio de Janeiro. A rigor, o cargo que ele ocupava não tinha nada a ver com o porto. Mas o delegado da PF tinha um vínculo muito forte com o DD, desde que havia sido subsecretário de Inteligência, de fevereiro de 2011 a setembro de 2018, e ocupara uma sala contígua à do serviço. A parceria resultara em ações bem-sucedidas, como a que frustrou a fuga do traficante Marcelo Piloto de um presídio no Paraguai.

Max tratou de agir rapidamente. Às 8h35, apenas quinze minutos depois de *Geraldo* finalizar o telefonema, ele enviou uma mensagem para o celular de Galvão, repassando na íntegra o texto da denúncia cadastrada pelo operador.

Renato

Também em sua casa, a quilômetros de onde *Max* morava, Renato aproveitava que a manhã estava tranquila para conversar por WhatsApp sobre assuntos administrativos com a agente Sara, cabo da PM que trabalhava com ele na Difusão. Eram 8h20 quando, em meio à troca de mensagens, Sara olhou a tela do computador e reparou que tinha acabado de entrar no sistema a denúncia escrita por *Geraldo*. Leu, achou-a detalhada e teve um bom pressentimento. Remeteu-a imediatamente para o chefe, dizendo: "Renato, tem uma denúncia boa."

O que ela não sabia é que, naquele exato instante, Renato espiava o grupo de WhatsApp Setores Integrados e via que havia sido marcado por *Geraldo*. Renato enviou um áudio a Sara pedindo: "Sarinha, acabaram de me sinalizar uma denúncia importante. É a de número 773.10.2021. Me mande aí."

Coincidentemente, era a mensagem que ela acabara de mandar para ele. E, assim como *Max*, Renato imaginou que Galvão era a pessoa certa para aquela missão. Os dois haviam se conhecido tempos antes, quando Renato, então na Corregedoria, foi emprestado em 2012 à Secretaria de Segurança para fazer um trabalho de escuta monitorando policiais acusados de desvios de conduta. A operação durou um ano e resultou em diversas prisões. Galvão, que era subsecretário de Inteligência, viu os bons resultados e convidou Renato em 2013 para trabalhar no setor de Difusão do Disque Denúncia.

Agora, oito anos depois, Renato pensou em Galvão e pediu a Sara que enviasse a ele a denúncia recebida por *Geraldo* pelo método tradicional, o correio eletrônico. Logo em seguida, porém, tratou de mandar um WhatsApp para o delegado federal alertando-o sobre a mensagem, para que ele abrisse logo o e-mail.

Galvão e Bruno

Galvão viu quase ao mesmo tempo as duas mensagens, a de *Max* e a de Renato — sem que nenhum dos dois soubesse que o outro tinha feito contato. Assim que leu o relato, o delegado percebeu, a exemplo de *Geraldo*, de Zeca, de *Max*, de Renato e de Sara, que as informações tinham tudo para ser verdadeiras.

— Era uma denúncia muito detalhada. Trazia o número do contêiner e dizia que a droga estava dentro de caixas de sabão em pó. E Maputo é uma rota conhecida de tráfico — explica Galvão, nos dias atuais.

O delegado federal sempre teve o costume de dar crédito às informações recebidas por meio do DD:

— Você não pode tomar uma denúncia como verdade absoluta. Tem que ter sempre um pé atrás, checar com o que a gente já tem e ver se procede. Mas o pessoal do Disque

Denúncia tem um *feeling* que faz com que eles batam o olho e saibam quando uma denúncia merece uma difusão especial. É que nem o comerciante que consegue distinguir uma nota falsa só pelo toque.

Galvão avisou aos dois que iria atrás da informação. "Deixa comigo", escreveu a *Max*. E mandou um WhatsApp para Renato pedindo que o e-mail com a denúncia fosse enviado também para o endereço eletrônico da DRE/PF/RJ, ou seja, da Delegacia de Repressão a Entorpecentes (DRE), chefiada pelo delegado federal Bruno Tavares, um policial de extrema confiança.[2]

Galvão fez um alerta a *Max* e a Renato: pediu que não repassassem a denúncia para mais nenhum outro órgão. O objetivo era evitar "bateção de cabeça". Ou seja, evitar que aparecessem no porto outras forças policiais além da PF, o que poderia chamar a atenção dos traficantes e atrapalhar a operação.[3]

Após falar com os dois, Galvão sabia que não havia tempo a perder. Às 8h39, ele enviou um WhatsApp para Bruno contando sobre o e-mail que o DD ia mandar para a DRE e antecipando o teor da denúncia. De maneira geral, Bruno respondia de imediato. Dessa vez, os minutos se passaram, deixando Galvão apreensivo. Ele não sabia que o colega da PF estava finalizando seu treino de jiu-jítsu.

— Comecei a ficar nervoso porque a informação dizia que a droga iria embarcar em breve para Maputo. Eu não podia perder tempo. Pensei: "Será que Bruno está em operação?" — recorda-se atualmente Galvão.

Diante da ausência de resposta, resolveu ligar para o celular dele, sem sucesso. Até que, numa segunda chamada, pouco após as nove horas, Bruno atendeu.

— Você já viu a mensagem que te mandei? — quis saber Galvão.

— Não.

— Dá uma olhada. A denúncia está bem completa. Me parece muito boa.

Bruno disse que ia checar imediatamente. Assim que leu, notou de cara que tinha mesmo boas chances de ser verdadeira, já que trazia detalhes como localização, tipo de carga, numeração do contêiner e destino. Ele postou a denúncia no grupo de WhatsApp da DRE e pediu que seu pessoal desse uma olhada. Um dos analistas da PF, *Bianqui*, animou-se: "Se esse contêiner existir mesmo, vai ser bingo, porque esse destino (Maputo) é rota." Bingo é a forma como os agentes se referem a uma operação bem-sucedida.

A primeira medida de *Bianqui* foi telefonar para a Multi-Rio. "Confere que esse contêiner está aí?", perguntou. Diante da confirmação, quis saber se ele já havia sido embarcado. Ainda não: ele estava na zona primária do terminal — área restrita do porto destinada às operações de carga e descarga de mercadorias. Mas era questão de tempo. Em breve, seria levado ao navio que, na manhã seguinte, partiria rumo a Moçambique, com escala na Espanha. *Bianqui* pediu na hora que o contêiner suspeito fosse separado dos demais. A DRE solicitou ainda que outros dois contêineres, com destino a Rotterdam, na Holanda, também fossem separados, para fazer uma fiscalização por amostragem.

Depois que os três contêineres foram isolados, Bruno seguiu com três agentes na viatura em direção ao porto, localizado em frente à sede da PF, separados apenas pelos trilhos por onde passa uma das linhas do VLT, o Veículo Leve sobre Trilhos. Apesar da proximidade — a entrada fica a uns cinquenta metros da Superintendência da PF —, não dá para ir a pé, já que o porto tem mais de 6,7 quilômetros de cais. De carro, foram gastos cerca de dez minutos dentro do porto até chegar à MultiRio.

Cães farejadores

Naquela manhã do dia 5, por coincidência, a equipe de canil da DRE já tinha realizado uma atividade de treinamento dos cães farejadores no Porto do Rio. Dois agentes e dois cães participaram de uma fiscalização de rotina junto com a Receita Federal.

— Normalmente não dá em nada. Uma fiscalização sem a Inteligência por trás dificilmente resulta em alguma coisa. É mais para treinar os cães, que precisam estar o tempo todo sendo estimulados — explica Bruno.

Quando ele chegou com os três policiais ao porto, a equipe do canil já havia ido embora, mas teve que ser convocada de novo. Entre eles estava o pastor-belga-malinois Enzo. Os agentes da PF e os fiscais da Receita logo começaram a trabalhar. Na área de fiscalização, os três contêineres passaram primeiro pelo escâner da Receita, que analisa a densidade dos produtos e ajuda a descobrir conteúdos suspeitos.[4] Mas as imagens da inspeção foram vagas e inconclusivas.

Às seis e meia da tarde, foi a vez de dar início à vistoria da PF. O primeiro e o segundo contêineres abertos, com destino a Rotterdam, não continham nada de anormal, somente o material declarado pelo exportador no documento de embarque. Tão logo liberados pela PF, foram novamente lacrados pela Receita.

Era chegada a hora de inspecionar o contêiner-alvo, o de número TGHU0667599, no qual, segundo o denunciante, havia droga escondida. A caixa de metal media seis metros de comprimento, 2,44 metros de largura e 2,60 metros de altura, e estava abarrotada, com 100% de seu espaço tomado por embalagens de sabão em pó e outros produtos de limpeza.

— Eu nunca tinha visto um contêiner tão cheio quanto aquele — diz Bruno.

A princípio, parecia tudo legítimo. E, de fato, os policiais retiraram a primeira pilha de mercadorias, formada por produtos como sabão líquido, e não encontraram nada de errado. Parecia que a denúncia, ao contrário do que imaginaram todos, era infundada.

Os agentes removeram então mais uma leva de carga, que ocupava toda a segunda fileira do contêiner. Dentro de cada uma das grandes caixas de papelão estavam nove embalagens de dois quilos cada de sabão em pó de uma marca popular da fabricante Ypê, um tipo de produto comumente exportado para países africanos.

Assim que a primeira caixa foi depositada no chão, um

dos agentes fez um chuche numa das embalagens — ou seja, perfurou-a com um vergalhão metálico.

— Quando a vedação está 100%, como nesse caso, não há eliminação de odor, e aí fica quase impossível para o cachorro trabalhar — explica o policial federal Pedro, operador dos cães. — Por isso é preciso furar, para que haja troca de moléculas.

Na mesma hora, Enzo detectou algo de errado e mudou de comportamento. Até aquele momento, o pastor-belga estava excitado, mas ao sentir o cheiro parou.

— O cachorro é muito focado. Ele interpreta uma atividade como essa como uma brincadeira. O cão é ensinado a procurar o rastro daquele cheiro que ele associa ao brinquedo dele. Por isso fica agitado, em estado de alerta. É como se pensasse: "Chegou a hora de brincar" — diz Bruno.

Mas, quando nota a presença da droga, ele para de ficar ouriçado e se acalma. É parte do treinamento que havia recebido, chamado de "alerta passivo". De modo geral, o animal apenas se senta em frente à substância ilícita. Mas Enzo fez mais do que isso: ficou esfregando a pata na embalagem.

— Nossos cães são ensinados a não passar a pata no material — diz Pedro. — Afinal, se for alguém carregando drogas o cachorro não pode abordar dessa forma nem morder. Mas o Enzo tem esse cacoete. Ele fica muito ansioso.

O faro de Enzo se confirmou. Pedro pegou a embalagem, percebeu que estava dura e constatou:

— Não precisava nem de cachorro. Deu bingo aqui.

Eram 19h38. Dentro da caixa de sabão em pó de dois quilos havia um tablete de cocaína prensada do mesmo peso.

— O trabalho que os criminosos fizeram foi excelente. A caixa não parecia violada. A aparência era perfeita, o peso era o mesmo e a gente só percebia algo de diferente quando pegava a embalagem e notava que era mais dura do que se tivesse o sabão — lembra *Bianqui*. — Desde a origem, ou seja, desde o refino, cada tablete já foi preparado para caber perfeitamente dentro de cada recipiente. Até a escolha do sabão em pó foi pensada, porque existe uma densidade esperada para o produto. Uma coisa é botar a cocaína, que também é em pó, em algo sólido. Aí o contraste seria grande. Nesse caso, não.

À medida que outros pacotes eram abertos, Bruno foi percebendo que se tratava de algo grandioso. Ele manteve Fábio Galvão a par dos acontecimentos. Galvão, por sua vez, repassou a boa nova a *Max*. Às 19h44, pouco após a primeira descoberta, mandou uma foto do contêiner aberto e a palavra "bingoooooooo", junto com uma sequência de emojis de aplausos.

A conquista foi compartilhada também com *Geraldo*. *Max* mandou mensagem ao operador contando que a denúncia que ele recebera naquela manhã tinha mesmo fundamento. *Geraldo* respondeu: "Bingooooooo!!!!! Obrigado, amigo!"

O chefe da Análise explica que faz questão de dar retorno aos atendentes como uma forma de motivá-los:

— Queremos operadores interessados, que brigam pela denúncia. Eles são muito exigidos, têm que saber de cabeça uma série de códigos e informações, e não são mais premiados, devido à crise financeira. São submetidos a um alto nível de estresse, gerado por uma jornada diária de trabalho em que escutam narrativas gravíssimas de violência envolvendo crianças, mulheres e idosos. Isso pode provocar esgotamento e perda de produtividade. Existe, então, uma preocupação de não termos uma alta taxa de rotatividade na instituição, porque a formação de um novo integrante da equipe é trabalhosa e demorada.

Bruno, por sua vez, também não abriu mão de manter Renato a par do que estava acontecendo. O chefe da Difusão, de sua parte, tratava de repassar as novidades para Sara e para Zeca:

— Zeca acompanhou tudo. Eu ligava toda hora para ele. Perturbei-o desde o início. Logo no começo falei: "Se bingar, vai ser um marco."

Os trabalhos prosseguiram noite adentro. Às 20h50, Bruno publicou no grupo de WhatsApp da DRE uma estimativa inicial: já havia mais de 1,5 tonelada. Mas ainda restava muito a fazer. O caso tomara tamanha dimensão que, até o fim da noite, participariam da operação trinta policiais federais — da DRE e de outras unidades da PF, como o GPI (Grupo de Pronta Intervenção) e o COT (Comando de Operações Táticas), que fica sediado em Brasília.

Às 22h57, a quantidade de droga apreendida subira consideravelmente: "4 ton", escreveu Bruno aos colegas da equipe. Quando, enfim, todo o contêiner foi vistoriado, tinham sido encontradas nada menos do que 4,3 toneladas de cocaína. Para se ter uma ideia do que significa essa quantidade, era quase igual a todo o volume de cocaína apreendido ao longo dos doze meses do ano anterior. E olha que as 4,5 toneladas confiscadas pela PF em 2020 representavam o recorde anual de apreensão de cocaína da história do estado do Rio.

Havia mesmo muito o que comemorar. Até aquele dia 5 de outubro, a DRE recolhera ao longo de 2021 três toneladas de cocaína. Era uma quantidade significativa, mas ainda assim inferior às 4,5 toneladas do ano anterior. Àquela altura, tudo levava a crer que não seria possível bater 2020. Até que veio a ligação ao Disque Denúncia.

A noite estava longe de acabar

As 4,3 toneladas descobertas numa única noite eram mesmo um feito inédito. Mas não o suficiente para os policiais. Antes mesmo de conseguirem descarregar toda a droga, Bruno e os agentes especularam junto ao pessoal da Receita: "Será que não tem outro contêiner com as mesmas características desse aqui e com o mesmo destino, Maputo?" As chances eram pequenas, mas decidiram que valia a pena buscar.

— Qualquer equipe do mundo teria ficado satisfeita com 4,3 toneladas de cocaína. Mas a nossa não. A gente nunca está satisfeito. Foi um ato de pura teimosia e fé ir atrás de um outro contêiner — diz Bruno.

Ele parece um daqueles policiais clichês de seriado americano. Carioca, 44 anos, 1,78 metro, calça jeans e camiseta, porte atlético, faixa-preta de jiu-jítsu, cabelos precocemente grisalhos — "há muito tempo, desde que eu tinha 34, 35 anos" —, é um policial que valoriza a inteligência e a ação — foi por sete anos coordenador do Grupo de Pronta Intervenção, o GPI, no Rio.

A DRE que ele chefia ocupa metade do quarto andar do prédio da Superintendência Regional da Policial Federal no Rio. A delegacia foi toda reformada em 2014, com dinheiro apreendido de criminosos. As apreensões ajudaram a reparar também outras unidades da PF. Do espaçoso gabinete de Bruno, ouvem-se a todo instante os apitos dos navios no porto e as buzinas dos trens do VLT. Em cima do armário estão seus quimonos. A sala é decorada com adereços de outras unidades policiais de elite, como uma bandeira da Core, a Coordenadoria de Recursos Especiais da Polícia Civil do Rio, um livro do Bope, o Batalhão de Operações Policiais Especiais da PM fluminense, e medalhas de entidades estrangeiras, como a americana Drug Enforcement Administration (DEA) e a inglesa National Crime Agency (NCA).

Foi esse delegado confiante e obstinado que deu início a uma nova busca no porto. Após algum tempo, a equipe localizou outro contêiner com produtos de limpeza, que seria enviado no dia seguinte também para Moçambique. O procedimento foi o mesmo. Depois de passar pelo escâner, ele teve o lacre rompido e a porta aberta. A carga foi retirada e, de repente, ouviu-se o grito de um funcionário da Receita: "Bingo!" Havia, sim, mais cocaína embalada em caixas de sabão em pó.

— Foi a maior gritaria — lembra Bruno, que às 23h57 dividiu a notícia com os colegas do grupo de WhatsApp.

Diante da nova descoberta, os policiais que estavam no porto chegaram a pensar, empolgados, que pegariam mais quatro toneladas e bateriam o recorde de apreensão de cocaína do país.

Bruno compartilhou por WhatsApp a boa nova com Galvão. E também avisou o chefe da Difusão: "Renato, além do seu DD nós fizemos o dever de casa. Identificamos um outro contêiner com o mesmo tipo de carga para o mesmo destino, mandamos separar, abrimos e demos bingo nesse contêiner também. Vai ser uma porrada gigantesca."

Não chegou a igualar ao primeiro contêiner, mas ainda assim foram achados mais setecentos quilos de cocaína.

Operação Brutium

A noite ainda reservava surpresas que nem o otimista Bruno seria capaz de imaginar.

Para entender o que estava prestes a se desenrolar, é preciso recuar a 2019, quando a PF iniciou a Operação Brutium. O alvo principal era um traficante de Curaçau, Chendal Wilfrido Rosa, que tinha entrado no Brasil com um passaporte dos Países Baixos, já que o país caribenho é uma antiga colônia holandesa. Chendal integrava uma organização internacional, a No Limit Soldiers.

— Detectamos a existência de uma célula de uma quadrilha estrangeira que atuava no Brasil para enviar a droga para a Europa. Essa célula nasce de um grupo de ex-guerrilheiros da América Central que migram para a Itália e passam a servir como matadores de aluguel da máfia. A certa altura, os mafiosos, que dominam portos da Europa, veem uma oportunidade de ampliar seus negócios. Esse bandido de Curaçau vem então para o Brasil como agente comercial da máfia, com o objetivo de montar uma rede criminosa — diz *Bianqui*, que era o âncora (principal investigador) da Operação Brutium.

O criminoso tinha um duplo papel. Por um lado, negociou com traficantes da Bolívia e do Peru o fornecimento da cocaína. Por outro, estabeleceu relações comerciais com o Primeiro Comando da Capital, o PCC, e o Comando Vermelho, o CV. Explica-se. A facção paulista expandiu-se tanto que passou a controlar as fronteiras secas por onde entra a droga. Quando ela chega ao território brasileiro, é levada de helicóptero ou avião de pequeno porte para o interior de São Paulo e, de lá, vai de carro ou caminhão para o Rio, onde fica armazenada em favelas dominadas pela facção carioca, até ser embarcada para países como Holanda, Portugal, Alemanha, Itália e Marrocos.

— Se a droga fica num depósito, é mais fácil para a gente pegar. Por isso eles escondem nas favelas — explica Bruno.

Quase dois anos depois de seu início, a Operação Brutium — batizada com o antigo nome da Calábria, região ao Sul da Itália — seguia seus trabalhos. Coincidentemente, naquele mesmo dia 5 de outubro de 2021 agentes da PF estavam fazendo uma ação de vigilância na área do porto como parte das investigações da Brutium. Em meio ao começo dos trabalhos de averiguação dos contêineres, Bruno recebeu a notícia de que um veículo ligado a alvos da operação carregava drogas e estava estacionado nos arredores do porto. Ao mesmo tempo em que, dentro do porto, descarregavam os pacotes de cocaína das caixas de sabão em pó, os agentes da DRE decidiram abordar o carro parado do lado de fora.

Bianqui interrompeu seu trabalho de retirada da droga do contêiner e seguiu para o lado externo. Ele e sete colegas começaram a percorrer as ruas da região em busca dos suspeitos. Era noite, num local perigoso, e por isso havia no grupo agentes do Comando de Operações Táticas. A certa altura, eles viram dois homens próximos a um Fiat Argo de cor preta, com vidros escuros e a parte traseira arriada. Os agentes abordaram os suspeitos, que foram presos em flagrante após se descobrir que, dentro do veículo, com placa clonada, havia 280 quilos de cocaína. A droga era tanta que, além do porta-malas, ocupava todo o banco de trás.

O plano dos dois traficantes brasileiros, que prestavam serviços para a No Limit Soldiers, consistia em levar a droga para dentro do porto e embarcá-la num contêiner. Nesse caso, a cocaína não iria escondida, como nas caixas de sabão em pó. Ela estava guardada em sacos de quarenta a cinquenta quilos, que seriam colocados dentro do contêiner, junto à porta. Assim que a carga chegasse ao destino e o contêiner fosse aberto pela quadrilha, os sacos cairiam no chão e a droga seria retirada rapidamente e levada em algum veículo que não despertasse suspeitas, como uma Kombi de serviço.

— No Porto do Rio, os traficantes violam o lacre do contêiner, jogam a droga dentro e botam um novo lacre. Lá na Europa, funcionários do porto recrutados pela quadrilha retiram os sacos com a cocaína ainda na área primária, antes de passar pelo desembaraço. Depois, fecham de novo o contêiner, com o lacre que veio junto com a droga. Dessa forma, o dono do contêiner nem sabe que transportou material ilícito — explica *Bianqui*.

Isso é o que teria acontecido, em condições normais. Mas eles já estavam sendo vigiados e, com a movimentação atípica do local, por conta da operação gerada pela denúncia anônima do DD, tinham decidido aguardar para ver o melhor momento de agir. E foram capturados.

A prisão dos dois foi mais uma peça na engrenagem da Brutium, que terminaria somente no dia 15 de fevereiro de 2022, levando dezessete bandidos à prisão, entre eles o estrangeiro de Curaçau que chefiava a No Limit Soldiers. Ao longo de mais de dois anos de investigação, foram apreendidas duas toneladas de cocaína e 640 mil dólares em dinheiro.

A madrugada já havia chegado quando a equipe deixou o porto. Bem-humorado, Bruno definiu a operação como "aquela noite que nunca acabou". Às 6h35, Renato enviou uma mensagem parabenizando-o pelo sucesso e comentando: "Tá virado, né?" O delegado confirmou: "Tô fodido." Renato brincou: "Imagino. Depois dessa fecha a DRE. Só ano que vem. KKK."

O saldo foi a apreensão de 5,28 toneladas de cocaína, em três ações simultâneas. No dia seguinte, a operação foi destaque no *Jornal Nacional*. E com razão. Estima-se que o valor da carga apreendida ultrapassava 1 bilhão de reais. Ela estava em sua forma mais pura de apresentação, o cloridrato de cocaína, que mais tarde é misturado a outros produtos antes de ser consumido pelos usuários. No Brasil, usa-se em geral uma parte de cloridrato para cinco de mistura, como explica *Bianqui*. Quer dizer, se aquelas quase 5,3 toneladas ficassem no país, virariam mais de 26 toneladas de pó. Na Europa, onde o consumo é mais seletivo, a relação é de uma parte de cloridrato para três partes de mistura. Ainda assim, estamos falando de quase dezesseis toneladas de droga para consumo. Tamanha quantidade levantou a suspeita de que não era a primeira vez que a quadrilha usava esse expediente.

— Para o cara concentrar o risco de colocar 4,3 toneladas num único contêiner é porque já vinha jogando esse jogo com sucesso há algum tempo — diz *Bianqui*. — Normalmente, eles mandam uma remessa teste, com uma carga menor, para experimentar a parte operacional. Caso ela chegue sem problemas, eles vão aumentando a carga. Essa quadrilha estava muito confiante e entendia bastante de logística.

Bruno nunca vira um contêiner com tanta droga.

— Normalmente, quando achamos, é de trezentos a seiscentos quilos. E quando é uma apreensão grande estamos falando de uma tonelada.[5]

Bruno observa que a investida realizada pela PF a partir da denúncia do DD recebida por *Geraldo* dá uma chacoalhada em qualquer quadrilha:

— Esta é uma organização altamente estruturada, mas que teve um prejuízo enorme com nossa ação.

Como de hábito, o anonimato do denunciante é a chave do sucesso do Disque Denúncia. Mas é possível especular que somente alguém que conhecesse o esquema por dentro teria tantas informações. Talvez fosse uma pessoa que tivesse sido impedida de participar e, insatisfeita, decidira revelar a trama. Ou então alguém que tomara conhecimento do crime e achara que não devia se omitir. Fosse pelo desejo de fazer justiça, fosse por uma razão pessoal — vingar-se dos cúmplices que o preteriram —, o importante é que alguém pegou o telefone e ligou.

Desde o início da investigação, Galvão havia garantido que daria o crédito ao Disque Denúncia. Nos dias de hoje, ele explica a razão:

— É nossa obrigação moral dizer que veio deles. Tem gente que não faz, e eles sofrem muito com isso. [*Tem gente que*] prefere dizer que o resultado foi fruto de um trabalho de inteligência policial, que já tinha outra informação que levou à prisão ou apreensão.

Com o sucesso da operação, Galvão comunicou a *Max* que cumpriria o que havia acordado. O chefe do setor de Análise do serviço agradeceu:

— Maravilha, que golaço, muito obrigado pelo apoio, meu amigo.

Galvão retrucou:

— Obrigado a vocês. Quando tiver essas denúncias diferenciadas manda pra gente.

Bruno também havia decidido desde o início creditar a apreensão ao DD. Era algo importante, que poderia estimular outras pessoas a ligar para o serviço. Bruno mandou então um ofício a Fernando Albuquerque, subsecretário de Inteligência da Sepol. No documento, agradecia à equipe do Disque Denúncia pelo recebimento e pela rápida difusão do DD número 773.10.2021, que possibilitara a "maior apreensão de cocaína da história do Rio de Janeiro e uma das maiores já realizadas no país, o que só reforça a relevância e a excelência do serviço prestado pelos servidores no combate à criminalidade". O agradecimento era dirigido a Renato Garcia, primeiro-sargento da PM, Johnson Renato Amarante da Silva, segundo-sargento da PM, Sara de Oliveira Silva, cabo PM, e a mais cinco policiais e três funcionários do Mov Rio, a associação que administra o DD.

No dia 13 de outubro, a PF fazia outra operação, que dessa vez não virou notícia: as cinco toneladas de cocaína apreendidas nos dois contêineres do Porto do Rio foram incineradas em um dos fornos da Companhia Siderúrgica Nacional, a CSN, em Volta Redonda, no Sul Fluminense.[6]

Operação Maputo

Até a chegada da denúncia que levou à apreensão recorde de droga, esse grupo que atuava no Porto do Rio estava fora do radar da PF. Mas, a partir da ação, foi originada a Operação Maputo, destinada a identificar a quadrilha por trás da tentativa de despachar a droga escondida em caixas de sabão em pó para a capital moçambicana.

Caso a cocaína tivesse chegado a Maputo, tudo indica que ela seria fracionada e enviada depois em quantidades menores para algum país europeu, por meio terrestre ou fluvial.

— Nos últimos anos, fizemos várias apreensões em navios cargueiros indo para a Europa. Isso fez com que esses grupos criminosos mudassem seu *modus operandi* e optassem pela África, onde é mais fácil corromper autoridades para deixar entrar a droga — conta *Samari*, agente da PF do setor de Inteligência da DRE que foi o âncora da Operação Maputo.

As investigações comandadas por *Samari* levaram inicialmente os agentes à empresa de sabão em pó para identificar quem comprou e retirou as embalagens.

— Descobrimos que a distribuidora do produto não tinha nada a ver com a situação. Eles venderam a mercadoria lícita para uma pessoa que se identificara como Miguel. Segundo os vendedores, ele tinha características de africano e falava um português um pouco enrolado — detalha o agente.

Por meio da análise das ligações do telefone usado por Miguel, a PF descobriu o principal número com que ele entrava em contato. Pertencia a uma mulher, casada com um nigeriano chamado Osita Godwin Njoku, de 33 anos, com quem tinha dois filhos. Ao ver uma foto de Osita, os vendedores o identificaram como sendo Miguel.

Osita havia solicitado refúgio ao Brasil, como uma forma de se estabelecer aqui e montar a operação. Enquanto seu processo estava em análise, ele aproveitou para se casar com a brasileira e ter filhos. Com isso, conseguiu permanecer no país.

O rastreamento do telefone mostrou também que Osita havia fugido de carro no dia seguinte ao da apreensão. E que, em seguida, na madrugada do dia 6 para o 7, cruzou clandestinamente a fronteira com o Paraguai pela Ponte da Amizade, em Foz do Iguaçu. A partir daí, os agentes perderam o contato.

Mas havia ainda sua mulher, que continuou sendo monitorada. Cerca de três meses depois da fuga do marido, ela e os filhos viajaram para Lagos, na Nigéria. Com apoio da polícia local, a família passou a ser acompanhada.

— Eles tinham um padrão de vida muito acima da média. Moravam numa mansão e andavam de carro de luxo — diz *Samari*.

Meses depois, a PF descobriu que a família tinha comprado passagem de volta para o Brasil, fazendo o caminho Lagos-Doha-São Paulo. No horário marcado para o desembarque no Aeroporto de Guarulhos, os agentes aguardavam para efetuar a prisão de Osita. Mas a mulher e os dois filhos chegaram sem o nigeriano.

— Ele havia reservado assento, comprado a passagem, mas por alguma razão não embarcou — conta *Samari*.

A frustração dos agentes da PF duraria pouco. Um mês depois, Osita resolveu voltar ao Brasil e retomar as operações criminosas. Mas fez um trajeto diferente, talvez para tentar evitar a fiscalização. Saiu da Nigéria em direção à Inglaterra e, de lá, foi para Antígua e Barbuda, no Caribe, onde permaneceu alguns dias. Como ele havia sido incluído na Difusão Vermelha da Interpol, que lista os bandidos mais procurados do mundo, passou a ser monitorado, com o auxílio da DEA, a agência antidrogas dos Estados Unidos. Cerca de uma semana depois, ele comprou uma passagem e embarcou com destino ao Brasil. Chegou no dia 24 de novembro de 2022 a Guarulhos, onde mais uma vez uma equipe de agentes da PF o aguardava no aeroporto.

— Ele não esperava ser preso — diz *Samari*. — Não sabia nem que havia um mandado de prisão em desfavor dele. Imaginou que, passado mais de um ano, a poeira já tinha baixado.

Osita foi levado para o Complexo Penitenciário de Gericinó, no Rio. Além da prisão, foram cumpridos três mandados de busca e apreensão em São Paulo, e ainda uma ordem de restrição de contas bancárias no total de 2 milhões de reais.[7]

Osita era um dos principais nomes — talvez o elo central — da logística da operação criminosa no caso. Falta ainda identificar o cabeça por trás do esquema. Desconfia-se que seja um nigeriano que opera no Brasil ou na Nigéria.

A apreensão feita no Porto do Rio foi de tal monta que mereceu uma intensa comemoração dentro do DD. Zeca ficou eufórico com o desfecho da operação. A cabo PM Sara também vibrou. Em nossa conversa para este livro, ela contou que gritou "como doida" quando foi informada sobre o tamanho da apreensão. A pandemia ainda estava no auge, trabalhava-se de casa, num clima generalizado de descrença e desânimo, sem a expectativa de grandes resultados. Por vezes, em seu dia a dia, ela tem a impressão de "enxugar gelo". Ter participado de uma operação desse porte lhe trouxe uma "sensação indescritível de dever cumprido". Para ela, ter contribuído para a apreensão de quase 5,3 toneladas de cocaína foi como ganhar na Mega-Sena.

Seu chefe, Renato Garcia, que havia trabalhado das sete da manhã até uma da madrugada, se sentia da mesma forma. Quando entendeu que tudo tinha dado certo, começou a pular e a gritar "Não acredito!", sob o olhar atônito de sua mulher. Ele também sentia como se tivesse ganhado na loteria.

Uma loteria que começou com uma ligação de menos de cinco minutos recebida pelo atendente *Geraldo* no dia 5 de outubro de 2021.

APÊNDICES

Apêndice 1

O Disque Denúncia hoje

O Disque Denúncia chega a seu 28º ano com números expressivos. Desde que foi criado, em 1995, colaborou para a prisão de mais de 20 mil bandidos. Graças ao serviço, foram também recuperados quase 5 mil carros e mais de 78 mil cargas roubadas. Foram apreendidas ainda cerca de 42 mil armas e munições, 33 toneladas de drogas e 22 mil máquinas caça-níqueis. Hoje o DD conta com quatro programas: Procurados, DD Cidades, Linha Verde e Desaparecidos. Recebe cerca de quatrocentas ligações por dia. "Trabalhamos em escala industrial", constatava Zeca Borges.

O serviço está em seu terceiro endereço. Começou em 1995 no prédio do Detran, na avenida Presidente Vargas, Centro do Rio, onde durante doze anos ocupou o 12º andar. Em seguida, em 2007, passou para o terceiro andar do Edifício Dom Pedro II, na mesma rua, mais conhecido como prédio da Central do Brasil. Sempre acompanhou a Secretaria de Segurança Pública. Com a extinção da secretaria, em 2018, o DD hoje ocupa um espaço bem menor na Lapa, na rua do Lavradio, em uma área que pertence à Polícia Civil. Renato Almeida, coordenador do Disque Denúncia, trabalha no Centro, na rua Calógeras, no Instituto Mov Rio, entidade privada e sem fins lucrativos que substituiu a Associação Rio Contra o Crime como gestora do DD.

O balanço de 2022 foi animador. Foram 178.524 ligações telefônicas, fora os contatos feitos pelo aplicativo Disque Denúncia RJ (21.545) e pelo WhatsApp (1.495). Esse total resultou em 84.857 denúncias, que levaram à prisão de 699 criminosos, quase o triplo de 2021. Foram apreendidas 450 armas de fogo (entre fuzis, pistolas e revólveres), 1,5 tonelada de drogas, 2.202 maços de cigarros contrabandeados e 1.522 máquinas caça-níqueis. Além disso, a polícia recuperou 148 veículos com a ajuda da população. Por conta do programa Desaparecidos, foram localizadas 112 pessoas, e 207 foragidos foram pegos graças ao programa Procurados.

O DD Cidades de Angra dos Reis e Maricá recebeu quase 2 mil denúncias, que resultaram na prisão de 26 bandidos e na apreensão de 27 armas de fogo, 97 quilos de maconha, 32 quilos de cocaína e 636 pedras de crack. O Linha Verde recebeu cerca de 20 mil denúncias relativas a extração irregular de árvores, desmatamento florestal, guarda e comércio ilegal de animais silvestres, comércio e soltura de balões, uso e comércio de linha chilena e maus-tratos contra animais. Lançado em 2013 e coordenado por Pablo, o Linha Verde promove muitas campanhas de conscientização. Uma delas é sazonal: o Disque-Balão, que funciona em determinados períodos do ano, como o das festas juninas. Certa vez, duas denúncias levaram policiais da Divisão de Fiscalização de Armas e Explosivos, a DFAE, a apreender 44 balões, entre eles um semipronto com 65 metros de altura, o equivalente a um prédio de 22 andares.

— Com esses programas e campanhas, o DD passa a receber muito mais ligações sobre esses crimes. E alguns deles levam a outros, como o tráfico de passarinhos, que tem relação com o tráfico de drogas, e o desmatamento, que muitas vezes leva à atuação de milícias — diz a socióloga Maria Isabel Couto.

Outro exemplo é o de roubo de petróleo. Em 2014, houve um caso. Em 2015, dezesseis. Em 2017, 95. Mas poucas denúncias eram feitas. Até que foram feitas campanhas em outdoors, rádios, TVs e mídias sociais alertando e pedindo atenção às pessoas para a existência de carros-pipa ou de galpões sendo construídos perto de onde passam dutos. Com isso, começaram a chegar denúncias. Numa das ações, foram presos dois bandidos. Um deles vestia uma camisa onde se lia "livre, leve e solto". O DD postou em suas redes sociais a foto do criminoso com a frase "Não mais". Em 2018, o número de casos caiu para 65. Em 2021, para cinco. Em 2022, foi zero.

As campanhas mais marcantes já produzidas pela agência 11:21 para o DD foram justamente sobre roubo de combustível.

— A primeira campanha, de 2020, falava muito do estrago que o combustível roubado pode gerar no motor do seu carro. Algumas peças ficaram emblemáticas e são lembradas sempre, como a que dava dois telefones: o do DD, no caso de denúncia, e o do guincho do Zezinho, no caso do uso de combustível roubado e adulterado. Outro anúncio falava do risco de explosão e morte. Dizia: "Combustível roubado. Com sorte, quem morre é o seu carro" — lembra o publicitário Gustavo Bastos. — Colaboramos para praticamente zerar esse tipo de crime e até hoje fazemos todo ano essa campanha tão importante.

Gustavo foi apresentado a Zeca em 2015 por outro publicitário, Lula Vieira, um parceiro antigo e frequente do DD. Entusiasmou-se tanto que decidiu botar sua agência para trabalhar *pro bono* para o Disque Denúncia. Gustavo observou de início que era preciso se valer do grande diferencial da marca — o sigilo garantido — para tocar num tema crítico do DD: a falta de verbas. Ele aproveitou que o mercado publicitário recorre com frequência a pessoas famosas nos comerciais e fez dois filmes com "celebridades anônimas" pedindo doações. A atriz e o ator ficavam de costas, com as vozes alteradas por computador, como se tivessem solicitado o anonimato.

— Foi um estouro — lembra. — Essa parceria com o Disque Denúncia nos trouxe e nos traz muito prazer, muita honra e muito sucesso. Sempre digo que é a única campanha que faço em que o sucesso se mede pela prisão de criminosos.

Outra campanha que a agência criou, lançada nos vinte anos do serviço, tratava do mesmo problema. Dizia: "Dois motivos para você doar para o Disque Denúncia: 1. Estamos sem dinheiro. 2. Os traficantes nunca têm esse problema."

Foram de fato muitas as ocasiões em que Zeca recorreu à população não apenas para denunciar crimes, mas também para pedir ajuda financeira, como a campanha feita pelo publicitário Paulo Castro que dizia: "Ninguém ganha com o fim do Disque Denúncia. Só os bandidos. Doe. Deixar o Disque Denúncia fechar é um crime." À época à frente da Agência3, Castro foi responsável por algumas das peças publicitárias mais impactantes da história do serviço, que tratavam desde a questão dos desaparecidos até o combate ao tráfico de armas. Uma delas, "Curiosidade salva", abordava violência doméstica e viralizou nas redes sociais. Nela, atrizes alertavam para sinais de agressão que se escondiam atrás de desculpas manjadas como "foi a porta do carro", "foi a torneira do chuveiro", "foi a gaveta do armário", "foi a quina do tanque", "foi o corrimão da escada", "foi a porta do box", "foi a maçaneta da porta", "foi a quina da mesa". O publicitário carioca, hoje sócio e CEO da agência Jor, diz ter se engajado de forma voluntária ao DD como "retribuição" por tudo que o serviço faz pela sociedade.

Mas, apesar dos esforços, o DD está sempre com o pires na mão, ainda que seja uma operação barata para a quantidade de resultados — 3,3 milhões de reais anuais. Renato Almeida tem mantido negociações com empresas e prefeituras para expandir o DD Cidades. Pretende, por exemplo, que o serviço retorne a Niterói. O atual coordenador também tem conversado com representantes do governo estadual para que a parceria seja retomada e o estado volte a ajudar a pagar a folha. Com isso, o serviço telefônico poderá voltar a funcionar 24 horas, a exemplo do WhatsApp do DD e do aplicativo Disque Denúncia RJ.

Almeida alia a parte acadêmica (é formado em Ciências Contábeis e em Gestão Empresarial) ao perfil executivo, já que é oficial superior do Corpo de Fuzileiros Navais, acumula bagagem na área de Inteligência e Contrainteligência e tem experiência internacional — foi representante diplomático em Bruxelas e participou da missão da Organização das Nações

Unidas (ONU) para a estabilização do Haiti. Ainda que sem apoio governamental, ele já conseguiu reduzir o prejuízo:

— A conta não bate, mas, quando assumi, tínhamos 43% de déficit mensal. Hoje, o número baixou para 17%.

Renato ressalta a importância do DD e a necessidade de aportes financeiros:

— Somos o fio de esperança para o cidadão. O que o Disque Denúncia faz não tem preço, mas tem custos.

Parceiro de longa data, o tenente-coronel José Ramos da Silva Júnior avisa:

— O Disque Denúncia é uma peça muito importante para a qualidade de vida do Rio. O Rio não vai sobreviver caso o DD acabe.

Nas palavras de Maria Isabel Couto, o Disque é um "ativo do Rio":

— É uma peça estratégica no combate à criminalidade, em especial o crime organizado, prendendo bandidos de alta periculosidade sem disparar um tiro. As denúncias subsidiam operações bem-sucedidas de muitos órgãos, como a PM, a Polícia Civil, a Polícia Federal, a Delegacia de Repressão às Ações Criminosas Organizadas e Inquéritos Especiais (Draco) e o Grupo de Atuação Especial no Combate ao Crime Organizado (Gaeco) do Ministério Público. Quem conhece o DD sabe que ele está por trás de muitas ações de sucesso.

Ações que podem ser também de prevenção de crimes. Zeca gostava de enfatizar um ponto pouco conhecido da população: era o que ele chamava de "não ocorrência", como quando alguém denunciava que ocorreria um assalto e a polícia conseguia evitar. Um exemplo foi quando, em fevereiro de 2001, chegou a informação de que estava sendo construído um túnel a partir de uma fábrica de tijolos localizada nos fundos do Complexo Penitenciário de Bangu, hoje Gericinó. Graças à denúncia, policiais do 14º BPM localizaram o túnel, que já tinha oitenta metros de comprimento e seis de profundidade, e evitaram uma fuga em massa de presos.

Outro caso se deu em 2018, quando uma denúncia evitou a execução de um cabo da PM que havia sido sequestrado. Segundo o denunciante, ele errara o caminho e, ao entrar no Morro São João, no Engenho Novo, foi abordado por traficantes e espancado, após ser identificado como policial. PMs da UPP seguiram até o local e, após trocarem tiros com os bandidos, resgataram o agente.

— O que nós fazemos ninguém faz igual — dizia Zeca. — Só perdemos para o que poderíamos ter feito, que é muito maior do que o que fazemos, se não fosse a falta de verba.

Seu sucessor, Renato Almeida, concorda:

— Não existe no Brasil um grupo não policial que tenha feito mais do que o Disque Denúncia fez no combate ao crime, à violência e à impunidade.

Apêndice 2

O EMBRIÃO DO DISQUE DENÚNCIA

Até surgir o Disque Denúncia, houve algumas tentativas de contar com a ajuda da população no combate ao crime. No Brasil, o precursor dessa parceria talvez tenha sido, segundo Zeca Borges, Paulo Souto, apelidado por ele de "o delegado que panfletava cadáveres". Zeca gostava de contar essa história e chegou a escrever um texto onde narra os detalhes do trabalho do delegado.

Em abril de 1991, Souto assumiu a delegacia de Comendador Soares, em Nova Iguaçu. Os grupos de extermínio impunham o terror na região. Na delegacia de Souto, a média de homicídios oscilava entre vinte e 25 ao mês — apenas no dia de sua posse houve três assassinatos. Os crimes ocorriam principalmente em determinadas áreas e tinham características semelhantes. Um dia, ele chegou a uma localidade chamada Palhada, onde um rapaz de seus 20 anos havia sido assassinado perto de uma birosca. Três pessoas estavam em volta do corpo e agiam como se nada tivesse acontecido. De prancheta em punho, ele começou a perguntar se alguém conhecia a vítima.

Só conseguiu descobrir que o morto era da localidade, nada mais. Ainda assim, o delegado insistiu em ficar. Num dado momento, um bêbado aproximou-se dele e disse: "Doutor, todo mundo aqui sabe quem matou." Fez-se silêncio. E ele recomeçou: "Eu também sei e não adianta nem vir falar comigo porque eu não vou dizer nada. Senão eu vou morrer." Em seguida, foi embora, cambaleando, diante do olhar perplexo do delegado. Apesar das inúmeras testemunhas arroladas, Souto tinha certeza de que estava sendo enganado. Todo mundo sabia quem era o assassino, mas ninguém iria colaborar porque correria risco de vida.

Ao regressar à delegacia, ele se sentia de pés e mãos atados. Sabia que precisava das testemunhas para esclarecer o crime e sabia que elas tinham medo de falar. Resolveu criar um panfleto, que batizou de "panfleto do cadáver". Em um quarto de folha de ofício estava escrito: "Você que presenciou este crime certamente será a próxima vítima. Denuncie por carta ou telefone ao delegado Paulo Souto." Embaixo, em tarja vermelha, vinha a informação: "Não precisa se identificar. Denuncie anonimamente." No fim, aparecia o telefone da delegacia.

A cada homicídio, de duzentos a trezentos panfletos eram distribuídos no perímetro da área do crime. Enquanto isso, o delegado frequentava reuniões de moradores, tentando ganhar a confiança da população. As denúncias não tardaram a chegar. Não havia computador. Ele usava um quadro-negro para reunir as informações de cada local. Aos poucos, graças às denúncias anônimas, foi possível identificar os matadores por região, centrar neles as investigações e prender 87 pessoas em 1991. Quanto àquele jovem assassinado perto de uma birosca, no decorrer do processo investigativo Souto veio a saber que, naquele dia, o criminoso estava no bar, misturado às testemunhas.

PM Amigo

Antes mesmo do delegado Paulo Souto, já existia essa ideia de contar com a participação da sociedade civil no combate ao crime. Em 1990, o então capitão da PM Roberto Siqueira Israel sugeriu em sua monografia a criação do Disque PM Amigo. Era um projeto inovador. Em linhas gerais, o então aluno do curso de Aperfeiçoamento de Oficiais da Escola Superior de Polícia Militar propunha a criação de um telefone exclusivo que funcionasse como um canal direto para receber queixas, reclamações, sugestões, elogios e informações criminais da população.

Esse novo canal oficial seria uma forma prática de permitir que a comunidade participasse como corresponsável pela segurança pública, informando, sugerindo ou até mesmo questionando a sua polícia. Israel percebeu que havia adesão a iniciativas que funcionavam como fontes alternativas de coleta de denúncias e sugestões por parte da população. Citava como exemplos o Telefone Verde, do Ibama, o Tele-Denúncia, da Polícia Civil do Rio, o programa Debate Popular, da Rádio Clube de Corumbá, a Caixa de Sugestões, implantada pelo comandante do 21º BPM, em São João de Meriti, e o programa de rádio Polícia em Ação, criado pelo comandante da 5ª CIPM em Itaperuna, atual 29º BPM.

— Fiquei procurando um nome. Pensei em DisQueixa. E também em Denúncias da PM. Mas já havia o Tele-Denúncia da Polícia Civil do Rio. Então me decidi por Disque PM Amigo — diz o hoje coronel da reserva Israel.

O nome faria o vínculo com a corporação e indicaria que se tratava de um contato telefônico. Como parte da pesquisa para o trabalho, Israel aplicou questionários para três públicos diferentes: soldados e oficiais da PM, universitários da PUC-Rio e pedestres na Cinelândia. Os resultados mostraram que a iniciativa contava com apoio interno e externo. Mas as pessoas só aceitariam participar como vigilantes comunitários se houvesse um esforço conjunto da comunidade, da imprensa e da corporação.

O projeto traria grandes vantagens, na avaliação do capitão Israel: ampliaria a interação da população com a corporação, promoveria uma abertura do sistema policial, proporcionaria uma melhora da imagem da PM e levaria a um aumento da coleta de informações, tornando mais efetivo o combate ao crime.

Em seu trabalho acadêmico, ele delineou as bases do serviço. Oficiais receberiam as informações por telefone, registrando-as à mão em fichas. Caso fosse fora do horário do expediente, elas ficariam armazenadas na secretária eletrônica. Israel sugeriu o uso de dois números que já existiam na corporação: o 240-8816, que era o de denúncias da PM, ou o 292-1177, que era o da chefia da maior agência de Inteligência do estado à época, a PM2, ou 2ª Seção da PM.

Ele defendia que o projeto deveria ser implementado com o emprego de modernas técnicas de comunicação, propaganda e marketing, para dar credibilidade e incentivar a população a participar. O número deveria ter ampla exposição na imprensa, e os resultados obtidos com a participação popular deveriam ser bem divulgados.

Já em 1990, como se vê, Israel falava em algo que seria visto mais tarde no Disque Denúncia: a importância de se juntar população, mídia e polícia. Mas o Disque PM Amigo não saiu do papel. Segundo Israel, seria preciso contar com amplos recursos financeiros e o apoio das lideranças empresariais para botar a iniciativa em prática, o que ele, sozinho, não conseguiu. Em 1996, por conta desse trabalho pioneiro, ele foi chamado pelo coronel Romeu Ferreira, então diretor do Cisp, para comandar o setor de Difusão do DD, cargo que ocuparia por dezessete anos.

O primeiro Disque Denúncia

O passo seguinte nessa parceria entre população e autoridades viria em 1994. Naquele ano, o Rio viu os índices de criminalidade chegarem às alturas. A taxa de homicídios no estado atingiu um pico de 64,8 mortes por 100 mil habitantes. As favelas tinham se tornado reduto de facções do tráfico e centros de depósitos de armas e de distribuição de drogas. Foi quando entrou em cena um personagem-chave para nossa história: o coronel do Exército Romeu Ferreira. Ele havia passado para a reserva, depois de ficar um ano e meio na ONU. Vivia seus primeiros tempos como reformado quando recebeu uma ligação do coronel de infantaria Paulo Laranjeira Caldas, seu amigo, que assumira naquele ano a chefia da 2ª Seção (de Inteligência) do Comando Militar do Leste (CML).

Laranjeira convidou Romeu para participar da luta contra o crime no Rio, atuando à paisana, mas ele recusou. Laranjeira insistiu e ele acabou topando, mas estabeleceu algumas condições. Romeu achava que a criminalidade estava crescendo tanto, "sem amarras", que, mais cedo ou mais tarde, o Exército teria que auxiliar as polícias estaduais. Nem que fosse com a inteligência militar. Por isso pediu para criar uma subseção de análise para produção de conhecimento contra o crime organizado. A ideia era tão nova que Laranjeira teve que solicitar autorização ao general Edson Alves Mey, comandante do CML, que acabou concordando. Assim, em setembro de 1994, Romeu montou na 2ª Seção um setor de análise com foco em três áreas: Armas, Drogas e Diversos da Criminalidade, ou seja, crimes em geral. No começo, eram apenas três analistas.

A previsão de Romeu de que o Exército seria chamado a ajudar estava correta. No mês seguinte, no dia 31 de outubro, o governador do estado, Nilo Batista, que havia assumido após Leonel Brizola se descompatibilizar para concorrer à Presidência, assinou um convênio com o governo Itamar Franco que permitia a intervenção das Forças Armadas na segurança pública do Rio. O acordo subordinava a estrutura policial do estado ao CML. Quem ficaria à frente das ações seria outro amigo de Romeu, Roberto Jugurtha Câmara Senna, que havia sido promovido pouco antes a general de brigada. Surgia assim, em novembro de 1994, a Operação Rio. O convênio tinha como data-limite o dia 31 de dezembro, com a possibilidade de ser prorrogado.* O foco principal da atuação militar seriam as favelas.

Antes do começo da operação, Romeu e Laranjeira foram almoçar e, na volta, na sede do Comando Militar do Leste, passaram pelo salão nobre, onde as mesas redondas estavam ocupadas por integrantes do futuro governo de Marcello Alencar, que havia vencido as eleições e assumiria o estado em 1º de janeiro. Uma das decisões tomadas pela equipe de transição era a volta da Secretaria de Segurança Pública, que havia sido extinta pelo então governador Brizola em 1983. Durante esse retorno do almoço, Laranjeira voltou-se para Romeu e disse:

— O que você acha de a gente criar aqui um disque denúncia, para a população ajudar?

Quem tinha dado a ideia a Laranjeira havia sido o coronel de artilharia da reserva Carlos de Proença Cadaval, que trabalhava na Telerj. Foi, como lembra Laranjeira, "o ovo de Colombo". Romeu gostou da proposta e disse:

— Pode contar comigo.

Naquela mesma tarde, Laranjeira ligou para a Telerj e conseguiu oito linhas telefônicas, que já vieram com o nú-

---

* O convênio foi prorrogado em janeiro, já com Marcello Alencar como governador e Fernando Henrique Cardoso como presidente. Em 28 de março de 1995, os governos estadual e federal renovariam mais uma vez o acordo, lançando a Operação Rio 2. Dessa vez, porém, como aponta Juliana Resende em *Operação Rio — Relatos de uma guerra brasileira*, as Forças Armadas não atuariam diretamente no front. As tropas federais ficariam nos quartéis, de prontidão, auxiliando as autoridades locais nos aspectos relacionados às atividades de Inteligência e Planejamento, conforme estipulava o novo texto do convênio, que vigorou até meados daquele ano.

mero 253-1177, usado até hoje, com a adição de um 2 na frente. Em seguida, pediu à Escola de Comunicações do Exército, na Vila Militar, que enviasse pessoal para atender as ligações. Recebeu seis militares, entre cabos e sargentos. Dessa forma, surgia, no dia 11 de novembro de 1994, na 2ª Seção do Comando Militar do Leste, o Disque Denúncia. A ideia central era colher informações da população para alimentar as ações promovidas pela Operação Rio, em especial as que se referiam ao crime organizado.

— Fizemos porque não tínhamos nada e era preciso fazer qualquer coisa em benefício da segurança pública — diz Romeu.

A estrutura era precária. O DD ocupava uma sala pequena e estreita, no fim do corredor, com uma mesa comprida, onde poucas cadeiras acomodavam os seis militares, que se revezavam atendendo os telefonemas em plantão de 24 horas. Eles tomavam notas num papel, datilografavam as denúncias e as repassavam em seguida para Romeu. Às vezes, pela pressa, nem chegavam a datilografar.

Em média, eram oitenta ligações por dia. As três áreas de criminalidade definidas por Romeu em setembro desdobraram-se em seis: Drogas; Armas; Crimes contra o patrimônio, roubo e furto; Crimes contra a vida; Crimes contra a mulher, idoso, contravenção e pirataria; e um sexto item que englobava tudo o que não se encaixasse nas opções anteriores.

Depois de ler a denúncia, Romeu a enviava para um grupo de analistas, que a encaminhava para os órgãos responsáveis pela investigação. O trabalho crescera tanto que a equipe passara de três para mais de trinta analistas, cedidos pelas Forças Armadas, pela Polícia Militar, pela Polícia Civil, pela Polícia Federal, pela Polícia Rodoviária Federal, pelo Corpo de Bombeiros, pela Secretaria de Assuntos Estratégicos e pela Guarda Municipal.

Romeu explica a importância dos analistas:

— O que o DD fornece são dados, não são conhecimentos. Afinal, muita gente denuncia por vingança, por querer aparecer ou por outras motivações. Os analistas recebem os dados e produzem conhecimento. Eles fazem uma triagem muito forte para separar o que é lixo do que pode ser aproveitado.

Nessa primeira fase, o Disque Denúncia tornou-se conhecido por meio de reportagens na TV e nos jornais e pela disseminação de folhetos que pediam a colaboração da população. A Marinha, por exemplo, distribuiu na favela do Dendê, na Ilha do Governador, o seguinte texto:

A Marinha e os demais representantes da Lei e da Ordem estão contribuindo para trazer de volta a paz, a liberdade e a segurança que os criminosos roubaram desta Comunidade. Devemos lutar para pôr fim à violência e aos perigos que ameaçam os lares dos trabalhadores e tiram a alegria de suas vidas. Você pode confiar nas autoridades. Sua colaboração é muito importante. Mantenha-se em sua residência. Qualquer informação útil poderá ser dada pelo telefone 253-1177. Mantenha a calma e siga as nossas instruções até que tudo esteja totalmente normalizado.

Os resultados nessa etapa inicial foram expressivos, segundo Romeu:

— Desde que começamos a funcionar, no dia 11 de novembro de 1994, até o fim da primeira fase da Operação Rio, no dia 31 de janeiro de 1995, com certeza metade das ações que fizemos foram tiradas do DD. Desses 50%, nós aproveitamos de 20% a 30%.

Quando Marcello Alencar assumiu o governo do estado, no dia 1º de janeiro de 1995, e recriou a Secretaria de Segurança, ele quis ter um órgão de inteligência ligado ao secretário de Segurança, o general de brigada da reserva Euclimar Lima da Silva. Surgia o Cisp, o Centro de Inteligência de Segurança Pública.* Romeu foi convidado para ocupar o posto, mas recusou, fiel ao contrato de dois anos que havia assinado com Laranjeira para trabalhar com ele na 2ª Seção do Comando Militar do Leste. Pediram a ele que indicasse alguém para o cargo. Romeu fez uma lista com cerca de dez oficiais, e o escolhido foi o coronel Sérgio Ferreira Krau, que tinha passado para a reserva.

Não foi uma escolha aleatória. A exemplo de Romeu, Krau era outro oficial do Exército que já vinha colaborando com as autoridades estaduais. Meses antes, havia sido convidado a participar de um grupo de trabalho para estudar a segurança pública do Rio. Entre as sugestões que fez estava um projeto de polícia pacificadora que levasse às

---

* Em junho de 2000, o Cisp foi transformado em Subsecretaria de Inteligência (Ssinte).

favelas, além de policiamento, lazer, escola, posto de saúde e ocupação para os jovens.

E por que o Cisp é tão importante nesta história? É que a essa altura Romeu já tratava de pensar no futuro do Disque Denúncia. Em breve, a Operação Rio chegaria ao fim — e, com ela, o DD. Romeu, que conhecia na prática a importância do serviço, não queria que a iniciativa deixasse de existir. Por isso chamou Krau e disse:

— Mais cedo ou mais tarde, eu vou ter que passar o Disque Denúncia para você. Por enquanto ele está aqui no Comando Militar do Leste, mas quando acabar a Operação Rio nós não teremos mais nada a ver com isso.

O pedido vinha ao encontro do que Krau defendia: contar com a colaboração do cidadão comum no combate ao crime. A migração para o Cisp ocorreu no dia 1º de fevereiro de 1995. A dinâmica continuou parecida. Uma equipe atendia as ligações e encaminhava as denúncias ao chefe — agora Krau, não mais Romeu. Ele as repassava para os analistas, que liam, filtravam e as enviavam para os órgãos competentes, como batalhões e delegacias, encarregados de investigar.

Pouco depois, com a chegada de Zeca Borges, o Disque Denúncia sairia do Cisp, deixando de ser um serviço governamental para se tornar um parceiro estratégico da Secretaria de Segurança. Com grandes ganhos para a população, como explica Krau:

— Zeca deu uma nova dimensão ao DD, trouxe resultados muito bons.

O empresário Sergio Quintella é da mesma opinião:

— Quem tornou o Disque Denúncia uma peça altamente efetiva de defesa da população foi o Zeca.

O coronel Romeu Ferreira também reconhece que o serviço implementado pelo publicitário gaúcho revolucionou e profissionalizou a operação que funcionava de forma amadorística durante a Operação Rio. Quando o coronel começou a ouvir o novo coordenador se autointitular o "pai do Disque Denúncia", disse a ele: "Mas eu sou o avô." Zeca riu.

Apêndice 3

O PROGRAMA DE RECOMPENSAS

A ideia de se pagar recompensas aos denunciantes estava na origem do Disque Denúncia, em 1995, mas seria implementada somente em 1999, quando foi oferecido o valor de 2 mil reais pela prisão de Marcinho VP, chefe do Morro Dona Marta, em Botafogo, na Zona Sul. O traficante, que havia sido condenado a 25 anos de cadeia e estava foragido, tinha dado entrevistas e "autorizado" em 1996 a equipe do cantor americano Michael Jackson a filmar um videoclipe na comunidade.

Ao longo dos anos, a maior recompensa já oferecida foi de 100 mil reais pela prisão do traficante Fernandinho Beira-Mar. Contudo, o criminoso foi preso na Colômbia, e ninguém recebeu o prêmio. O maior valor já pago foi pela prisão de Neguinho Dan, acusado do assassinato da estudante Ana Carolina num assalto nas proximidades do Palácio Guanabara, em Laranjeiras, na Zona Sul. O denunciante recebeu 30 mil reais por revelar detalhes que levaram à detenção de Dan, em junho de 2000.

O pagamento de recompensas está vinculado ao Procurados. O programa do Disque Denúncia tem um site próprio (procurados.org.br), com informações sobre bandidos com mandado de prisão expedidos. Eles aparecem em cartazes ao estilo Velho Oeste ou *"most wanted"* do FBI junto com um prêmio por informações que levem à captura. Os valores variam, mas quando se trata de assassinos de agentes de segurança pública há uma recompensa padrão de 5 mil reais.

A iniciativa de pedir o dinheiro parte sempre do denunciante, que liga e reivindica o prêmio. A partir daí, existe todo um protocolo concebido de forma a se cumprirem duas condições: preservar o anonimato de quem telefona e garantir que o pagamento seja feito a quem de fato deu a informação correta. Para começar, há uma entrevista em que a pessoa é questionada sobre os dados que constam na denúncia. Não basta responder tudo certo. O setor de Difusão liga para o batalhão para confirmar que foi a denúncia daquela pessoa que levou à ação vitoriosa. Depois da confirmação, é combinado um local público de encontro, como igreja, farmácia ou porta de banco.

Por vezes o denunciante pede que depositem em sua conta bancária, com medo de que a polícia vá estar no lugar da entrega. Mas o pagamento é feito em espécie, porque caso a quantia seja depositada o denunciante pode ser identificado, o que é proibido. Há outras regras. Tanto quem dá o prêmio como quem o recebe usa um codinome. Os dois dizem como estarão vestidos e descrevem algumas características físicas que permitam a identificação correta, como cor da pele, estatura, tipo do cabelo, marcas de cicatriz ou tatuagem. Zeca e o operador *Lucas* entregaram muitas recompensas.

— A gente marcava de pagar num local público, como uma banca de jornal na avenida Presidente Vargas, num certo horário. Eu dizia como estaria vestido, e a pessoa também. Eu criava um código do tipo "Será que hoje vai chover?", e o denunciante tinha que dar a resposta combinada — conta *Lucas*.

Numa certa época, havia um telefone privado cuja ligação caía diretamente na mesa de Zeca. Quando a pessoa ligava, ele atendia.

— Tinha muito malandro querendo receber recompensa de outro — diz o operador. — Mas Zeca era sagaz, parecia ter feito curso de investigador.

Houve uma vez que a pessoa do outro lado da linha estava acertando todas as informações que constavam no texto da denúncia, mas o instinto de Zeca apontava em outra direção. Ele então inventou na hora: "E qual era a cor do carro que estava parado na porta?" Se fosse o verdadeiro denunciante, saberia que não havia veículo nenhum e diria isso. Mas ele disse: "Carro?" E Zeca: "É, a cor do carro que você falou." O desconhecido viu que havia sido desmascarado e desligou.

Não à toa havia tanta prudência. Afinal, muita gente tinha acesso às denúncias — os policiais que as recebiam nas delegacias e nos batalhões, e também os que saíam a campo para investigá-las. Tentativas de golpe não eram incomuns. Um antigo operador conta que, às vezes, os próprios agentes ligavam ou mandavam alguém ligar em busca da recompensa, como se fosse o denunciante.

Depois que se tornou chefe dos atendentes, Claudia também fez muitos pagamentos:

— Além de pedir características físicas da pessoa e saber como ela estaria vestida, eu pedia que levasse algum objeto pessoal que auxiliasse na identificação, como uma pasta, uma mochila ou um boné de determinada cor. E eu ia além: combinava que a pessoa, por exemplo, deveria ficar passando a pasta da mão esquerda para a direita, e vice-versa. E informava que haveria uma senha e uma contrassenha. Ou seja, quando eu chegasse iria perguntar algo do tipo: "O senhor já sabe onde o Gustavo se encontra?" E a pessoa deveria responder: "Ué, ele tá lá no açougue, esqueceu, maluca?"

Até hoje esse mecanismo nunca falhou. O anonimato de quem recebeu a recompensa sempre foi preservado.

Ex-gerente do DD, Isaías diz que o maior trunfo da oferta do prêmio é que torna o bandido mais vulnerável. Ele passa a desconfiar dos cúmplices, gasta mais para manter a camuflagem, pula de um endereço a outro. E acaba preso.

— A maioria das recompensas não é paga — conta ele. — Em especial quando se trata da prisão de traficantes. Quem denuncia não vai se arriscar a pegar o prêmio. Fica com medo de ser descoberto. E os moradores das comunidades sabem o que acontece com os X-9 [dedo-duro], que são torturados e mortos no tribunal do tráfico. Sem contar que quem recebe um dinheiro pode não se conter, acabar gastando e provocando suspeitas. Ou beber, falar demais e se denunciar.

Zeca concordava com Isaías. Segundo ele, os denunciantes "querem fazer sua parte". Ligam "por senso de justiça, mais do que pela oferta de dinheiro". A recompensa é o esclarecimento do crime e a prisão dos envolvidos, e não a soma oferecida. Certa vez, por exemplo, um denunciante recusou o valor alegando: "Obrigado, prefiro que essa recompensa fique revertida para vocês como doação."

Apêndice 4

O SUCESSO QUE QUASE VIROU FRACASSO

Em 1997, os sequestros no Rio atingiam números alarmantes. Em meados do ano, o secretário estadual de Segurança Pública, general Nilton Cerqueira, chamou o coronel Romeu Ferreira, então chefe do Cisp, e pediu ajuda: "Olha, a situação está feia, o governador Marcello Alencar me liga quase todo dia, cobrando resultados." Romeu concordou em colaborar, mas explicou que, como não dominava o assunto, gostaria de organizar um seminário sobre o tema. Assim foi feito. Os encontros duraram dezessete dias úteis, reunindo policiais civis, militares e federais, promotores, um juiz e cinco vítimas para dar o seu testemunho.

Cerqueira também disse que precisava de alguém forte para chefiar a Delegacia Antissequestro, a DAS, e perguntou se Romeu tinha um nome para indicar. O coronel sugeriu seu chefe de Operações, o delegado Marcos Reimão. A chegada de um policial que tinha fama de durão provocou mudanças logo de saída. No dia em que Reimão assumiu, numa sexta-feira de novembro, havia onze vítimas em cativeiro. Na quarta-feira seguinte, restavam apenas quatro, como conta Romeu. "Sete foram misteriosamente soltas sem pagar nada. Claro que foram soltas porque tinham sido sequestradas por policiais corruptos." Uma frase dita pelo novo diretor da Antissequestro marcaria aquele período: "É DAS ou desce."

Outra modificação importante foi que a Delegacia Antissequestro passou a ser o braço operacional do Cisp. Com isso, o conhecimento de análise de inteligência foi introduzido na DAS. E os casos de sequestro acabaram despencando, graças à atuação firme de Reimão e dos inspetores Luiz Mattos e José Luiz Magalhães, apoiados pelo Cisp e por denúncias recebidas pelo DD. O número de sequestros caiu tanto que em maio de 1998 chegou a zero. Para Romeu, essa foi a maior vitória dos quase três anos em que trabalhou como diretor do Centro de Inteligência de Segurança Pública.

Por ironia, ao colaborar para a redução dos sequestros, o DD ficou ameaçado.

— Nosso maior sucesso é nosso maior fracasso — dizia Zeca, a respeito do risco de as contribuições dos empresários sumirem e ele ter que fechar as portas, já que o sequestro era o crime que mais afetava os patrocinadores.

O banqueiro Luiz Cezar Fernandes confirma os temores:

— A gente não tinha ideia da dimensão que o Disque Denúncia ia tomar. Nós queríamos acabar com os sequestros. Mas, à medida que eles foram diminuindo, o dinheiro foi minguando.

Nessa época, segundo ele, duas empresas seguravam as pontas.

— Quem fechava as contas no fim do ano era sempre o Luiz Carlos Trabuco [*então diretor da Bradesco Vida e Previdência*]. Eu dizia: "Trabuco, está faltando tanto." E ele zerava o caixa. E, durante o ano, quem nos salvava era a Carla Grasso, diretora-executiva da Vale do Rio Doce. Quando apertava, eu ligava para ela e pedia: "Este mês está ruim." E ela mandava dinheiro.

O advogado Jonas Machado lembra bem desse momento em que o serviço ficou ameaçado. Atualmente responsável pelas relações institucionais e coordenador do DD Cidades, ele começou como atendente no dia 17 de agosto de 1995, passou a supervisor dos turnos da noite e da madrugada e percorreu várias etapas nesses quase trinta anos de serviço. Com a autoridade de quem é o funcionário mais antigo do DD, ele diz:

— Quando os sequestros diminuíram, falaram para a gente: "Vai acabar o DD. E agora, o que vamos fazer?" Eu disse para o Zeca: "Crime é igual rio, se você bota uma parede aqui no canto esquerdo, a água vai deixar de vir para cá e descer pelo outro lado. Temos que descobrir para onde o crime está correndo."

Descobrir para onde o crime estava correndo passava por muitas mudanças. Uma constatação fundamental foi a de que a maior parte das questões que chegam ao DD não são de ordem criminal. A antropóloga Jacqueline Muniz foi quem primeiro percebeu isso no diagnóstico pioneiro que fez do serviço, em 1996, a pedido de Zeca:

— A maioria das denúncias tem a ver com o cotidiano e não com casos emblemáticos. Os casos icônicos dão visibilidade, são o chamariz, vão parar na mídia, mas o que sustenta e dá capilaridade são assuntos mais triviais.

A professora da UFF Luciane Patrício, que foi atendente do DD e aluna de Jacqueline, confirma:

— A Central Disque Denúncia foi idealizada para receber informações estritamente criminais, mas ao longo dos anos se transformou num canal de recebimento de outra sorte de demandas, muito mais próximas da busca e da reivindicação de direitos e das solicitações por serviços públicos de qualidade. Passaram a chegar aos terminais telefônicos da Central questões como mau atendimento em órgãos públicos, reclamações de barulho e de falta de iluminação, contravenções em geral e depredação de patrimônio. São relatos difusos que evidenciavam um sentimento de temor, desproteção, incivilidade, desordem e insegurança presentes na população.

Ou seja, o Disque Denúncia se tornou um escoadouro de insatisfações generalizadas, como explica Adriana Nunes, ex-gerente operacional.

— As pessoas querem ser ouvidas, orientadas, cuidadas. Em outros serviços, o público é atendido por uma máquina e não tem suas queixas resolvidas. Já o DD desenvolveu um modelo de *call center* que humaniza o atendimento, é confiável e preza o anonimato. Há vários números à disposição da população, como o da PM, o dos Bombeiros, o da prefeitura, mas é o do DD que vem à cabeça porque ele é percebido pelo cidadão como um canal de desabafo que pode receber qualquer tipo de assunto, de má prestação de serviço a denúncia de crime, de protestos por conta de solicitações não resolvidas a confidências sobre depressão. Há uma fidelidade a ele. É como se o DD fosse a última chance de dar certo.

Esse acolhimento a todo tipo de assunto é uma das razões para o sucesso do serviço. Ex-gerente do DD, Isaías diz ter aprendido uma lição valiosa com Marcelo Cirillo, coordenador operacional nos primeiros anos de funcionamento do Disque Denúncia.

— Muita gente ligava para fazer denúncias prosaicas, como buraco na rua e falta de iluminação. Cirillo nos ensinou a atender bem essas demandas e a repassá-las para os órgãos competentes. Dessa forma, quando fossem denunciar um crime, as pessoas se lembrariam da gente. Pensariam: "Foram eles que resolveram meu problema." Deu certo.

Zeca também entendeu na hora a importância de acolher as denúncias mais triviais, dar atenção aos denunciantes e procurar uma solução para suas queixas. A partir daí, começou a dialogar com outras instituições que não só as criminais, como Defesa Civil, Prefeitura e departamento de trânsito.

A socióloga Mariana Vianna escutou o mesmo de uma das operadoras que entrevistou para sua dissertação *Tecnopolíticas de informação: a experiência da Central Disque Denúncia do Rio de Janeiro*. Ela disse:

Ligam muitas vezes para denunciar atitudes que consideram perigosas e que colocam outras pessoas em risco. Eu me lembro que certa vez ligaram para denunciar um motorista de ônibus que estava dirigindo em alta velocidade. Não podemos negar atendimento a esse denunciante. Nós registramos a denúncia e encaminhamos para a Fetranspor (Federação das Empresas de Transportes de Passageiros do Estado do Rio de Janeiro). E direcionamos que o denunciante entre em contato com a ouvidoria da empresa de ônibus para que também possa registrar essa situação lá.

A rapidez e o ótimo atendimento transformaram o serviço em uma espécie de "Disque Tudo", que chegou a ganhar os apelidos de "Porta-voz Popular" e "Psicanalista do Povo". Com esse entendimento de que o DD é um grande radar, Zeca fez mudanças. A começar pelo marketing. Em uma novela da Globo, uma das personagens, em vez de aparecer telefonando para denunciar um grande traficante, dizia: "Vou ligar pro Disque Denúncia, que é a única coisa que presta, é o único lugar onde vou ser ouvida!"

Com a percepção de que o DD recebia todo tipo de demanda, e não só as criminais, começou a reestruturação do sistema classificatório. Em 1995, os atendentes cadastravam as denúncias em dois grandes temas: Sequestros e Drogas/ Entorpecentes. Aos poucos, foram surgindo novas categorias, como Roubo/Furto de Veículos; Roubo e Furto de Cargas; Estelionato; Extorsão/Corrupção; e Jogos de Azar. Havia ainda Outros, onde entrava tudo que não se relacionasse com os demais temas. Essa categoria foi destrinçada aos poucos. Hoje são mais de quatrocentos itens, de cemitério clandestino a violência contra o idoso, de trabalho forçado a atentado a bomba, de direção perigosa a falta de higiene em estabelecimentos, de roubo em transportes coletivos a furto de combustível, de obra irregular a poluição do ar, de tráfico de mulheres a assédio sexual.

— Quando você chama tudo de crime organizado isso traz uma perda de qualidade. À medida que cria subcategorias, você enxerga melhor o problema — diz Jacqueline Muniz.

Outro ponto que ajudou a consolidar o DD foi a aproximação com a polícia. Ao longo do tempo, essa relação passou por várias fases. Nos primeiros anos, receber retorno das autoridades sobre as denúncias encaminhadas não era fácil. Adriana Nunes explica a razão:

— Somos uma ONG que está dentro da estrutura da segurança dando suporte ao trabalho da polícia. Mas ela não tinha obrigação de nos responder. Com isso, tinha mês que recebíamos trinta denúncias sobre uma determinada rua, repassávamos e todas vinham com "nada constatado". Você percebia que nem tinham ido verificar.

Uma solução para pressionar por respostas foi a criação de um setor de cobrança. Esse núcleo de resultados se propõe a controlar o tráfego da informação a partir do momento em que ela foi repassada até o resultado que gerou. As respostas podem ser várias, como "nada constatado", "em andamento", "procedente com resultado", "procedente sem resultado" ou "resultado parcial". Tal retorno — mesmo quando é um "nada constatado" — é importante para que o denunciante acompanhe o andamento do seu caso. Se não tem retorno, ele se queixa e se frustra.

As respostas também ajudam a gerência de análise a montar relatórios e dossiês. A resposta da polícia permite ainda fazer uma avaliação de quais autoridades agem com mais celeridade ao receber as denúncias, assim como serve para demonstrar a efetividade do DD. A polícia também sai ganhando. Afinal, nos casos de maior repercussão a imprensa liga para o DD para saber se houve denúncia anterior. Em caso positivo, as autoridades são cobradas para responder por que não houve investigação.

Em outro front, Zeca percebeu que, em vez de trabalhar com toda a estrutura policial, era melhor fazer uma política seletiva, identificando os bons profissionais e estabelecendo relações de confiança com eles. "Essa rede é nosso patrimônio. Quando as instituições não são sólidas e confiáveis, você tem que usar as pessoas. Não perdemos tempo e não gastamos dinheiro com quem não acredita em nós", costumava dizer.

O contato pessoal com profissionais idôneos também afastou um risco, como revela um antigo operador:

— Tinha caso de policiais irem atrás da denúncia, acharem drogas e armas, confiscarem tudo, extorquirem dinheiro e responderem para a gente: "Nada constatado." O denunciante ligava de novo reclamando: "A polícia esteve aqui e fez acerto com os bandidos. Denunciei à toa."

Para os policiais "clientes" e "parceiros", entretanto, Zeca fazia de tudo. Entregava a um comandante de batalhão um dossiê mostrando que ia ter uma invasão numa favela da área. Enviava a um delegado um relatório sobre roubo de carros na região. Oferecia a um chefe de polícia uma pesquisa com informações sobre os bandidos mais procurados do estado. Esse corpo a corpo não se limitava aos escalões intermediários e inferiores. Zeca procurava cada governador que assumia o poder para convencê-lo da importância da parceria.

Outro personagem importante nesse trabalho de fazer a máquina rodar e estabelecer contatos personalizados é Jonas Machado:

— Zeca falava sempre no tripé população, imprensa e polícia. Mas não basta ligar na tomada. É preciso, por exemplo, convencer aquele funcionário público que está na ponta a correr atrás daquela informação.

Ou seja, é preciso sensibilizar o policial — que é mal pago e malvisto pela população, que se sente injustiçado, que trabalha nos feriados e que arrisca a vida e pode acabar ficando anestesiado — a dar valor às denúncias.

Em seu papel de relações-públicas, Jonas bateu em muitas portas. Foi em delegacias e batalhões, frequentou os altos escalões do Poder Judiciário, esteve nos gabinetes do Ministério Público. Apresentou-se, fez palestras, ajudou a melhorar a classificação das denúncias e colaborou até para reformar a infraestrutura das unidades policiais, conseguindo de aparelhos de ar-condicionado a pneus de viaturas. Ele pegava as denúncias, encadernava, botava debaixo do braço e procurava delegados e comandantes para explicar a importância de se ter respostas.

Outra maneira que Zeca encontrou de estreitar esse vínculo foi dando crédito à polícia. Ele fazia questão de frisar:

— O Disque Denúncia não investiga, não prende e não constrói a culpa de ninguém. Há pouquíssimo drama em nossa atividade. O que há é um processo de escuta paciente, de observação, dedução e análise. Somos vigias sofisticados, observando e relatando. Deixamos a ação, as emoções e os riscos para os policiais. Por trás de um resultado expressivo do DD, há sempre uma operação policial de sucesso.

Policiais esses que ele costumava chamar de "anjos necessários", que tinham "o estranho hábito de arriscar a vida para salvar a nossa".

Uma iniciativa criada para quebrar as resistências da polícia foi o Prêmio Gol, que reconhece e premia bons profissionais da área. A ideia é priorizar a Inteligência, tanto que um critério básico é que a ação tenha sido feita sem violações de direitos e sem disparos de armas de fogo. Outro requisito fundamental é que o policial divulgue para a imprensa que a operação bem-sucedida foi baseada numa dica do DD.

Da parte da Polícia Militar também houve esforço para melhorar essa relação. O tenente-coronel José Ramos da Silva Júnior, que trabalhou por 22 anos no setor de Inteligência da PM, conta como se deu essa aproximação. No final dos anos 1990, os casos de sucesso contra os sequestros e a chamada gratificação faroeste* levaram a uma corrida por parte dos policiais atrás das denúncias.

— Passou-se a considerar que toda denúncia que chegava era uma festa, era a certeza de que ia acontecer alguma coisa. Todo mundo partia atrás, na vontade, de uma forma meio empírica, sem fazer uma análise prévia, uma avalição de risco. E com isso se teve uma baixa efetividade, porque não era feito um trabalho de Inteligência na denúncia. E aí começou o efeito contrário. Teve um momento em que a

---

* A "gratificação faroeste" foi criada em novembro de 1995 pelo general Nilton Cerqueira, então secretário de Segurança do governador Marcello Alencar. Era uma premiação para policiais por "atos de bravura". Mas, segundo o estudo "Letalidade da Ação Policial no Rio", do Instituto de Estudos da Religião (Iser), a gratificação estimulou mortes em supostos confrontos.

tropa passou a ver o DD com um certo preconceito, e ele entrou em descrédito na PM. Diziam: "Ah, isso é mentira, é algum vizinho, é alguém que leu no jornal, é Disque Fofoca."

O primeiro curso de Inteligência na corporação, oferecido aos oficiais em 2000, mudaria um tanto esse cenário. Ramos fez parte dessa primeira turma. A partir daí, surgiram PMs treinados para avaliar melhor as denúncias que chegavam. Eles analisavam se o texto tinha coerência, viam se havia outras fontes que reforçavam a informação e acrescentavam outros elementos antes de repassar a denúncia para a área operacional. Essa remodelagem fez com que o DD fosse tratado com mais profissionalismo, encerrando a fase de mera caça a gratificações.

Com tantas correções de rota, o Disque Denúncia afastou o risco de ser vítima do próprio sucesso.

Apêndice 5

AS CAMPANHAS TELEVISIVAS

A Telenews foi fundada em 1989 pelos jornalistas Leonardo Dourado e Odilon Tetü. A produtora fez parte da vitoriosa campanha eleitoral de Marcelo Allencar, em 1994. Por conta do sucesso, eles foram convidados em 1995 por Paulo Bastos César, chefe da Casa Civil do recém-eleito governador do Rio, para fazer os vídeos do Disque Denúncia. As peças publicitárias criadas pela dupla para o DD foram uma ferramenta importante para acabar com o ceticismo e convencer a opinião pública sobre a relevância do serviço. Elas aliavam jornalismo e o melhor acabamento publicitário possível, e eram exibidas nas principais emissoras de TV.

— Um dos fatores que nos ajudaram a conquistar espaço na exigente Globo foi a qualidade do material — diz Leonardo, que trabalhara na emissora como chefe de redação do *Fantástico* e chefe de produção nacional. — A orientação do Zeca era clara: a comunicação visual do novo serviço tinha que ser de alta qualidade. Mesmo considerando que haveria boa vontade das emissoras em exibir os vídeos, ele queria padrão Globo para que não fôssemos barrados por questões estéticas.

E conseguiram. Um dos segredos foi o acabamento de pós-produção, feito por Otávio Escobar em sua ProDigital. Otávio tinha sido da Globo de Nova York e, além de conhecer a linguagem da emissora, tinha um gosto refinado e equipamentos de última geração. No começo, foi montado um set de filmagem num salão vazio num endereço do governo do estado. O diretor de Fotografia, Ricardo Kimus, simulou no local o ambiente do DD. Leonardo detalha como eram os comerciais com trinta segundos e os pequenos programas de um minuto e meio a dois minutos:

— A linguagem visual era óbvia, mas funcionava: ângulos que mostrassem apenas mãos nos teclados e closes nos movimentos labiais dos atendentes, sem identificar os rostos, enfatizando a ideia de anonimato.

Frases curtas na voz dos próprios atendentes martelavam os conceitos básicos, como "não se identifique, para sua própria segurança" e "a senhora vai receber um número que será sua senha, guarde bem esta senha e ligue novamente se quiser saber o que foi apurado de sua denúncia". As mensagens também destacavam o papel do cidadão, com citações como "sua informação pode salvar uma vida" e "recupere sua cidadania". Além disso, eram dadas dicas do tipo "se você perceber a entrega de várias quentinhas à noite perto de sua casa, o local pode ser um cativeiro, denuncie".

As peças publicitárias também apresentavam crimes, como o dos irmãos necrófilos Ibraim e Henrique, acusados de matar entre oito e quatorze pessoas na Região Serrana, com um apelo: "Você pode ajudar a dar um basta a esta situação." E exibiam casos de sucesso do DD, como o final feliz de sequestros e a prisão de sequestradores como o capitão da PM Thadeu Fraga.

Somente no mês de dezembro de 1995 foram 115 inserções na Globo. A partir daí, as demais emissoras abertas também quiseram veicular gratuitamente as peças e, numa fase seguinte, os canais de TV por assinatura. As emissoras escolhiam o horário de exibição dentro de sua grade de programação.

— Conseguimos traduzir os conceitos para o público sob um prisma jornalístico, o que era necessário para o Disque Denúncia em seu nascedouro — diz Leonardo.

Apêndice 6

"Nossos mortos têm voz"

A luta dos parentes das vítimas da chacina da Baixada foi fundamental para a condenação dos assassinos. Uma das mais atuantes tem sido, desde então, Silvânia, conhecida como Nem, irmã de Renato Azevedo, assassinado em frente a seu lava-jato, em Queimados. Em entrevista à TV Brasil, ela constatou:

— Se fosse só meu irmão, eu não teria força para buscar essa condenação. Eles eram um grupo de extermínio que matava dois, três, quatro numa noite só. Foi preciso acontecer 29 mortes numa noite para eu ver essa justiça.

A mobilização dos parentes é descrita pela jornalista Giulia Escuri no livro *Nossos filhos têm mães!: a violência de Estado na Baixada Fluminense*. O livro é fruto de sua dissertação de mestrado, apresentada na Universidade Federal Rural do Rio de Janeiro (UFRRJ). Giulia se interessou pelo tema por conta de sua vivência pessoal. À época da tragédia, tinha 8 anos e morava no bairro Cerâmica, numa rua transversal à Gama, a poucos metros do bar do Caíque.

— Foram os primeiros tiros que ouvi na vida. Eu me assustei. Minha mãe, meu irmão mais novo e eu ficamos em casa até o barulho cessar. Só no meu bairro morreram doze pessoas.

Era um horário de muito movimento. A tia de Giulia, por exemplo, estava voltando para casa de ônibus, depois de uma jornada de doze horas como auxiliar de enfermagem em um hospital infantil no Rio. Desceu num ponto próximo ao do assassinato de Alessandro Moura Vieira, de 15 anos. O pai de Giulia também retornava do trabalho, só que de carro. Ele passou em frente ao bar do Caíque poucos minutos depois da chacina. Desacelerou, viu sangue e vários corpos de adolescentes no chão. Disse que parecia um filme de terror. O episódio fez com que o cotidiano da vizinhança se modificasse. Moradores se mudaram, bares fecharam as portas por falta de clientes, as ruas ficaram desertas. A partir dali, a mãe de Giulia estaria sempre nervosa e preocupada com a segurança dos filhos, que não podiam mais brincar na rua como antes. Ela dizia: "Vem pra dentro que pode passar o carro que atira."

Além de Silvânia, Luciene Silva tem sido a parente mais empenhada nesses anos todos de luta. O filho de Luciene, Raphael Silva Couto, de 17 anos, foi assassinado com o amigo Willian a menos de um quilômetro de casa. Raphael tinha dito que ia assistir a filmes na casa de um vizinho. O que a família não sabia é que Raphael pouco depois mudou de planos e decidiu acompanhar Willian até o Centro de Nova Iguaçu. O amigo passara em sua casa e o chamara para ir comprar peças de bicicleta. Os garotos adoravam montar bicicletas incrementadas.

Um dos irmãos de Raphael, Roni, de 15 anos, estava com amigos na rua quando surgiu a notícia do tiroteio. Ele se aproximou e viu o desespero das famílias. Em casa, contou à mãe e aos outros irmãos — a caçula, Taynara, de 12, e Rodrigo, de 18 — que haviam matado várias pessoas no bar. Também disse que parecia um filme de terror. Impactada com a descrição, Luciene rezou pelas mães que estavam sofrendo a perda dos filhos, sem imaginar que também era uma delas. Luciene tinha ido visitar uma amiga cujo marido morrera de câncer uma semana antes. Foi consolá-la e voltou para casa se sentindo mal. Tomou um remédio para dor de cabeça e apagou. Seus outros filhos não se preocuparam com Raphael, imaginando que o jovem decidira dormir na casa do amigo.

No dia seguinte, ela acordou cedo e foi chamar Raphael — os irmãos se revezavam para levar a caçula à escola e aquele era o dia dele. Ao dar de cara com a cama vazia, pressentiu que alguma coisa estava errada. Acordou o resto da família, mandou Roni levar Taynara para o colégio e foi até a casa do vizinho. Assustou-se ao saber que o rapaz havia saído para a escola e que Raphael não dormira lá. Ela se voltou a Deus mais uma vez — que não tivesse acontecido nada com seu filho. Até que Roni trouxe o jornal que estampava na primeira página a foto de Raphael entre os mortos.

Raphael era capoeirista e queria ser professor de educação física. Dois meses antes, ele e o irmão Rodrigo haviam se graduado com cordel laranja de instrutor e estavam procurando um local para dar aulas para crianças. Com o preparo físico que tinha, só não correu dos bandidos porque não houve chance. Foi uma execução à queima-roupa. Raphael levou um tiro na nuca e caiu segurando uma peça de bicicleta que havia comprado.

No enterro do filho, Luciene jurou que, enquanto estivesse viva, não deixaria que ninguém se esquecesse do que aconteceu no dia 31 de março de 2005. Aquela perda alterou sua vida por completo.

— Eu vivia no meu mundo, na minha zona de conforto. Só abri os olhos para o que acontecia a meu redor quando vivi na carne. Eu não enxergava que você pode ser atingido a qualquer momento pela violência.

Quando familiares de vítimas da violência no Rio foram à Baixada prestar apoio, Luciene percebeu a importância do trabalho coletivo. Em 2006, ela começou a organizar um movimento para acolher e apoiar famílias, no que mais tarde se tornaria a Rede de Mães e Familiares de Vítimas da Violência de Estado na Baixada Fluminense. Na militância, encontrou um propósito de vida e uma maneira de canalizar a dor e aliviar a revolta.

Integrantes da Rede visitam parentes de vítimas em comunidades periféricas da região, mobilizam e articulam atos públicos pelo direito à memória e à justiça, prestam apoio jurídico, terapêutico e psicológico, desenvolvem projetos com verbas de organizações como Fundo Brasil de Direitos Humanos, Fundo Elas, Misereor e Fundação Ford, e realizam debates e rodas de conversa. O documentário *Nossos mortos têm voz*, de Fernando Sousa e Gabriel Barbosa, foi exibido em diversos desses eventos e é considerado um "divisor de águas", pela visibilidade até então inédita que deu ao movimento.

Um ano após a morte de Raphael, Luciene enfrentou outro drama: a dependência química de Roni. Ele era muito ligado ao irmão e entrou em desespero após sua morte. Ela conta que o filho começou a se matar aos poucos, buscando na droga o consolo para o sofrimento pelo qual passava. Luciene fez de tudo para tirá-lo do vício. Roni chegou a ser internado sete vezes, mas acabou morto pela polícia em 2022.

— O Estado fez muito estrago na minha vida. Hoje ajudo outras mães para que não vejam os filhos se destruindo — diz Luciene, que, em 2018, formou-se assistente social.

É da união que ela tira forças para caminhar.

— Sozinho você se sente desamparado, abandonado. Os parentes têm que estar unidos, reivindicando em conjunto. Se eu tirar essa rede da minha vida, vai me faltar o ar para continuar.

A militância para lembrar a chacina deu origem à Caminhada pela Vida, que reúne também parentes de outras vítimas da violência. O dia 31 de março tornou-se um símbolo para essas mães — e irmãs, tias, avós —, unidas numa rede de apoio que ajuda a enfrentar a saudade, a revolta, a indignação, o descaso.

Giulia participou da última caminhada antes da pandemia, em 31 de março de 2019, que percorreu somente o trecho de Nova Iguaçu, de cerca de seis quilômetros, da Via Dutra até a Curva da Morte. Naquele domingo ensolarado, o grupo seguiu um carro de som que tocava músicas de Chico Buarque e Emicida. Logo atrás, mães caminhavam com um banner repleto de fotos de vítimas da violência policial, onde se podia ler: "Rede de Mães e Familiares da Baixada: do luto à luta". Elas vestiam blusas com as fotos dos parentes ou a camisa branca da Rede, com o símbolo que traz uma mão branca e uma negra entrelaçadas, formando um coração que chora. E seguravam uma placa de rua semelhante à de

Marielle Franco,* que se tornou um símbolo da memória da vereadora assassinada. Mas essa dizia: "Nossos Mortos têm Voz. (31.03.2005). Homenagem às 29 pessoas assassinadas na chacina da Baixada Fluminense e às Mães e aos Familiares Vítimas da Violência de Estado".

Em cada local onde alguém havia sido morto, a passeata era interrompida para que os manifestantes soltassem fogos e depositassem lírios brancos. Em seguida, Luciene, ao megafone, fazia um pequeno discurso e dizia o nome da vítima. Os demais gritavam: "Presente!" Em suas falas contundentes, a mãe de Raphael e Roni expunha o absurdo de mães verem o extermínio de seus filhos. O absurdo de saber que, na Baixada, diferentemente de na Zona Sul do Rio, mortos eram tratados como suspeitos. "E nós sabemos que são os jovens negros, que são os pobres da Baixada Fluminense que são eliminados todos os dias." No ponto final da caminhada, ela leu a lista de mortos em Queimados.

— A cada mês de março eu relembro o que aconteceu — conta Luciene. — Vem tudo na minha cabeça, é como se eu estivesse revivendo aquele dia novamente com todos os detalhes.

---

* Nas cores azul e branca, a placa é idêntica às usadas na identificação de vias e praças do Rio. Essa réplica não oficial foi colocada sobre a placa da praça Floriano, na Cinelândia, onde fica a Câmara de Vereadores. Nela, há a seguinte inscrição: "(1979-2018) Mulher negra, favelada, LGBT e defensora dos direitos humanos. Brutalmente assassinada em 14 de março de 2018 por lutar por uma sociedade mais justa". A placa de Marielle foi quebrada em 2018 pelos então candidatos a deputado estadual e federal Rodrigo Amorim (PSL) e Daniel Silveira (PSL), em um comício do candidato ao governo do estado do Rio Wilson Witzel (PSC).

Outra iniciativa gerada a partir da chacina foi o Reage Baixada, que reuniu mais de duzentas entidades da região e foi criado após um pedido de dom Luciano Bergamin, bispo emérito de Nova Iguaçu, para que o Centro dos Direitos Humanos Dom Adriano Hipólito, que fica na diocese, desse especial atenção ao problema. Mais tarde, a Lei Municipal nº 4.869/19 instituiu a Semana de Luta de Mães e Familiares de Vítimas de Violência. Hoje, o Reage Baixada se chama Fórum Grita Baixada e é muito atuante na região.

— É importante manter o assunto na mídia e protestar, porque isso pressiona o Judiciário — diz Adriano Dias, da ONG ComCausa.

Adriano tomou conhecimento da chacina quando ela ainda estava em andamento. Recebeu a primeira ligação por volta das nove da noite, quando os policiais haviam acabado de matar a terceira vítima, o cozinheiro José Gomes de Oliveira. Do outro lado da linha, sua mãe, que morava a cerca de quinhentos metros do local, avisou, desesperada:

— Não vem pra cá, não, que estão dizendo que estão matando todo mundo aqui em volta!

Nem que ele quisesse daria para ir, já que estava em Brasília, onde trabalhava no Congresso Nacional, como assessor parlamentar. De qualquer forma, Adriano achou que sua mãe estava exagerando e que tudo não passava de um assalto. Uma hora depois, percebeu que se enganara. Atendeu em sequência quatro ou cinco telefonemas de conhecidos de Nova Iguaçu, igualmente alarmados, todos com um teor semelhante:

— Adriano, você está sabendo? Teve chacina aqui, mataram mais de dez pessoas!

Foi somente quando ligou a TV de madrugada e viu o noticiário que teve a real dimensão do problema. As imagens mostravam dom Luciano Bergamin junto aos corpos na rua Gama, rezando com parentes. Ao lado, estava o prefeito de Nova Iguaçu, Lindbergh Farias, transtornado. Depois que viu o telejornal, Adriano se programou para viajar de manhã cedo para o estado do Rio.

— As duas cidades [*Queimados* e *Nova Iguaçu*] estavam de pernas para o ar — lembra. — Os familiares não estavam tendo apoio nenhum. A grande acolhida quem deu foi a Igreja Católica, por meio do padre Paulo Henrique Keler Machado, pároco da Igreja Sagrada Família, na Posse.

A partir daí, Adriano acabaria se tornando uma figura central nas mobilizações. Articulador incansável, desde sempre ajudou, por exemplo, a coordenar as Caminhadas pela Vida. Mas a pressão teve um custo. Adriano recebeu uma ameaça depois que uma reportagem de *O Globo* informou que ele promoveria um ato, junto com parentes das vítimas, em frente ao Fórum onde aconteceria, no dia seguinte, o julgamento do cabo José Augusto Moreira Felipe, do 24º Batalhão. Às seis da manhã, o telefone de sua casa tocou, no visor apareceu um número privado. Adriano, que na época era um dos subsecretários de Prevenção à Violência de Nova Iguaçu, atendeu e ouviu:

— Se eu fosse você, ficava em casa cuidando de sua família, hein?

Descobriu-se que a ameaça era séria, e Adriano precisou passar oito meses afastado de casa. Mas, apesar das intimidações, Felipe foi condenado.

Para o coordenador da ComCausa é fundamental manter viva a lembrança da tragédia, reagir contra a indiferença e o esquecimento:

— Afinal, cinco anos depois já tinha morador aqui que não sabia o que era. Escutei até gente dizendo: 'Aquela chacina de traficantes.'

Luciene também se ressente da falta de memória popular:

— Foram mortos 29 inocentes numa noite e parece que isso não aconteceu. Cai num esquecimento tão grande que choca e entristece a gente. É impressionante as pessoas não lembrarem. Mas mesmo que esqueçam eu não vou esquecer nunca.

Giulia é outra que constata como o tema se tornou invisível, apesar de toda a sua dramaticidade:

— Ela é muito conhecida aqui em Nova Iguaçu como a chacina da rua Gama, como se as mortes só tivessem acontecido numa rua da cidade. Há um apagamento muito grande da memória. Apagam os outros pontos de Nova Iguaçu e apagam Queimados.

Apêndice 7

Uma central de inteligência

Uma das iniciativas mais importantes para a consolidação do Disque Denúncia foi a criação da gerência de análise. Os primeiros passos foram dados pela antropóloga Jacqueline Muniz, que acompanhou e mapeou a evolução do DD desde 1996. Ela mostrou que uma denúncia isolada podia não dizer muita coisa, mas quando elas passavam a ser entendidas em conjunto dariam origem a um novo saber. Zeca Borges percebeu o potencial do que tinha em mãos e botou um atendente para ler denúncias. Da mesma forma, Adriana Nunes, quando passou de supervisora dos atendentes da manhã para o turno da madrugada, teve mais tempo livre e começou a perceber que algumas denúncias recebidas ao longo dos dias traziam informações parecidas, mas com algum dado a mais, como uma placa de carro, o número de uma casa, um nome completo, um apelido.

A professora da UFF Luciane Patrício, autora do livro *Disque Denúncia: A arma do cidadão — Um estudo sobre a Central Disque Denúncia do Rio de Janeiro*, explica o que veio a seguir:

— Aos poucos, começou-se a construir uma narrativa articulando várias denúncias, conectando umas às outras. Parou de ser aquela difusão só no varejo, de se enviar para as autoridades denúncias isoladas.

Com isso, o serviço começou a preparar relatórios e dossiês, que estão na origem do que viria a ser a gerência de análise. Adriana, que foi a primeira gerente e tinha sob seu comando três analistas, diz que em crimes de repercussão muitas vezes o que se encontra na base de dados, que acumula quase 3 milhões de denúncias de 1995 até hoje, é o que há de mais importante para a resolução de um crime.

— Num caso assim, todos os que enfrentaram problemas semelhantes começam a ligar. Há também os que, no afã de querer colaborar, passam a telefonar. Com isso chegam muitos cascalhos, ou seja, informações superficiais, sem consistência. Foi assim com a chacina da Baixada. As primeiras informações eram pouco precisas. Já as denúncias anteriores, que tinham chegado ao longo dos anos de maneira espontânea e estavam guardadas no banco de dados, traziam conteúdos muito mais sólidos do que os que vieram depois.

Nesses vinte anos de gerência de análise, o DD ganhou outro status entre as autoridades. Adriana explica essa mudança de percepção:

— Até então a polícia via o Disque Denúncia como concorrente. Pensavam: "Eles estão aqui para vigiar a gente." A análise bota o DD em outro patamar. A gente passa a oferecer à polícia um produto muito melhor. Os relatórios que mandávamos, com as informações já compiladas e padrões de ocorrências por áreas da cidade, tipos de delito e alvos, passaram a subsidiar operações da PM e investigações da Polícia Civil.

O movimento inverso também ocorreu. As próprias polícias começaram a demandar informações. É o delegado que solicita material sobre um bandido procurado ou o promotor que quer saber o histórico de um determinado criminoso. Ou ainda o comandante de batalhão que vai invadir uma favela e pede tudo sobre aquela área. O DD faz então um levantamento para que a PM já vá para lá sabendo quem são os traficantes que atuam naquela comunidade, a qual facção criminosa pertencem, onde se alojam, as rotas de fuga, que carros usam, que armas têm, onde guardam as drogas, onde ficam os cemitérios clandestinos.

Outros clientes da gerência são veículos de imprensa, universidades, sindicatos e companhias privadas, como seguradoras de carro e empresas de ônibus e de transporte de cargas. As seguradoras, por exemplo, recebem relatórios com informações sobre locais, horários e bairros onde há mais concentração de roubos de veículos. Com isso, podem elaborar estratégias de atuação e de prevenção de crimes. Uma transportadora pode também querer saber os pontos e horários em que ocorrem mais roubos de carga e assim planejar rotas mais seguras e os melhores horários de entrada e saída dos funcionários.

O ex-chefe de Polícia Civil Fernando Veloso confirma que a gerência fez com que o serviço começasse a ser visto pelas autoridades de segurança de maneira diferenciada.

— O DD deixou de ser um mero receptor de denúncias, funcionando como uma grande central de inteligência, que recebe, processa e trabalha aqueles dados, atuando como um dos maiores aliados da polícia — diz o delegado.

Atual coordenador do Disque Denúncia, Renato Almeida confirma que o banco de dados é o "grande ativo" do serviço, um termômetro da delinquência no Rio.

— Com ele, traçamos a mancha criminal de qualquer crime.

A socióloga Maria Isabel Couto é testemunha da base "impactante" de dados do DD. Ela exemplifica com o Mapa Histórico dos Grupos Armados do Rio de Janeiro, publicado em setembro de 2022, numa parceria do Instituto Fogo Cruzado com o Grupo de Estudos dos Novos Ilegalismos (Geni), da UFF.

— O mapa não seria possível sem a base de dados do DD — diz Maria Isabel, que é diretora de Dados e Transparência do Fogo Cruzado. — Não estamos preocupados em olhar o micro e sim o macro. Queremos saber, por exemplo, quanto as milícias se expandiram e para onde, e que facções do tráfico estão crescendo ou morrendo.

Por meio de tecnologia de análise de dados de ponta em cima da base do DD, descobriu-se que, nos últimos quinze anos, as milícias e o tráfico aumentaram seu território em 133%, só no Rio Metropolitano. Em 2006, 8,7% do território era dominado por facções ou milícias. Em 2021, 20%. Mas o crescimento foi desigual. As milícias, por exemplo, cresceram 387% nesse período, muito mais rapidamente do que os outros grupos criminosos, e mesmo em áreas onde não havia facção nenhuma. Segundo Maria Isabel, o DD pode ajudar a traçar tanto cenários atuais como futuros:

— Por um lado, pode auxiliar no emergencial, botando a população para colaborar com a polícia num caso concreto. Por outro, o acúmulo de informações que só o DD tem permite entender as mudanças por que passa o modelo de governança criminal do Rio.

Apêndice 8

A PORTA DE ENTRADA DO DISQUE DENÚNCIA

O setor de Atendimento é considerado o coração do Disque Denúncia. Lá ficam os operadores, que atendem as ligações e cadastram as denúncias ou os atendimentos. A área é chefiada por Claudia. Ela começou no DD como atendente em 1996. Como todo mundo, entrou por indicação, feita por outros funcionários ou por agentes de segurança pública, como policiais, bombeiros e militares. Na época, a seleção e o treinamento ficavam a cargo dos próprios policiais militares que comandavam o setor de Difusão.

— Era um teste de resistência. Havia prova de digitação, redação, interpretação de texto, entrevista, dinâmica em grupo — lembra.

Em 1999, ela foi promovida e passou a trabalhar com Jonas Machado na supervisão dos atendentes. A essa altura, o treinamento dos recém-chegados já havia sido aperfeiçoado. É um filtro rigoroso. Os candidatos a operadores do Disque Denúncia têm sua vida escrutinada para checagem de dados como antecedentes criminais. Também é feita uma pesquisa para conhecer o contexto social e familiar do pretendente ao cargo. E todos passam por entrevistas e dinâmicas de grupo, além de testes de português e simulações de atendimento. Há ainda um ditado com dez palavras.

— Sinto a expressão no rosto da pessoa: "Ditado? Na minha idade?" Mas precisamos saber se ela conhece a pontuação e se sabe escrever palavras como "estupro", "chassi", "corrupção", "apto" e "excursão" — justifica Claudia.

Antes da pandemia, os atendentes, depois de aprovados, sentavam-se ao lado dos colegas mais experientes e acompanhavam seu trabalho como se fossem "carrapatos", como eles mesmos se autointitulavam. Desde março de 2020, porém, eles estão trabalhando num sistema híbrido, que combina o expediente remoto, em casa, com o presencial.

No treinamento, Claudia passa vários ensinamentos sobre como atender os denunciantes. Um deles é o de que se trata de uma entrevista, de uma coleta de dados, não de um interrogatório:

— O atendente tem que deixar a pessoa acolhida, confortável. Ela não pode se sentir acuada. A forma de falar com o denunciante é de extrema importância, porque o tom de voz pode ser a chave para estabelecer confiança durante a entrevista. Uma voz agradável, segura e macia, que transmite atenção, cordialidade, interesse e seriedade, faz a diferença. E ele deve ter paciência e empatia já que quem liga muitas vezes está desesperado. Outra característica importante é a curiosidade. O atendente deve escutar e deixar o denunciante falar, mas também deve interagir e ser capaz de conduzir a entrevista com delicadeza. Ele tem ainda que ser claro e objetivo, até mesmo pedindo para repetir, como forma de se certificar dos dados digitados. Afinal, a denúncia tem que ser detalhada e compreensível.

O anonimato é a prioridade. Durante o papo, são feitos alertas do tipo "não fale para ninguém que ligou para o Disque Denúncia". No fim da ligação, o denunciante recebe um número de protocolo para que possa acompanhar o andamento da denúncia, complementar ou corrigir dados já fornecidos, reclamar da atuação das autoridades sobre o desfecho da operação ou pleitear sua recompensa.

Os operadores assistem a palestras e participam de capacitações para que aprendam mais sobre determinado assunto. Eles usam *headset* (fones de ouvido com microfone) e ficam com as duas mãos livres para preencher no computador os campos da denúncia. Atendem as ligações, registram as informações no sistema e as classificam como "atendimento" (por exemplo, desabafos, elogios, pedidos de informação, reclamações, críticas, enganos, trotes e quedas de ligação) ou "denúncia", que vai para o setor de Difusão.

Para que a ligação seja classificada como denúncia, precisa preencher três critérios básicos. Em primeiro lugar, estar relacionada a supostas práticas criminosas ou infracionais. Além disso, tem que conter informações que contribuam para a caracterização de tais práticas, com elementos que auxiliem os órgãos responsáveis a prevenir ou fazer cessar a ocorrência de crimes e infrações. Por fim, precisa englobar quantidade e qualidade de dados suficientes que permitam subsidiar uma ação ou reação das autoridades.

Apêndice 9

WhatsApp, o *sniper* do Disque Denúncia

O WhatsApp Procurados foi um projeto implementado por *Milani* no início de 2009. Trata-se de um desdobramento do programa Procurados, criado meses antes, em 2008, por Zeca Borges. Na época, o coordenador do DD reuniu toda a equipe e anunciou a ideia de expor num site os principais criminosos do estado que estavam com mandado de prisão. Além da criação do portal, seriam confeccionados cartazes e produzidos filmes publicitários com informações sobre os foragidos, para que a população reconhecesse e denunciasse seu paradeiro. O programa daria recompensas a quem fornecesse informações que levassem à prisão dos bandidos. Após detalhar o projeto, Zeca anunciou ao grupo quem estaria à frente do programa Procurados: *Milani*. Nos dias de hoje, *Milani* recorda o susto que tomou ao ouvir a notícia:

— Eu não havia sido avisado de nada. Pensei: "Caramba, que banana o Zeca jogou nas minhas mãos." Voltei para o serviço, parei e fiquei umas seis horas pensando: "Que responsabilidade, o que vou fazer agora?"

Até então, ele vinha trabalhando na gerência de análise, fazendo relatórios sobre crimes que eram encaminhados para autoridades policiais. A mudança para a chefia do Procurados não foi nada fácil:

— Eu não conhecia quase ninguém na área da imprensa e da polícia. Hoje trabalho com todas as delegacias, principalmente a de Homicídios. Na agenda de meu telefone, tenho mais de novecentos contatos, entre jornalistas e policiais.

Milani teve o apoio imediato do tenente-coronel José Ramos da Silva Júnior, que à época trabalhava na Subsecretaria de Inteligência da Secretaria de Segurança Pública e havia tempos já falava com ele sobre a importância de se jogar luz sobre bandidos foragidos. "Precisamos tirar essas caras do mundo das sombras. Conhecer quem são, quais os rostos, a cor da pele, os apelidos, o dia do aniversário, em que região atuam", insistia Ramos.

Depois de alguns meses à frente do programa, *Milani* viu que o jornal *Extra* havia lançado um WhatsApp para receber notícias de leitores sobre a cidade. Inspirado na iniciativa, teve uma ideia. Ligou para o editor de Geral, Fábio Gusmão, e perguntou o que ele achava de o Disque Denúncia fazer um WhatsApp para receber denúncias sobre bandidos procurados. Gusmão achou a sugestão boa, deixando *Milani* otimista. Quando ele contou a ideia a Zeca, no entanto, ouviu de volta: "Tu é maluco, rapaz. Isso não vai dar certo." *Milani* insistiu e obteve autorização do chefe, que o alertou: "Se não der certo, o problema é seu."

E assim surgia o primeiro WhatsApp do país com o objetivo de capturar bandidos. Foi um sucesso. Naquele ano inicial de 2009, o novo serviço levou 120 criminosos à prisão. Mais tarde, *Milani* criaria também o Twitter dos Procurados.

O WhatsApp veio em boa hora. A crise que afetou o estado do Rio a partir de 2016 fez com que o governo parasse de pagar o salário dos funcionários. Com isso, o DD teve que diminuir seu quadro e acabar com a operação nas madrugadas, além de reduzi-la nos fins de semana. Hoje funciona de segunda a sexta, das oito da manhã às dez da noite, e sábado das oito da manhã às cinco da tarde. A situação deixava Zeca exasperado, já que, enquanto as autoridades se omitiam, vidas estavam em jogo. Ele chegou a desabafar num artigo publicado em *O Globo*, em 2018:

> Somos sobreviventes de um cataclismo social causado pelo desinteresse dos governantes. Nós, as polícias, as Unidades de Polícia Pacificadora (UPPs). E podemos estender a análise para hospitais e escolas. Graças ao apoio decisivo de lideranças empresariais e pessoas físicas, conseguimos apoio para continuar. De nada adiantou apelar para o poder público, apesar de este ser um dos principais beneficiados por nosso trabalho. Não houve interesse e, quando houve, a burocracia dificultou o que pôde.

A redução do quadro de funcionários e dos horários de funcionamento foi compensada em parte com o WhatsApp e com o lançamento, em agosto de 2016, do aplicativo Disque Denúncia RJ, que funciona 24 horas.

O WhatsApp Procurados ajudou a polícia a prender vários criminosos ao longo dos anos. Um dos principais foi Rafael Alves, o Peixe, traficante da Vila Aliança, por quem havia uma recompensa de 20 mil reais. Passava pouco das onze da manhã quando *Milani* saía para o trabalho e viu no celular a mensagem de uma mulher dizendo que Peixe estava na Barra da Tijuca morando com um comparsa. Ela deu o endereço de onde os bandidos se escondiam. *Milani* fez algumas perguntas e, na sequência, avisou o tenente-coronel Ramos, que respondeu: "Segura que vou conversar com o comandante-geral da PM." Às quatro da tarde, Ramos telefonou e disse: "O Peixe está na rede."

Aquela descrença inicial de Zeca com o WhatsApp logo deu lugar ao entusiasmo. Ele chegou a dar um apelido, numa referência a um atirador de elite:

— O WhatsApp é o nosso *sniper*. É de uma precisão assustadora.

A inovação tecnológica também é elogiada por Ramos:

— Quando a gente fala em Disque Denúncia isso remete muito ao telefone e ao número 2253-1177. Mas o serviço foi evoluindo na captação de denúncias anônimas. O DD ganhou muito com o WhatsApp Procurados, já que permite uma interatividade maior com o denunciante. Dá para trocar vídeos, áudios, fotos e documentos.

A socióloga Mariana Vianna explica que seu uso como ferramenta extra de captação de denúncia deu tão certo que foi migrando para outros programas, como o Desaparecidos, em 2014. Inicialmente o celular com WhatsApp ficava a cargo de *Milani*, mas depois, ela diz, passou a ser manejado por uma atendente específica. Em sua dissertação, Mariana detalha o funcionamento do WhatsApp do DD:

> Se pelo telefone existia uma preocupação com o tempo da ligação, na qual uma ligação demorada prejudicava o fluxo de ligações recebidas pela Central de Atendimento, pelo WhatsApp o tempo de atendimento não é delimitado, na medida em que a atendente pode interagir com

vários denunciantes ao mesmo tempo e a conversa pode se estender ao longo do dia, ou até da semana, dependendo do caso denunciado e da quantidade de detalhes. A atendente responsável pode levar o celular para casa para que possa dar continuidade ao atendimento fora das instalações do DD e do horário de trabalho. Com o WhatsApp também há a possibilidade de sincronização, na medida em que o denunciante pode realizar a denúncia e fornecer informações sobre um fato que está ocorrendo.

Da mesma forma que o WhatsApp, o aplicativo Disque Denúncia RJ permite fazer a denúncia mais discretamente. Em depoimento colhido por Mariana Vianna, o gerente de análise enumera as vantagens do aplicativo: "É mais fácil uma pessoa realizar uma denúncia. Ela não precisa ligar pra cá e ficar com medo de descobrirem, ou algo do tipo. Ela pode baixar o aplicativo, fazer a denúncia e depois excluí-lo do celular."

No caso do aplicativo, o próprio denunciante preenche os campos. As denúncias são depois registradas no período do expediente, sem que os dados do telefone sejam absorvidos. Também há o cuidado de não se incluir nenhuma informação que exponha o denunciante, já que as fotos e os vídeos são salvos e encaminhados pelo computador, para dificultar o rastreamento dos arquivos.

Outro ponto importante, observa Mariana, é que quando uma denúncia é encaminhada pelo aplicativo ela não é registrada automaticamente no sistema. Precisa passar pelo processo de validação de um atendente, que determina se será registrada ou arquivada. Mas há um problema: a ausência de interação entre atendente e denunciante acaba gerando um fluxo muito alto de denúncias genéricas e repetitivas, o que prejudica a composição do banco de dados.

Até dezembro de 2022, o aplicativo registrou 138.559 denúncias. Atualmente, responde por 25% das denúncias recebidas. Contudo, os dois canais, o WhatsApp e o Disque Denúncia RJ, são complementares, e não substitutivos, do atendimento telefônico.

AGRADECIMENTOS

Este livro não existiria sem a imensa dedicação da equipe do Disque Denúncia ao projeto. Durante mais de dois anos, recorri diariamente a eles, com todo tipo de demanda. Entrevistas, pedidos de informação, localização de denúncias, respostas da polícia, números de prisões e apreensões, esclarecimentos os mais diversos. Mesmo em meio a uma luta sem trégua contra o crime, arrumavam tempo e disposição para me ajudar. Por vezes eu tinha que esperar um pouco. Natural: é comovente o comprometimento de todos no combate à violência.

Por questões de segurança, muitos deles aparecem no livro com codinome, como *Max*, *Milani*, *Marcos*, *Lucas*, *Karine*, *Francine*, *Geraldo*, *Penélope*, *Batman* e *Abigail*. Esses nomes fictícios são os mesmos que eles adotaram quando entraram no Disque Denúncia e começaram a trabalhar como atendentes. A partir do momento em que cada um cruza a porta do serviço, decide como vai ser conhecido. O gerente do programa Procurados, por exemplo, escolheu *Milani* em homenagem a Francisco Milani, porque adorava o personagem que o ator fazia no seriado *A grande família*, o rabugento e gagá tio Juvenal. Alguns deles não estão mais no DD, mas foram essenciais para reconstituir os casos aqui narrados e a história do serviço. Outros aparecem com seus nomes verdadeiros, seja porque são policiais, como Renato Garcia e Sara, seja porque assim pediram, como Isaías, Jonas e Claudia.

Parte dos entrevistados não está citada nos capítulos do livro. Nos bastidores, porém, foram essenciais para que esta obra existisse. Pessoas como Renata Lima, gerente de Comunicação e guardiã da memória da instituição; Alexandre Vaz, analista de sistemas na área de TI que desenvolveu o primeiro software do DD e me ajudou a entender como se processava o fluxo da informação; e Simone Nunes, responsável pela assessoria de imprensa. Como me disse a socióloga Maria Isabel Couto, Simone é vital para o DD funcionar. Graças a ela, se você passar uma semana vendo TV ou lendo os jornais, pode estar certo de que vai sempre ouvir falar do Disque Denúncia.

Minhas interlocutoras mais constantes foram Claudia, a gerente de Atendimento, e Adriana Nunes, que era gerente operacional e permaneceu no DD até 2022. As duas, com entusiasmo, generosidade e paciência, são personagens-chave, tanto para a história do serviço como para a feitura deste livro. Recorri a elas o tempo inteiro, para tirar dúvidas, fazer longas entrevistas, entender o funcionamento do DD, relembrar alguma passagem histórica — elas entraram em setembro de 1996 como atendentes, quando o serviço tinha pouco mais de um ano de existência. Claudia, por exemplo, foi quem me ajudou a localizar os antigos operadores, junto com Paulinho, responsável pela área de tecnologia. Com os códigos das denúncias que ele pesquisava, ela conseguia descobrir quem havia sido o atendente — para em seguida Claudia ter que convencê-lo a falar. A meu pedido, Paulinho vivia correndo atrás de denúncias antigas. Era uma tarefa exaustiva, já que o banco de dados acumula quase 3 milhões delas desde 1995.

Zeca Borges era o maior entusiasta do projeto. Com sua morte e a entrada em seu lugar do capitão de mar e guerra Renato Almeida, continuei tendo todo o apoio do novo coordenador-geral para seguir em frente, assim como de Pedro Borges, filho de Zeca.

Civis e militares se unem para fazer com que o DD seja a potência que é. Natural que policiais civis, militares e federais, além de integrantes do Exército, tenham protagonismo nesta história. Foram muitas as conversas com eles. O coronel Romeu Ferreira e o tenente-coronel José Ramos da Silva Júnior eram interlocutores frequentes, com sua profunda vivência na área de Inteligência Militar do Brasil e, em especial, no estado do Rio. Outros coronéis tiveram a generosidade de dividir seu tempo e suas lembranças comigo: Roberto Siqueira Israel, Gilberto Pereira, Weber Guttemberg Collyer, Sérgio Ferreira Krau e Marcelo Malheiros. Tenho uma dívida ainda com o coronel Frederico Caldas, que me pôs em contato com alguns deles. Também contei com a ajuda inestimável dos delegados da Polícia Federal Fábio Galvão, Bruno Tavares e Marcelo Bertolucci e do delegado da Polícia Civil Rômulo Vieira, além de dois agentes da PF que aparecem com codinomes: *Bianqui* e *Samari*.

Com relação ao Ministério Público, o promotor Marcelo Muniz foi peça-chave para a compreensão da chacina da Baixada. Como também o foram Giulia Escuri, autora de um livro sobre a luta dos parentes dos mortos por justiça, João Tancredo, advogado dos familiares das vítimas, e Adriano Dias, da ONG ComCausa.

Duas pessoas foram de uma generosidade ímpar ao relembrar o drama por que passaram: Marcos Chiesa, sequestrado em 1995, e Luciene Silva, mãe de Raphael Silva Couto, assassinado na chacina da Baixada. Luciene é a principal responsável por não deixar essa história dramática cair no esquecimento.

Ao longo do tempo, tive também a preciosa colaboração de várias pesquisadoras que fizeram trabalhos pioneiros e abrangentes sobre o Disque Denúncia: Jacqueline Muniz, Luciane Patrício, Mariana Vianna, Haydée Caruso e Maria Isabel Couto. A leitura de seus artigos e teses acadêmicas me ajudou muito a entender como funciona e como foi se transformando o DD ao longo dos anos. Tão importante quanto o acesso a seus trabalhos foi o privilégio de dialogar e trocar ideias. Elas têm, além do conhecimento teórico, a vivência prática, já que ou trabalharam no serviço, ou fizeram pesquisas *in loco*, ou vivenciaram o cotidiano na condição de consultoras. As cinco liam textos, corrigiam informações, acrescentavam dados, apontavam equívocos, faziam comentários minuciosos e acalmavam minhas aflições. Elas me balizaram e fizeram com que a caminhada não fosse tão solitária. Uma jornada que me levou a pesquisar de forma tão exaustiva que, na hora de escrever, ficou difícil ter de deixar tanta coisa de fora. Mas Maria Isabel procurou me tranquilizar: "O mais importante é você comunicar sobre o espírito do DD. Afinal, a concepção do Zeca não mudou tanto de 1995 para cá." Ou seja, mesmo com as inovações tecnológicas e as alterações de pessoal e de estrutura, o principal era focar no que Zeca pensava, propunha e defendia em 1995. Essa essência permanece até hoje.

O jornalista José Carlos Tedesco já pode pedir música no *Fantástico*. É a terceira vez que ele me ajuda na escrita de um livro, após colaborar com *O espetáculo mais triste da Terra — O incêndio do Gran Circo Norte-Americano* e *Diário de uma angústia — A força da escrita na superação da doença*. Mais uma vez recorri ao assessor especial da Comunicação Externa do Tribunal de Justiça do Estado do Rio de Janeiro. A ele e ao pessoal da assessoria de imprensa do TJRJ meu muito obrigado pela paciência e pela presteza com que me atenderam.

Aliás, sem o Tribunal de Justiça teria sido muito mais difícil fazer este livro. Devo um agradecimento todo especial aos funcionários do Arquivo Geral do TJRJ, um patrimônio do Rio. Sou muito grato a Marcio Ronaldo Leitão Teixeira, diretor do Departamento de Gestão de Acervos Arquivísticos (Degea) e, particularmente, a Gilberto de Souza Cardoso, diretor da Divisão de Gestão de Documentos (Diged), uma pessoa fundamental para a localização de processos relativos aos casos. Passei muitas tardes no Arquivo, tendo o luxuoso e paciente auxílio dele, de Karoline Marques e de Deivison Souza, que foram incansáveis nas pesquisas.

Um dos maiores privilégios foi ter como editor Roberto Feith, o Bob, com quem eu já havia trabalhado na editora Objetiva. Não só foi dele a ideia deste livro como também o recorte escolhido, o dos grandes casos. Diante da minha angústia em relação ao excesso de material acumulado e da minha vontade de narrar os quase trinta anos de história e o funcionamento do DD, a todo momento ele me lembrava que o foco eram os casos escolhidos. E, diante da minha tendência a querer descrever com detalhes o crime, a repercussão na sociedade, o drama dos parentes, o julgamento e o destino dos personagens, ele me recordava que tudo devia girar em torno do Disque Denúncia — como a denúncia chegou, quem atendeu, como foi a reação interna, que caminhos ela seguiu e como a investigação foi desencadeada a partir daí. Bob empenhou-se para que eu levasse adiante este projeto, mesmo com a morte de Zeca Borges. Teve muita paciência diante dos atrasos e das inseguranças e foi um leitor rigoroso, que tornou a narrativa mais fluida e coerente. Também agradeço a Manoela Sawitzki e a Elisa Menezes, pela leitura atenta e criteriosa, e pelas muitas sugestões e contribuições.

Assim como também agradeço a Luca Cechinel, que muito me ajudou nas pesquisas para o livro. A lista de pessoas que de alguma forma fizeram com que este projeto virasse realidade é grande. Eis alguns nomes a quem sou grato: Diana Guanziroli, Gustavo Almeida, Vera Araújo, Luciano Bandeira, Luiz Antonio Simas, Marcia Mello,

Murilo Fiuza de Melo, Paulo Passarinho, Roberto D'Ávila, Silvia Krutman e William Helal Filho.

Como de hábito, um agradecimento especial a meus pais, a minha mulher, Ana, e a meus filhos, Alice e Eric, pela paciência, pelo apoio e pelo incentivo. Eles foram parceiros fundamentais nessa difícil empreitada, mesmo que isso significasse por vezes um filho, um marido e um pai menos presente.

Notas

PRÓLOGO

1. Calil morreria algumas semanas após a entrevista, no começo de fevereiro de 2023.

2. Os principais exemplos são os trabalhos das antropólogas Luciane Patrício e Haydée Caruso e das sociólogas Mariana Vianna e Maria Isabel Couto.

INTRODUÇÃO

1. Aparelho que identifica chamadas telefônicas.

2. Um dos poucos críticos, e o mais famoso, foi Millôr Fernandes. Em 1996, ele publicaria, no portal Uol, o texto "O delator". Ao citar anúncios oficiais de grandes empresas, bancos e ônibus que diziam "Denuncie", ele condenava: "A coisa mais odiosa inventada para usar o trôpego caráter humano é a delação. (...) Ser delator, pelo menos teoricamente, ainda é o máximo da degradação humana. Nos grupos mafiosos — perdoa-se tudo menos trair a *omertà* — e nos grupos marginais de todo o mundo e de toda a história, desde os assaltantes de estrada do sul da Itália, de Nunzio Romanetti, até entre os cabras de Lampião. Delator não tem perdão." A respeito da crítica, Zeca diria: "Corria o ano de 1996 e o Disque Denúncia conseguia mobilizar a população do Rio de Janeiro a combater o crime, levando a polícia

a vencer a batalha contra a indústria do sequestro. Parecia que a Central DD era uma unanimidade, quando Millôr publicou esse texto. Embora não concordemos com seus argumentos, pois denúncia e delação são coisas muito diferentes, foi para nós um momento muito importante de reflexão sobre a nossa atividade e seu valor."

3. Zeca gostava de frisar: "Antes de tudo, o DD não é uma central de emergência. Não deve jamais concorrer com o 190 ou com o 192, feitos para dar uma pronta resposta a situações de perigo, desastres e ameaças de tragédia. O Disque Denúncia é uma central destinada a receber do cidadão informações sobre atividades criminosas. Imaginem um crime de comoção pública ou uma oferta de recompensa por um criminoso perigoso: os canais seriam sobrecarregados de ligações, prejudicando exatamente aquelas pessoas que teriam as informações necessárias para uma ação policial de sucesso. Além disso, não se pode mobilizar uma equipe policial com dados irrelevantes ou falsos. Seria bastante temerário, talvez imprudente, basear todo o esforço de uma equipe policial em uma informação anônima, vinda de uma ligação gratuita através de um número de três dígitos. O excesso de informações sobre uma ocorrência confundiria mais do que ajudaria os policiais em seu trabalho."

4. A ARCC contava com a participação de entidades como OAB, Firjan, Associação Comercial do Rio de Janeiro (ACRJ), Clube de Diretores Lojistas (CDL), Associação Brasileira de Emissoras de Rádio e Televisão (Abert), Sindicato dos Bancos e Arquidiocese do Rio. Mais tarde foi criada outra instituição para gerir o DD, no lugar da ARCC: o Instituto Mov Rio, Movimento Rio de Combate ao Crime.

5. Segundo a socióloga Mariana Vianna, que apresentou em 2020 ao Programa de Pós-Graduação em Sociologia da Universidade Federal Fluminense (UFF) a dissertação de mestrado *Tecnopolíticas de informação: a experiência da Central Disque Denúncia do Rio de Janeiro*, as primeiras leis implementadas que contemplavam o DD foram municipais, da Câmara de Vereadores do Rio. As leis nº 2.422 e nº 2.423, de 4 de junho de 1996, foram direcionadas à fixação da escrita "Disque Denúncia 253-1177" nos vidros traseiros dos ônibus municipais e nas sacolas de supermercados e de outros estabelecimentos comerciais do município. Em 3 de setembro do mesmo ano, foi promulgada a Lei nº 2.471, dispondo da fixação do mesmo texto nas agências bancárias. Em 1997, foi promulgada a primeira lei estadual, pela Assembleia Legislativa do Estado do Rio de Janeiro. A Lei nº 2.716 versava sobre a fixação do texto "Disque Denúncia 253-1177" em todas as viaturas policiais e nos prédios que têm relação com a Secretaria de Segurança Pública do Estado do Rio de Janeiro. Dentre as leis também está a de número 6.189, de 28 de março de 2012, que obriga as operadoras de telefonia a omitir das contas telefônicas as ligações feitas ao DD.

6. Essa composição durou até 1997, quando passaram a existir quatro turnos — manhã, tarde, noite e madrugada. Cada turno era composto por seis atendentes, totalizando 24.

I. UM DIA, TRÊS SEQUESTROS — 1995

1. Além de incluir esses dados concretos, o atendente tem liberdade para construir a denúncia com base em suas impressões. "Não é uma gravação na secretária eletrônica. É uma interação entre duas pessoas. E o operador transforma essa interação numa narrativa escrita.

Então, a denúncia é uma articulação entre critérios objetivos e a sensibilidade que o operador constrói ao longo do tempo. Ele pode botar, por exemplo, que o denunciante estava com a voz ofegante ou tinha pressa e disse que era preciso desligar", explica a professora da UFF Luciane Patrício, no livro *Disque Denúncia: a arma do cidadão*.

2. Em sua dissertação de mestrado *Tecnopolíticas de informação: a experiência da Central Disque Denúncia do Rio de Janeiro*, Mariana Vianna escreve que a difusão de uma denúncia é feita para mais de um órgão/instituição, sendo enviada obrigatoriamente a um ou mais órgãos operacionais — aqueles que vão ao local do fato denunciado — e a um ou mais órgãos informativos — aqueles que recebem a informação sobre a existência da denúncia. "Mas, na prática, os agentes e os funcionários da Difusão encaminham para todos os órgãos/instituições que podem tomar quaisquer tipos de iniciativas e providências mediante o fato relatado." A difusão plural e diversificada se explica: "As denúncias sempre são encaminhadas para mais de uma instituição para que tenham mais possibilidades de respostas." No caso de denúncias sobre corrupção policial ou desvio de conduta de agentes da lei, elas são enviadas às corregedorias da Polícia Militar e da Polícia Civil.

3. O nome correto da Travessa era Q e não Quebeque, como fora escrito na denúncia do DD. Existe uma possibilidade para a troca: para não haver confusão, quando se trata de uma letra os operadores usam o alfabético fonético de soletração da aviação. Assim, se o denunciante, por exemplo, disser que a placa de um carro suspeito é KMF, o atendente vai perguntar: K de Kilo, M de Mike e F de Foxtrot? No caso, Q é Quebec. Assim, é provável que o atendente tenha se enganado e anotado Travessa Quebeque em vez de Travessa Q.

4. Não seria a única vez que isso aconteceria. Em seu trabalho "A política antissequestros no Rio de Janeiro: 1995/1998", o professor César Caldeira, especialista no tema, escreveu sobre a garantia do anonimato: "Isto garante a segurança do informante. É útil também para as polícias, que podem alegar que obtiveram a informação pelo Disque Denúncia mesmo quando, na verdade, tinham um informante policial infiltrado na quadrilha."

5. Em seu trabalho "A política antissequestros no Rio de Janeiro: 1995/1998", o professor César Caldeira fala na dificuldade de obter números confiáveis — que variam conforme a fonte. Ele conta que, mais tarde, durante a campanha eleitoral para governador, em 1998, Garotinho lançaria o livro *Violência e criminalidade no estado do Rio de Janeiro: diagnóstico e propostas para uma política democrática de segurança pública* (Hama, 1998). Nele, o então candidato falaria que foram 119 sequestros em 1995. Mas, de acordo com a Secretaria de Segurança, o número de casos alcançou 122. Já o então secretário de Segurança Pública, o general Nilton Cerqueira, citou o número 106 num artigo que escreveu para a revista *Arché*.

6. Roberto Medina havia sido sequestrado na noite do dia 6 de junho de 1990 na Lagoa Rodrigo de Freitas, em frente à sua agência, a Artplan, por dez bandidos em dois carros e uma moto. Ele foi solto às sete da noite do dia 21 de junho pelo sequestrador Mauro Luís Gonçalves de Oliveira, o Maurinho Branco, num ponto sob o elevado Paulo de Frontin, na altura do Estácio. O bandido estava abraçado ao publicitário e o entregou aos seus advogados. Abatido e usando o mesmo terno que vestia no dia do sequestro, Medina disse que não dormia havia quinze dias. No dia 7 de agosto, Maurinho Branco foi morto por policiais federais.

7. O capitão de Mar e Guerra Renato Almeida, atual coordenador do Disque Denúncia, ressalta esse comprometimento da equipe: "O atendente trabalha não pelo salário nem pelo status, já que ele não tem reconhecimento público porque não pode dizer que faz parte do DD. O que o motiva é o idealismo."

8. A ação que levou à libertação de Carolina Dias Leite e Marcos Chiesa jogou luz sobre o Regimento de Polícia Montada Coronel Enyr Cony dos Santos, inaugurado em 1969 com o nome de $2^{\underline{o}}$ Regimento de Cavalaria e formado por oitocentos soldados. Uma das unidades especializadas da PM, o RPMont não desfruta da notoriedade das demais, como Bope e Batalhão de Choque. Mas, naquele momento, caiu nas graças de uma população carente de heróis. Uma legião de repórteres passou a bater ponto na frente do quartel. Aos 50 anos, o coronel Gilberto Pereira havia assumido o comando do RPMont em 1994 e tratara de estreitar os laços com a comunidade. Seus homens percorriam os bairros e distribuíam folhetos com os números de seu celular e dos aparelhos fixos da Sala de Operações do regimento, da PM e do oficial do dia. Outra estratégia que Pereira empregava era posicionar guarnições nos locais de maior aglomeração da região, como a estação de trem de Campo Grande. A tática logo daria resultados, como se viu no caso Carolina, quando uma das viaturas foi abordada por uma testemunha-chave.

9. A maioria das ligações se referia a tráfico de drogas, a ponto de, antes da popularização dos celulares, os traficantes destruírem os orelhões em algumas favelas para impedir os moradores de ligar para o Disque Denúncia.

10. Sebastião Huguinin Leal só seria libertado no dia 6 de dezembro, após a família pagar resgate. Nessa época, o sequestro mais longo do Rio era o de um dos sócios do supermercado Barra, Ramiro Ferreira Alves, de 49 anos, levado em novembro de 1993. Segundo o advogado da família, o resgate foi pago, mas ele não foi libertado: "Temos pouca esperança de encontrar Ramiro vivo. Queremos apenas acabar com a angústia da família. Nosso único interesse é dar um enterro digno para ele." Uma reportagem do jornal *O Globo* de 27 de outubro de 1998 informava que a polícia acreditava que Ramiro teria sido morto. Desde então, não foram encontradas mais informações na imprensa sobre seu paradeiro.

2. O FUGITIVO NÚMERO UM DO RIO — 1997

1. O número indica que haviam sido feitas 1.373 denúncias no mês de outubro de 1997 até aquele momento do dia 8.

2. Em 15 de dezembro de 2011, Tricano seria preso pela Polícia Civil na Operação Dedo de Deus, que deteve mais de quarenta supostos contraventores nos estados do Rio, da Bahia, do Maranhão e de Pernambuco. No dia 30 de janeiro de 2012, porém, a Justiça revogou o pedido de prisão.

3. Segundo uma linha de investigação, o pintor de paredes Misaque e o publicitário Jatobá teriam sido assassinados após um roubo numa casa de praia de Anísio em Piratininga. Outra pista indicava queima de arquivo: Misaque seria a única testemunha do assassinato de um ex-informante do Exército. Em 30 de setembro de 1983, três policiais foram condenados a seis anos de prisão pelo sequestro dos dois. Como os corpos nunca foram encontrados, ninguém foi condenado por homicídio. Anísio foi absolvido.

4. Esse é um problema que o Disque Denúncia sempre enfrentou. Muitos órgãos que recebem as informações não dão retorno. Em seu livro *Disque Denúncia: a arma do cidadão*, Luciane Patrício dá o exemplo do ano de 2005, em que, das mais de 123 mil denúncias cadastradas, pouco mais de 30 mil, ou seja, 25%, foram respondidas.

5. Na verdade, em caso de sequestro seguido de morte, a prescrição é de vinte anos.

6. Nos dias de hoje, Victor está em liberdade condicional, enquanto Cristiane cumpre regime semiaberto.

3. A CHACINA DA BAIXADA — 2005

1. Na época, eram quatro turnos: manhã, tarde, noite e madrugada. *Francine* trabalhava das seis da tarde às onze da noite.

2. Em março de 2009, o jornal *O Estado de S. Paulo* publicou a reportagem "A máquina do ódio homofóbico não para de moer — Todos os dias, mais de um homossexual masculino é assassinado no país. Travestis são maiores vítimas". Disponível em: <www.estadao.com.br/ alias/a-maquina-do-odio-homofobico-nao-para-de-moer/>. Acesso em: 9 jun. 2023. No texto, é dito que a chacina da Baixada ganhou destaque nos maiores veículos de comunicação do planeta, como o jornal *The New York Times* e a revista *The Economist*, e que o presidente Lula pediu a apuração rápida do caso. Mas a reportagem ressalva que, enquanto as demais vítimas mereceram ter suas histórias de vida contadas pelos jornais, a mídia tratou de forma diferenciada Luiz Henrique da Silva e Alessandro Moura Vieira, que não tiveram suas traje-

tórias retratadas na imprensa. Da mesma forma agiu o poder público, segundo a matéria: "Um dos travestis assassinados [*o texto original da reportagem usa o masculino ao se referir às travestis*] nem sequer passou pela autópsia, sendo enterrado com placas de sangue pelo corpo, o tronco retorcido e a face ainda suja de terra. O outro, apesar de autopsiado, só teve enterro menos indigno porque ativistas, pessoas simples da comunidade, conseguiram uma cova rasa em um cemitério de um bairro pobre da periferia da cidade do Rio de Janeiro." Na reportagem do *Estadão*, assim como nos jornais da época, não consta registro dos nomes femininos de Luiz e Alessandro.

3. Na noite de 23 de julho de 1993, policiais atiraram contra crianças e adolescentes que dormiam nas proximidades da igreja da Candelária. Como resultado, foram mortos oito rapazes, entre 11 e 19 anos. No mês seguinte, na noite de 29 de agosto, seria a vez de 21 inocentes serem executados na favela de Vigário Geral por um grupo de extermínio formado por PMs, os chamados Cavalos Corredores. Três anos antes, em 26 de julho de 1990, houve a chacina de Acari, quando onze jovens da comunidade de Acari foram sequestrados de um sítio por homens que se identificaram como policiais. O paradeiro deles nunca foi descoberto. A chacina originou o movimento Mães de Acari.

4. Cerol é um composto de vidro moído e cola usado em linhas de pipas para cortar linhas de outros praticantes. Não raro acontecem acidentes, como ferimentos e mortes de motociclistas que têm o pescoço cortado por uma linha de pipa com cerol. "Passar o cerol" é uma gíria que significa "matar".

5. Em caso de crimes hediondos, a prisão temporária tem o prazo de trinta dias, prorrogável apenas uma vez. A prisão administrativa dura até 72 horas e é determinada pelo superior hierárquico, como o comandante do Batalhão.

6. A prisão preventiva não tem prazo: o acusado permanece preso enquanto existirem os motivos que levaram ao decreto de prisão pelo juiz.

7. O relatório do Disque Denúncia cita uma suspeita relativa ao uso de drogas: "Os policiais que participaram do massacre de 30 pessoas na Baixada Fluminense, segundo informações, estavam bêbados e possivelmente drogados quando iniciaram a matança." Na dissertação de mestrado *Nossos filhos têm mães: as agências das mães e familiares de vítimas de violência do Estado na Baixada Fluminense*, a jornalista Giulia Escuri escreve que, segundo relatos de parentes das vítimas, os policiais também estavam "fazendo uso de cocaína". Mas a hipótese não foi confirmada oficialmente.

8. Das 791 denúncias que chegariam ao Disque Denúncia entre 31 de março e 10 de abril, nada menos do que 172, o equivalente a 22%, acusavam os mesmos quatro PMs. Até o dia 15 de abril, o saldo seria de 843 denúncias referentes ao caso — um recorde até então na história do DD. Nesse bolo, havia denúncias quentes, mas também informações sem valor, como a de que Carlos Jorge Carvalho seria integrante da facção de drogas Terceiro Comando e que seu aliado Robinho Pinga teria dado a ordem para que cerca de quatrocentos traficantes de diversas favelas do Rio invadissem o batalhão onde o PM estava detido e cometessem outras chacinas em represália à prisão. No total, o mês de

abril de 2005 registraria 12.238 denúncias, o maior número até então. Até hoje, o recorde mensal, 15.950, aconteceu em novembro de 2011, por conta da atualização do Portal Procurados, da instalação da Unidade de Polícia Pacificadora (UPP) da Mangueira e das prisões de Nem e Coelho, chefes do tráfico, respectivamente, da Rocinha e do São Carlos.

9. Na época em que ocorreu a chacina esses grupos ainda não eram chamados de "milícia". A palavra havia aparecido pela primeira vez pouco antes, no dia 20 de março de 2005, numa reportagem do jornal *O Globo* assinada por Vera Araújo e intitulada "Milícias de PMs expulsam tráfico".

10. De modo geral, considera-se que a Baixada Fluminense abrange treze municípios: Belford Roxo, Duque de Caxias, Guapimirim, Itaguaí, Japeri, Magé, Mesquita, Nilópolis, Nova Iguaçu, Paracambi, Queimados, Seropédica e São João de Meriti. Tem cerca de 4 milhões de habitantes, o equivalente a 23% da população do estado. Já apelidada de "faroeste fluminense", a Baixada é uma das regiões mais violentas do país. De acordo com dados do Instituto de Pesquisa Aplicada (Ipea) e do Fórum Nacional de Segurança Pública (FNSP) divulgados em 2018, Queimados obteve a primeira posição em número de mortes por letalidade violenta no Brasil. Foram 134,9 óbitos para cada 100 mil habitantes. Além disso, outros onze municípios da Baixada estavam entre as cem cidades mais violentas do país. Na época da chacina, *O Globo* do dia 2 de abril citou estudos do pesquisador José Cláudio Souza Alves em que ele apontava que 2 mil pessoas eram assassinadas em média por ano na região. A taxa de homicídios – 74 em cada 100 mil habitantes – era comparável, de acordo com o especialista, à de países em guerra.

11. De acordo com o estudo "Autos de resistência: Uma análise dos homicídios cometidos por policiais no Rio de Janeiro (2001-2011)", produzido pelo sociólogo Michel Misse, do Núcleo de Estudos da Cidadania, Conflito e Violência Urbana da Universidade Federal do Rio de Janeiro (UFRJ), o Ministério Público Estadual propôs o arquivamento de 99,2% dos casos de auto de resistência nesse período. Isso significa que prevalece a versão dos PMs. Na reportagem "Violência legalizada", publicada em 18 de dezembro de 2014 na Agência Pública, Michel Misse define o relato dos policiais como "uma narrativa-padrão observável na imensa maioria dos casos analisados: os termos de declaração diziam que os policiais estavam em patrulhamento de rotina ou em operação, em localidade dominada por grupos armados, foram alvejados por tiros e, então, revidaram a 'injusta agressão'. Após cessarem os disparos, teriam encontrado um ou mais 'elementos' baleados ao chão, geralmente com armas e drogas por perto, e lhes prestado imediato socorro, conduzindo-os ao hospital. Em quase todos os 'autos de resistência' é relatado que as vítimas morreram no caminho para o hospital, e os boletins de atendimento médico posteriormente atestam que a vítima deu entrada no hospital já morta". No caso da chacina da Baixada, um relatório interno que investigou a morte de um homem numa ação anterior ao massacre inocentou os policiais porque eles se depararam com "um grupo de meliantes que, numa ação audaciosa, efetuaram disparos de armas de fogo contra os PMs, que reagiram à injusta agressão". De posse do suposto bandido foram apreendidos "uma espingarda, 12 invólucros de cloridrato de cocaína e 22 trouxinhas de maconha".

12. No ano seguinte, em 2006, o prefeito Lindbergh Farias mudaria o nome do colégio onde Douglas estudava desde os 5 anos e que fazia

referência a um dos generais da ditadura militar. Em sua homenagem, a Escola Municipal Emílio Garrastazu Médici passou a se chamar Escola Municipal Douglas Felipe Brasil de Paula. Fica na rua Mendes, 121, no bairro de Cerâmica, Nova Iguaçu.

13. Nos primeiros dias após a chacina, foram incluídos entre os mortos os irmãos Luciano e Lenilson de Souza Coutinho, de 31 e 25 anos. Segundo contou aos jornais a mãe deles, a dona de casa Magna de Souza Coutinho, os dois estavam no trailer de Luciano quando quatro homens encapuzados chegaram atirando. Os irmãos correram e ainda tentaram se esconder em casa, no bairro Corumbá, em Queimados. Entraram no quintal, mas foram seguidos. Lenilson teria sido morto aí. Luciano teria sido atingido dentro de casa, na frente da filha de 2 anos. "Minha nora correu com a menina para o banheiro e implorou de joelhos para não morrer. Eles as pouparam", contou Magna ao *Globo*. "Não tenho palavras para essa violência. Estou traumatizada. Não eram pessoas que tinham inimigos, eram trabalhadores." De acordo com ela, Lenilson trabalhava como garçom em Madureira e tinha ido visitar o irmão. Apesar de terem morrido na mesma noite do dia 31 de março, e também em Queimados, as investigações mostraram que o crime não tinha nada a ver com a chacina. De acordo com o que a polícia informou na época, Luciano teria sido assassinado a mando de uma ex-mulher. O irmão Lenilson morreu por estar a seu lado.

14. Estações Rádio Base ou Erbs são equipamentos que fazem a conexão entre os telefones celulares e as operadoras. São compostas, basicamente, de antenas, instaladas em geral no solo ou no topo de edifícios, e de equipamentos de transmissão/recepção. As Erbs po-

dem fornecer informações sobre a localização geográfica aproximada de uma pessoa.

15. A jornalista Giulia Escuri escreve: "Um estudo feito pelo Laboratório de Análise de Violências (Lav/Uerj) demostrou como a prisão dos policiais envolvidos com grupos de extermínio, logo após a chacina, quando 11 foram denunciados, alterou a incidência de assassinatos. A partir dos dados do Instituto de Segurança Pública (ISP-RJ), os pesquisadores compararam o número de homicídios dolosos registrados trimestralmente nas delegacias por município da Baixada. Por meio dos números foi possível perceber que, de abril para junho de 2005, a quantidade de homicídios em Queimados e Nova Iguaçu diminuiu 33%, se comparado com o mesmo período do ano anterior. Enquanto isso, nos outros municípios da Baixada a redução foi de 13%."

16. No dia 13 de abril de 2022, o Tribunal do Júri de Niterói condenou o ex-PM Marcos Siqueira Costa e sua mulher, Andrea Santos Maia, por envolvimento no caso da morte do pastor Anderson do Carmo, marido da ex-deputada federal Flordelis. Siqueira recebeu uma pena de cinco anos e vinte dias de reclusão em regime inicialmente fechado, e Andrea, de quatro anos, três meses e dez dias de reclusão em regime inicialmente semiaberto. Siqueira e Andrea foram condenados por uso de documento falso e associação criminosa armada. Ele, mesmo preso, e ela estavam envolvidos na produção de uma carta em que Lucas Cezar dos Santos de Souza, filho adotivo de Flordelis, assumiria a culpa pelo assassinato do pastor.

4. O DIA EM QUE O RIO CHOROU — 2007

1. O Disque Denúncia tem um programa chamado DD Cidades, que faz parcerias com municípios que desejam replicar o modelo do Rio, como fizeram as cidades de Recife, Campinas (SP) e Niterói (RJ). O município que faz o convênio tem o direito de usar a marca consagrada e recebe todo o suporte e a consultoria necessários para manter o padrão de qualidade, incluindo a capacitação dos atendentes locais. Atualmente, Angra dos Reis e Maricá, ambas no estado do Rio de Janeiro, contam com o projeto.

2. Esse suposto comparsa, "Pinto", não aparece depois na trama.

3. Prazo máximo para crimes cometidos por menores de 18 anos.

4. O Iraque havia sido invadido em 2003 pelos Estados Unidos e por forças aliadas ao governo Bush. As tropas americanas só deixariam o país oito anos depois, em dezembro de 2011.

5. Para a socióloga Julita Lemgruber, diretora do Centro de Estudos de Segurança e Cidadania (CESeC) da Universidade Candido Mendes, a impunidade era um fator crucial que estimulava crimes como o que motivou a morte de João Hélio: "De cada 100 homicídios no Rio, 98 não são solucionados."

6. Não é incomum que um foragido se apresente à polícia após ter seu retrato divulgado pelo DD. Uma das razões, em especial num crime de grande repercussão, é o medo de que a população faça justiça com as próprias mãos. Ele também pode ser obrigado a se entregar

pelos traficantes locais, já que as operações policiais na área atrapalham os negócios da facção.

7. Até a conclusão deste livro, em junho de 2023, Diego e Dudu continuavam presos. Em agosto de 2019, Carlinhos havia ganhado o direito de cumprir prisão domiciliar, com tornozeleira eletrônica, mas em junho de 2021 foi preso novamente, dessa vez por roubo. Thiago estava em liberdade condicional. Em 8 de fevereiro de 2010, após cumprir três anos em regime fechado, Ezequiel foi beneficiado com a progressão de regime. O juiz Marcius da Costa Ferreira, da Vara da Infância e da Juventude, determinou a "progressão da medida, inserindo-o no regime de semiliberdade", a ser cumprida durante dois anos no Centro de Recursos Integrados de Atendimento ao Adolescente (Criaad) de Conselheiro Paulino, distrito de Nova Friburgo, no interior fluminense. No dia 14 de abril de 2011, ele recebeu o benefício da liberdade assistida. Mas, no dia 20 de março de 2012, Ezequiel, já com 21 anos, foi preso em Iguaba Grande, na Região dos Lagos, num carro roubado, junto com a companheira, de 20 anos. Ele seria acusado também dos crimes de posse ilegal de arma de fogo, tráfico e associação para o tráfico, receptação e corrupção ativa. Mais tarde foi solto e, em maio de 2019, voltou a ser preso com outros três homens, acusados de terem furtado objetos de um sítio em Cabo Frio, também no estado. Uma decisão de 20 de setembro de 2022 comunicou a mudança de regime prisional de fechado para semiaberto.

5. CONEXÃO PARAGUAIA — 2018

1. Mais tarde o número 98849-6099 do WhatsApp seria substituído pelo (21) 2253-1177, mesmo número do telefone fixo da Central do DD.

2. A socióloga e pesquisadora Maria Isabel Couto percebeu isso quando fez um diagnóstico do Disque Denúncia a pedido de Zeca Borges: "No Rio, é um desafio atrás do outro. Todo dia vão chegar denúncias muito importantes. As pessoas que trabalham lá têm compromisso com a resolução dos casos. Elas pegam os problemas e vão acionar todos os meios possíveis para dar respostas à sociedade. Há uma mobilização interna para resolver a denúncia. É um trabalho coletivo. Cada um vai acionar sua rede de contatos, sejam eles soldados, oficiais, comandantes, delegados, e avisar: 'Estou mandando um Disque Denúncia para você, dá uma olhadinha, me confirma o recebimento.' Assim que resolvem e despacham essas denúncias eles já pegam outras." Maria Isabel, que é diretora de Dados e Transparência do Instituto Fogo Cruzado, responsável por monitorar tiroteios nos centros urbanos e seus impactos, complementa: "O DD está sempre vivendo no tempo da emergência e respondendo aos desafios de seu tempo, fazendo as conexões em tempo real, reagindo rapidamente às muitas necessidades. É o Rio que importa. É uma novela que nunca termina."

3. Em março de 2020, o local receberia como presos o jogador Ronaldinho e seu irmão Assis, detidos após entrarem no Paraguai com documentos falsos.

6. ROTA BRASIL-MOÇAMBIQUE — 2021

1. As denúncias podem ser classificadas como "imediatas" ou "investigativas" — também chamadas de "em andamento". As primeiras são aquelas em que o fato relatado está acontecendo naquele momento, acabou de acontecer ou está prestes a ocorrer. É também o caso quando a vítima está ferida ou em situação de risco extremo, como cárcere

privado, agressões e ameaças. Um exemplo: "Está acontecendo um assalto agora na agência do banco na avenida Presidente Vargas." Em geral, estas são encaminhadas para os batalhões da PM. As investigativas, por outro lado, são aquelas em que o problema narrado não está se desenrolando no momento da denúncia, mas servirão de subsídio para o início ou para a continuação de uma investigação. Por exemplo: "Todo dia estão assaltando pedestres na porta da agência do banco na avenida Presidente Vargas." Estas são mandadas para delegacias — ou, se for o caso, para prefeituras, conselhos tutelares e juizados, entre outros órgãos. Até a chegada de Renato Garcia, as denúncias imediatas eram impressas e enviadas por fax; as investigativas eram colocadas num envelope, entregues em mãos e ficavam guardadas no escaninho da polícia. "Tinha vez que a denúncia falava que o suspeito ia chegar no dia seguinte ao endereço, mas o policial só recebia a informação cinco dias depois de o fato ter acontecido", diz ele. Antes que assumisse o setor de Difusão, denúncias que perdiam o "princípio de oportunidade" eram descartadas.

2. A escolha de Bruno Tavares era natural. Ele e Fábio Galvão já haviam trabalhado juntos na extinta Missão Suporte da Polícia Federal, que atuou, de 2002 a 2009, no combate às facções criminosas. Galvão chefiou a missão a partir do fim de 2006, quando José Mariano Beltrame deixou o posto para ocupar o cargo de secretário de Segurança do estado do Rio. Ao ser indicado, Galvão levou Bruno para ser seu braço direito. "A missão era um grande escritório de inteligência da PF, o maior do Brasil, sediado no Rio, que tinha como finalidade monitorar a criminalidade violenta", diz Galvão. O então comandante do Bope, coronel Pinheiro Neto, disse na época a Galvão que a Missão Suporte era "o anjo da guarda do Bope", já que evitava baixas policiais e levava

a prisões, apreensões e confiscos. Depois, Galvão foi chefiar a delegacia da PF em Angra dos Reis, no litoral fluminense, até que, por conta dos bons resultados da Missão Suporte, tornou-se subsecretário de Inteligência do Rio. Bruno tinha entrado na PF como papiloscopista em janeiro de 2005 e virou delegado em janeiro de 2007. Ele passou a chefiar a DRE em maio de 2020, um ano e cinco meses antes da operação no porto do Rio. Estava à frente de 45 policiais. Era sua terceira passagem pela delegacia (a primeira, entre 2010 e 2011; a segunda, de fins de 2016 a início de 2019), mas a primeira como chefe. Em fevereiro de 2023, Bruno deixou a DRE para trabalhar novamente com Fábio Galvão, que foi nomeado Coordenador-Geral de Apoio Operacional da Polícia Federal. Essa coordenação é vinculada diretamente ao diretor-executivo da PF, Gustavo Paulo Leite de Souza, o número dois na hierarquia da corporação. Debaixo do guarda-chuva de Galvão estão três órgãos: o Comando de Operações Táticas (COT), grupo de elite da PF equivalente ao Bope da PM; a Coordenação do Comando de Aviação Operacional (Caop), unidade aérea que cuida dos aviões e helicópteros da PF; e uma unidade recém-criada, a Coordenação de Integração Regional, responsável por estabelecer mecanismos de integração da PF. Bruno é o coordenador dessa nova seção.

3. Sem contar o perigo. Há de fato que se tomar cuidado com a difusão personalizada feita por outros setores do DD para que não haja atropelos. Já houve casos de um comandante da PM reclamar que uma equipe descaracterizada de seu batalhão por pouco não trocou tiros com outra que havia recebido a mesma informação.

4. Uma medida provisória de 2010 obriga portos a disporem de escâneres para uso livre por parte da Receita Federal. Geralmente são

equipamentos grandes e fixos pelos quais passam os contêineres. Os escâneres tiram um raio X do conteúdo.

5. Em termos históricos, a primeira grande apreensão de cocaína no Rio aconteceu em 2005, quando houve a Operação Caravelas, da PF, que encontrou 1,6 tonelada num depósito no Mercado São Sebastião, na Penha. A droga estava escondida em carne congelada, mais especificamente dentro do estômago de bois. Em 2020, houve uma apreensão recorde de 2,5 toneladas, num depósito em Duque de Caxias. No caso do Porto do Rio, a maior apreensão até aquele dia 5 de outubro acontecera em 2018, quando a Operação Antigoon descobriu 1,2 tonelada de cocaína. Só que a carga estava distribuída meio a meio em dois contêineres, justamente para reduzir o risco, e o *modus operandi* era bem mais amador que o de agora. Segundo *Bianqui*, bastava abrir o contêiner para ver a cocaína. Não havia sequer a preocupação de esconder a droga, que estava jogada junto a material de construção, que ocupava apenas 10% do espaço disponível — dois vasos sanitários, quatro caixas de conduíte e cinco de cerâmica. Os produtos estavam ali somente porque é necessário ter uma carga lícita para declarar e justificar o envio do contêiner, mas não tinham nenhum valor comercial, e o espaço subaproveitado não fazia sentido nem em termos econômicos nem práticos. Em primeiro lugar, porque há um custo fixo do contêiner, por isso coloca-se o maior número possível de produtos para diluir esse valor. Se fosse um carregamento legítimo, a pessoa poderia ter alugado apenas uma fração do contêiner. Em segundo lugar, num contêiner vazio, produtos como vasos sanitários sacolejam e acabam chegando quebrados ao seu destino. Até essa operação de 2018, não eram comuns grandes apreensões em contêineres do Rio porque a maior

porta de saída para a droga enviada à Europa era o Porto de Santos, em São Paulo. Devido à repressão eficaz da PF, porém, as quadrilhas migraram para outras regiões portuárias do país, entre elas o Rio.

6. Toda droga apreendida no Brasil é incinerada, após passar pela perícia. Caso tenha havido alguma prisão em flagrante durante a operação, é preciso autorização judicial. Com relação às cinco toneladas de cocaína apreendidas nos dois contêineres no dia 5 de outubro, não houve necessidade de autorização porque nenhuma prisão foi feita. Já os 280 quilos apreendidos no carro estacionado do lado de fora do Porto do Rio foram incinerados posteriormente, após autorização judicial. Antes de ser incinerada na CSN — a queima é feita num forno industrial chamado carro-torpedo, espécie de fornalha usada no transporte da gusa em estado líquido para a fabricação do aço —, a droga foi periciada pela Superintendência da PF e guardada num depósito seguro dentro da própria delegacia. De modo geral, a DRE faz, em média, quatro incinerações por ano, na CSN ou na Ternium, em Itaguaí, município do Rio de Janeiro.

7. As operações Maputo e Brutium ilustram uma mudança de foco da Polícia Federal na última década. A estratégia de combate ao tráfico deixou de mirar apenas a apreensão da droga e a prisão dos líderes. Desde então, passou a se concentrar também na descapitalização financeira da organização criminosa, por meio da apreensão de dinheiro, do bloqueio de contas e do confisco de bens.

Fontes de consulta

BORGES, Zeca, Jacqueline Muniz e Domicio Proença Júnior. "O nome disso é terrorismo sim". Portal Resistentes, 10 jun. 2021. Disponível em: <https://resistentes.org/o-nome-disso-e-terrorismo-sim/>. Acesso em: 20 jul. 2023.

CALDEIRA, César. "A política antissequestros no Rio de Janeiro: 1995/1998". *O Alferes*, vol. 15, nº 52, 2000. Disponível em: <https://revista.policiamilitar.mg.gov.br/index.php/alferes/article/view/170>. Acesso em: 20 jul. 2023.

CARUSO, Haydée. "A denúncia anônima como ferramenta de ação policial — Disque Denúncia: uma experiência em curso", in *Políticas Públicas de Justiça Criminal e Segurança Pública*. Rio de Janeiro: Eduff-ISP, 2003.

CARVALHO, Daniel Brasil Albuquerque de. *A institucionalização da informalidade: uma reflexão acerca da gestão de processos do Disque Denúncia do Rio de Janeiro*. Trabalho de conclusão de graduação em Segurança Pública e Social. Niterói: UFF, 2019.

DIAS, Caio e André Rodrigues. "Sobre o julgamento da Chacina da Baixada". Instituto de Estudos da Religião (Iser), 10 nov. 2009. Disponível em: <https://iser.org.br/noticia/sobre-o-julgamento-da-chacina-da-baixada/>. Acesso em: 25 jul. 2023

ESCURI, Giulia. *Nossos filhos têm mães: as agências das mães e familiares de vítimas de violência do Estado na Baixada Fluminense*. Dissertação de mestrado. Rio de Janeiro: PPGS-UFRRJ, 2021.

_____. *Nossos filhos têm mães!: a violência de Estado na Baixada Fluminense*. Rio de Janeiro: Telha, 2022.

LARVIE, Patrick e Jacqueline de Oliveira Muniz. "Documentação de experiências alternativas: a Central Disque Denúncia no Rio de Janeiro". Rio de Janeiro, Iser, fev. 1997.

_____. "Monitoramento da Central Disque Denúncia no Rio de Janeiro". *Relatório de pesquisa*. Rio de Janeiro, NPE/Iser, abr. 1996.

MISSE, Michel. "Autos de resistência: uma análise dos homicídios cometidos por policiais na cidade do Rio de Janeiro (2001--2011)". *Relatório de pesquisa*. Rio de Janeiro, Necvu/UFRJ, 2011.

PATRÍCIO, Luciane. *Disque Denúncia: a arma do cidadão — Um estudo sobre os processos de construção da verdade a partir das experiências da Central Disque Denúncia do Rio de Janeiro*. Dissertação de pós-graduação em Antropologia. Niterói: UFF, 2006.

_____. *Disque Denúncia: a arma do cidadão — Um estudo sobre a Central Disque Denúncia do Rio de Janeiro*. Rio de Janeiro: Autografia, 2019.

_____. "A Central Disque Denúncia e sua relação com as polícias (ou os policiais) cariocas". *Confluências — Revista interdisciplinar de Sociologia e Direito*, vol. 19, nº 1, 2017. Disponível em: <https://periodicos.uff.br/confluencias/issue/view/1809>. Acesso em: 20 jul. 2023.

QUINTELLA, Sergio F. *Sergio F. Quintella: um depoimento*. Rio de Janeiro: FGV, 2018.

RESENDE, Juliana. *Operação Rio — Relatos de uma guerra brasileira*. São Paulo: Scritta Editorial, 1995.

VIANNA, Mariana dos Santos. *Tecnopolíticas de informação: a experiência da Central Disque Denúncia do Rio de Janeiro*. Dissertação de pós-graduação. Niterói: ICHF-UFF, 2020.

_____ e Pedro Heitor Barros Geraldo. "A construção da

verdade e a gestão da informação na Central Disque Denúncia". *Revista de Estudos Empíricos em Direito*, vol. 5, nº 3, 2018.

PERIÓDICOS

Foram consultados os jornais *O Globo, Jornal do Brasil, Extra, O Dia, Folha de S.Paulo* e *O Estado de S. Paulo*, o portal G1 e a revista *Veja Rio*.

VÍDEOS

Disque Denúncia apresenta: 25 anos. Depoimento do delegado Fernando Veloso. Disponível em: <https://www.youtube.com/watch?-v=X0PD9uLrYCk>. Acesso em: 21 jul. 2023.

Nossos mortos têm voz. Documentário. Direção e roteiro: Fernando Sousa e Gabriel Barbosa. Quiprocó Filmes, 2018. Disponível em: <https://www.kweli.tv/watch/kweli/keeping-our-loved--ones-alive>. Acesso em: 25 jul. 2023.

Uma guerra sem herói. Episódio do programa *Caminhos da Reportagem*, da TV Brasil. Direção e roteiro: Bianca Vasconcellos. 2015. Disponível em: <https://tvbrasil.ebc.com.br/caminhosdareportagem/episodio/uma-guerra-sem-heroi?_gl=1*1ual07l*_ga*MT-M5OTU2MjQ1OC4xNjg5ODkzODI5*_ga_TGW7R30M20*M-TY4OTk1MTE4Ny4yLjEuMTY4OTk1MjYzMC41My4wLjA.>. Acesso em: 21 jul. 2023.

Vídeo memória dos dez anos da Chacina da Baixada Fluminense. Realização: ComCausa. Disponível em: <https://www.youtube.com/watch?v=TBzytsKaDlk&t=72s>. Acesso em: 21 jul. 2023.

www.historiareal.intrinseca.com.br

1ª edição	NOVEMBRO DE 2023
impressão	IMPRENSA DA FÉ
papel de miolo	PÓLEN NATURAL 70G/M²
papel de capa	CARTÃO SUPREMO ALTA ALVURA 250G/M²
tipografia	DANTE MT